國家古籍整理出版專項經費資助項目

沈文倬　批注

沈文倬批注儀禮鄭註句讀

上

浙江大學出版社・杭州

沈文倬批注儀禮鄭註句讀

前言

儀禮難讀，首先難在章句。先父蓟閣公沈文倬先生初治禮經，即從釐清儀禮章句始，具體言之，乃始原于熟讀清初張爾岐（稷若）之的當著作儀禮鄭註句讀，此係遵循其師叔彥公曹元弼先生之教誨「熟讀句讀，乃通是經之第一步」也。稷若公自謂「取經與註章分之，定其句讀，疏則節錄其要，取足明註而止，或偶有一得，亦附於末，以便省覽。」儀禮鄭（玄）注精湛，然文字古質；而賈（公彥）疏漫衍冗贅，欠于扼要清晰。张氏擇要選錄賈氏疏文，惟以瞭解注意為旨，乃简易疏解之法矣。該書既為「句讀」，其经文已经圈點，注文、疏文及張氏釋語亦俱已斷句。按經文所述典禮之禮節、儀注分章分節，賈疏（即儀禮注疏本）已按照每章起訖，句讀則分節清楚，並俱補標目，而一節中文分若干段落也一一注明。如是為之，可使讀者便于體會經文的章句分析，亦明瞭典禮各禮節、儀注的脈絡和含義。至于張氏所撰釋語，也起到補充疏解經注涵窮的作用。故張氏此書不祇定儀禮鄭注之句讀，亦具精練釋經疏注之功耳。

薊閣公反覆研讀句讀，批注甚夥，在書中以極精微筆迹逐錄各家疏解學説之精要，于頁面的天頭地角和各行之間。而晚于張氏此書向世的胡疏、即胡培翬之儀禮正義，廣徵博引歷代禮家注釋語頗完備。然薊閣公所錄引語皆經精細篩選，實為尤粹之語，初讀禮者，藉此抑或可收事半功倍之效歟？除逸錄引語外，劉闓公還就章句、釋義而下案語，對所逸錄之各家引語亦屢見附有其辨解之語。或可言之，張氏句讀為讀者提供一易于讀解儀禮經注的本子，而劉闓公對此書之精審批注，則使讀者更易掌握治理禮經之要領：因此，也許就以憑借胡疏初讀儀禮可費較少時間即見實效也。確實，批注者對句讀不少篇章皆予詳盡解析，其中肯案語則表明對經注本文以及各家疏語之理解、褒貶、指誤的真灼見識。稷若公所用儀禮本子是經劉向校理、鄭玄作注的「今本」。一九五九年，武威西漢古墓出土竹木簡儀禮共九篇，包括木竹簡士相見、特牲饋食、少牢饋食、有司徹、燕禮、大射和大字服傳（整理者陳夢家先生定其爲甲本）、木簡小字服傳（整理者定其爲乙本）、竹簡喪服單經（整理者定其爲丙本）。此西漢簡本與今本的文字有異。劉閣公爲將二者對照，用三種顏色（青、黃、赭）之筆將甲、乙、丙三種簡本的文字分別逐寫至張氏句讀本上，然後逐一覈對，並予以精心辨證。于是，便糾正了今本儀禮的一些錯字；而更可寶貴者，乃明白漢簡本相對于今本的異文主要即爲用今（文）用古（文）之別所致，則隨之斷然肯定：漢簡本和今本都是今古文錯雜並用之本，從而解開了自漢以降禮家聚訟不決的關于儀禮今古文錯雜之起因等若干懸案。

蓟閣公就是以句讀本為底本，去考辨禮漢簡之異文、並進而研究有關儀禮服傳之歷史遺留難題的；本影印之批注本即展現了蓟閣公當年考辨工作的原貌和細節，讀者憑此可瞭解儀禮本文研究的基本途徑和效有方法，所以從中取益者，焉知不豐厚而無足道哉？誠然，熟讀張氏句讀，僅僅是第一步，但的確是重要的起點。繼而還需要進一步讀禮治禮，以逐漸對禮經融會貫通之。乃是沈文倬先生的批注本，當然是其细讀不少釋禮著作，于禮經已相當稔熟、透澈理解以後，對經注逐篇逐章考究而成之者；從憑藉句讀初學禮經、至借用此本予考辨禮漢簡，蔚闇公經歷了二十餘年的艱辛治禮過程：那末，該批注本或可作為其治禮趨于會通的見證之一，則謂此乃無足輕重耶、或者算得上彌足珍貴？

沈巍 敬識于二零二三年五月

目録

射

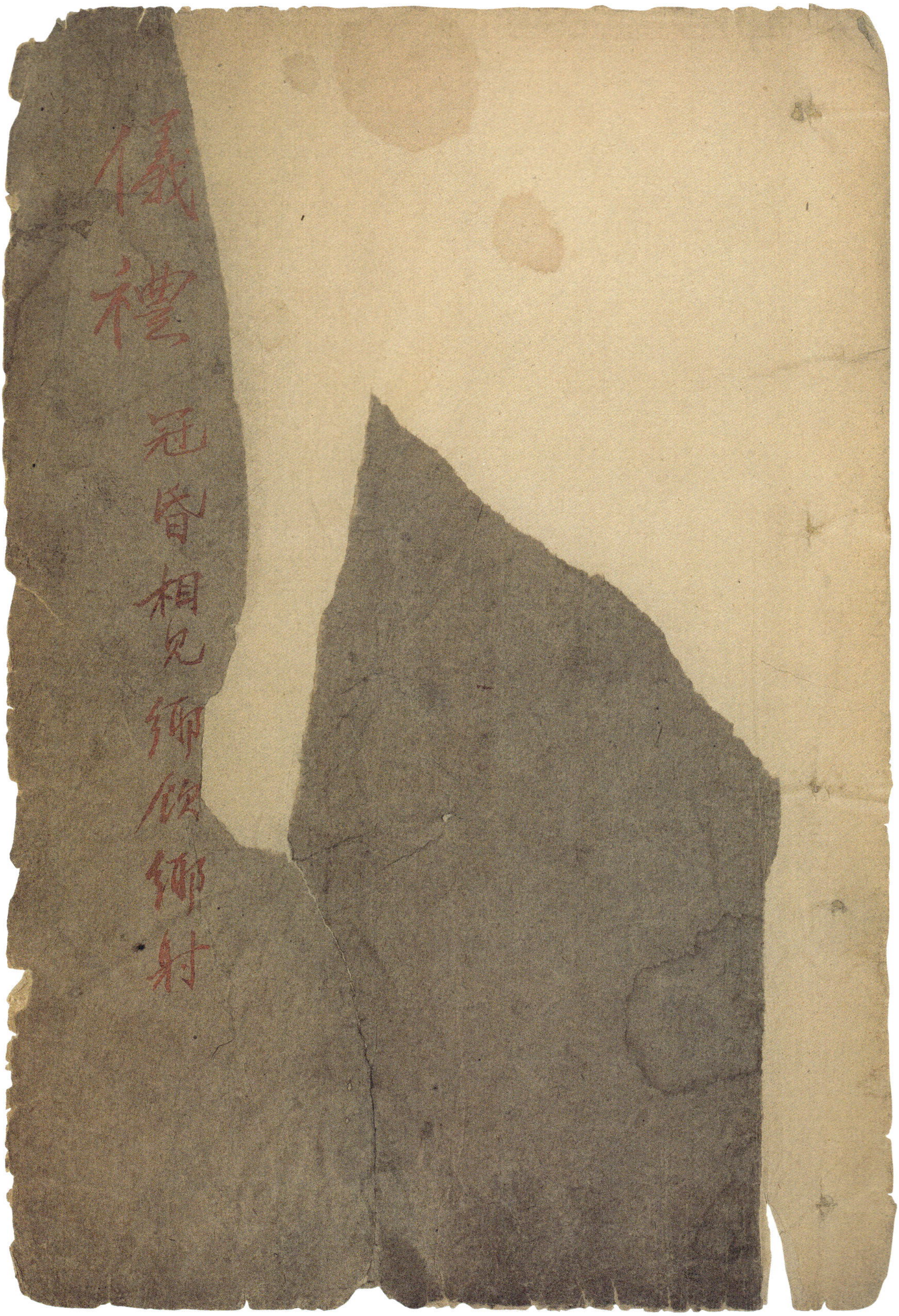

儀禮 冠昏相見鄉飲鄉射

復禮師云熟讀句讀是通是經之第一步牢記之 二十九年十月

儀禮鄭注句讀

各家說之精者迻錄行間備諷誦時取證焉 民國三十六年七月 文倬誌

同治七年十二
月金陵書局印

儀禮鄭註句讀序

國於天地必有與立禮是也自秩宗有命載在虞書夏造殷因以周爲盛煌煌乎周公之制作萬世莫之能易也韓宣子聘魯觀書於太史氏歎周禮在魯知周之德周之所以王蓋是時列國已自爲風氣舉典而忘其祖固不獨一籍談矣孔子夢想周公問郯問聃卒隆刪定之業至戰國而典籍彌缺再經秦燄漢儒搜索於煨燼之餘僅有存者則今之三禮是已周禮爲周公致治之書而漢之劉氏宋之王氏以誤用貽譏禮記本二戴之遺雜以公孫尼子呂覽之文難以盡信惟儀禮爲高堂生所傳

與淹中古經合儀禮卽周儀也有周禮以爲綱領卽有儀禮以詳其度數而禮記郊特牲冠義等篇特其義疏焉耳漢惟鄭註最顯唐賈公彥兼採黃慶李孟悊之說而爲之疏然賈疏冗漫往往略本文而敷別義又傳世久遠錯簡訛字觸目生疑學者苦其難讀近代以經義取士儀禮亦未列學官於是幾成絕學濟陽張處士稷若積學好古不求聞達取儀禮石經監本互讎之刊誤辨疑章分節解全錄鄭註精擇賈疏而附以己意勒成一書題曰儀禮鄭註句讀余昔承乏東省獲見是書亟加校訂期繡諸梓旣以還

朝不果與彼都賢士大夫別猶以是書未刻爲憾癸亥夏教諭
高君走書都下則以是書刻成乞序於余且曰此公夙志也余
撫書而歎竊惟制作之體三代不相襲而日用常行之準必納
民於軌物而後能淑其性情合萬物之性情成一道同風之治
此非學古有獲不能也今
天子方纂修三禮又開館局校理經史籤帙一新是書前已進
在
上方今復彫本行世文治光昌遺經畢顯固運會使然乎處士
於是書刪煩就簡劈理分肌殫皓首窮經之業乃觀其自序之

意不惟不欲以一家言增名山之藏抑不欲以賈鄭功臣自居而惟欲明於詁訓而不苦於難讀今而後開數千百年塵封之籍家絃而戶誦之詳其節目而觀其會通恍然見成周致治之隆而卽爲黼黻太平之助庶幾無負處士嘉惠後學之苦心與高君剞劂流傳之盛舉也夫旹乾隆癸亥十月既望北平黄叔琳序

儀禮鄭註句讀序

余讀西漢書至河閒獻王傳於實事求是一言深服膺焉葢自惟材質庸鈍不能博涉羣書故凡所校閱必欲得確不可易者一究心十三經內獨於儀禮未嘗展卷竊憾之癸丑夏於樂安李象先縢囊中見濟陽張稷若先生蒿菴集內有儀禮鄭註節釋序急欲得觀緣不識先生無由也因訪之歷下乃識其人未見其書怏怏而返今夏余門人于湜至濟上得識先生先生始以手錄儀禮付之易其名曰儀禮鄭註句讀葢以章句之儒自居謙也且以書屬余參訂余偕同人李君蓼園僭評數處卽標

書上又命湜音字發聲凡三月乃卒業大約其書於鄭註則錄其全於賈疏則間有去取而時於段後附以己說所見皆確不可易且多前人所未發誠昌黎所謂味於衆人之所不味者朱子曰遭秦滅學漢晉諸儒悉力補緝竟無全書其頗存者三禮而已周禮固爲禮綱領至其儀法度數則儀禮乃其本經而禮記郊特牲冠昏祭鄉射等篇乃其義疏耳觀此則脩學好古以求是者舍是奚從哉吾鄉惟堂邑張蓬玄先生鳳翔有禮經一刻今其書盛行此書出自與之竝傳不朽而實事求是處則且駕而上之矣康熙甲寅陽月中浣長山同學弟劉孔懷謹題

儀禮鄭註句讀序

記曰優優大哉禮儀三百威儀三千禮者本於人心之節文以爲自治治人之具是以孔子之聖猶問禮於老聃而其與弟子答問之言雖節目之微無不備悉語其子伯魚曰不學禮無以立鄉黨一篇皆動容周旋中禮之效然則周公之所以爲治孔子之所以爲教舍禮其何以焉劉康公有言民受天地之中以生所謂命也是以有動作禮義威儀之則以定命也三代之禮其存於後世而無疵者獨有儀禮一經漢鄭康成爲之註魏晉已下至唐宋通經之士無不講求於此自熙寧中王安石變亂

舊制始罷儀禮不立學官而此經遂廢此新法之爲經害者一也南渡已後二陸起於金谿其說以德性爲宗學者便其簡易羣然趨之而於制度文爲一切鄙爲末事賴有朱子正言力辯欲脩三禮之書而卒不能勝夫空虛妙悟之學此新說之爲經害者二也沿至於今有坐皐比稱講師門徒數百自擬濂雒而終身未讀此經一徧者若天下之書皆出於國子監所頒以爲定本而此經誤文最多或至脫一簡一句非唐石經之尚存於關中則後儒無繇以得之矣濟陽張處士稷若篤志好學不應科名錄儀禮鄭氏註而采賈氏吳氏之說略以己意斷之名曰

儀禮鄭註句讀又參定監本脫誤凡二百餘字并考石經脫誤凡五十餘字作正誤二篇附於其後藏諸家塾時方多故無能板行之者後之君子因句讀以辨其文因文以識其義因其義以通制作之原則夫子所謂以承天之道而治人之情者可以追三代之英而禮亡之歎不發於伊川矣如稷若者其不爲後世太平之先倡乎若乃據石經刊監本復立之學官以習士子而姑勸之以祿利使毋失其傳此又有天下者之責也東吳顧炎武書

儀禮鄭註句讀序

周禮儀禮元公治世之大經也而大小戴之記傳則孔門撰述爲多或謂周禮六官經也儀禮十七篇緯也戴德戴聖則杼柚餘論也是亦不然蓋周官六典以統朝野貴賤者總其綱儀禮以詳於士庶者提其紀戴記又摭其零膏剩馥耳在漢時曲臺后蒼學有專家然河間王以考工補綴冬官識者以爲不類是衛道而失於陋者也而諸儒之議禮白虎觀亦言人人殊高堂生至今爲禮經師及宋以來鄭註賈疏束之高閣視儀禮如古宮錦無所用於世以爲不急之務學士家廢置不講久矣惟南

宋葉文康公萃會三禮作禮經會元百篇其文奧博雄深貫穿三禮獨絕古今然文章之體而非註疏之體也今博雅家猶傳其書明時江何司寇喬新及邱吉甫有變亂周禮之書蓋采五官之有類事典者强隸之冬官以代考工是又獻王之罪人也夫讀書不考古考古不尊經而妄逞臆說蔑先儒而惑後世及視古經爲難讀皆淺學耳以余所見濟北張蒿菴先生儀禮鄭註句讀一書憫學者無路問津而示以寶筏不辭下學離經章句之務而潛心鄭賈務使註以釋經疏以証註註舉其全疏摘其要又取監本石經訂其差舛明白洞達展卷瞭然後之學人

受而讀之髣髴見三代儀文之盛而親揖讓折旋於其閒也豈非幸哉則是編也不祗爲鄭賈之功臣而實禮經之羽翼矣長山李斯孚題

儀禮鄭註句讀序

在昔周公制禮用致太平據當時施於朝廷鄉國者勒爲典籍與天下共守之其大體爲周官其詳節備文則爲儀禮周德旣衰列國異政典籍散亡獨魯號秉禮遺文尚在孔子以大聖生乎其地得其書而學焉與門弟子脩其儀定其文無所失墜子思曰仲尼祖述堯舜憲章文武孔子亦自謂曰吾學周禮今用之吾從周文王旣沒文不在茲乎竝謂此也秦氏任刑廢禮此書遂熄漢初高堂生傳儀禮十七篇武帝時有李氏得周官五篇河閒獻王以考工補冬官共成六篇奏之後復得古經五十

六篇於魯淹中其中十七篇與高堂生所傳同餘三十九篇無師說後遂逸漢志所載傳禮者十三家其所發明皆周官及此十七篇之旨也十三家獨小戴大顯近代列於經以取士而二禮反日微葢先儒於周官疑信各半而儀禮則苦其難讀故也夫疑周官者尙以新莽荆國爲口實儀禮則周公之所定孔子之所述當時聖君賢相士君子之所遵行可斷然不疑者而以難讀廢可乎愚三十許時以其周孔手澤慕而欲讀之讀莫能通旁無師友可以質問偶於衆中言及或阻且笑之聞有朱子經傳通解無從得其傳本坊刻考註解詁之類皆無所是正且

多謬誤所守者唯鄭註賈疏而已註文古質而疏說又漫衍皆不易了讀不數繙輒罷去至庚戌歲愚年五十九矣勉讀六閱月乃克卒業焉於是取經與註章分之定其句讀疏則節錄其要取足明註而止或偶有一得亦附於末以便省覽且欲公之同志俾世之讀是書者或少省心目之力不至如愚之屢讀屢止久而始通也因自歎曰方愚之初讀之也遙望光氣以爲非周孔莫能爲已耳莫測其所言者何等也及其矻矻乎讀之讀已又默存而心歷之而後其俯仰揖遜之容如可睹也忠厚藹惻之情如將遇也周文郁郁其斯爲郁郁矣君子彬彬其斯爲

彬彬矣雖不可施之行事時一神往焉彷彿戴弁垂紳從事乎其閒忘其身之喬野鄙僿無所肖似也使當時遇難而止止而竟止不幾於望辟雝之威儀而卻步不前者乎噫愚則幸矣願世之讀是書者勿徒憚其難也濟陽張爾岐撰

儀禮鄭註句讀目録

儀禮監本正誤

儀禮唐石經正誤 並附

濟陽張爾岐稷若句讀

崑山顧炎武寧人訂正

長山劉孔懷友生

李斯孚蓼園 參訂

于 湜正夫音字

濟陽後學高之玥又振

高之瑨蘊中 校字

是書經註句讀以及字畫圈點悉遵蒿菴先生手定原本間有一二字夏五盟密之疑亦不敢妄爲參訂姑存之以俟名公質焉予幼遵父訓手錄是書時家君每曰蒿菴三十餘年精神命脉畢萃於此惜力緜不能代梓爲一生憾事命爾輩手錄者固欲爾粗知大義亦藉之以衍其傳不致湮没焉耳予每佩斯訓有志未逮癸亥二月適會城遇高苑學博單君雲谷蓬萊學博王君任木談及儀禮句讀二君素知此書深玉之授梓且代製徵刻文啟辭頗典麗歸里謀諸同人僉曰素志也遂公議捐資付之剞劂羣誘予董其事乃偕同人取艾大司寇家所藏蒿菴先生手定原本與朱子經傳通解鄭註賈疏及聶日手抄舊本參互考証以定格式其時三十餘工齊集郜舍所需瑣碎繁雜之用日不暇給而詳細對閱胥借力于男之玥侄之璿益若輩亦曾手錄過也既敷于板又命侄之玫之璐一對勘而後交工每刻一頁刷印數紙玥璿兩人對面唱答一點一畫不許輕易放過如是者又三繙乃敢云成其難其慎惟恐失先生苦心是年炎熱甚於往歲六月初旬午夜篝燈繙閱校對蚊蠅趨附汗流浹背復値旱魃肆虐物力維艱幸賴同人不惜資助共勸厥事克竣其工集腋爲裘不致虧於一簣也庶足以酬良友之素志

亦可以仰副嚴君之夙願矣書成錄其原委附焉讀者鑒諸乾
隆八年桂月濟陽後學高廷樞景垣謹識

儀禮

鄭氏註

濟陽張爾岐句讀

士冠禮第一

鄭目錄云童子任職居士位年二十而冠主人玄冠朝服則是仕於諸侯天子之士朝服皮弁素積古者四民世事士之子恒爲士冠禮於五禮屬嘉禮大小戴及別錄此皆第一○賈公彥序云周禮儀禮竝是周公攝政太平之書疏云周禮是統心儀禮是踐履外內相因首尾是一又云儀禮亦名曲禮言儀者見行事有威儀言曲者見行事有曲折士冠禮是童子任職爲士年及二十其父兄爲加冠之禮鄭引齊語以證冠者與其父兄之皆士也其云仕於諸侯明非天子之士實則天子之士亦同此禮惟主人冠服有異疏又云天子諸侯同十二而冠自有天子諸侯冠禮但儀禮之內亡耳士既三加爲大夫早冠者亦依士禮三加若天子諸侯則多故大戴禮公冠篇云公冠四加緇布皮弁爵弁後加玄冕天子亦四加後當加衮冕矣天子之子亦用士禮而冠案家語冠頌云王太子之冠擬冠則天子元子亦擬諸侯四加若諸侯之子不得四加與士同三加可知陳氏祥道云玉藻曰玄冠朱組纓天子之冠也緇布冠繢緌諸

侯之冠也。鄭氏曰。皆始冠之冠。考之於禮。始冠緇布冠。自諸侯下達。所以異於大夫士者。績緌耳。天子始冠。則不以緇布。而以玄冠。若然。則諸侯始加緇布冠。績緌。次加皮弁。三加爵弁。四加玄冕。天子則始加玄冠。朱組纓。次加皮弁。三加爵弁。四加玄冕。五加衮冕矣。疏又云。冠禮於五禮屬嘉禮者。據周禮大宗伯所掌五禮吉凶軍賓嘉而言。宗伯以嘉禮親萬民。下云以冠昏之禮。親成男女。是冠禮屬嘉禮也。鄭又云。大小戴及別錄此皆第一者。戴德戴聖。與劉向所爲別錄。皆有此十七篇目。惟別錄所載尊卑吉凶次第倫敘。故鄭用之。於二戴則皆不從也。○愚案篇目下語與經註同出康成。必別之曰鄭目錄云者。以其自爲一篇。疏者始分於各篇之首。故殊異於註也。又案註疏於篇目下。繫儀禮鄭氏註五字。疏云。儀禮者。一部之大名。士冠者。當篇之小號。退大名在下者。取配註之意也。蓋鄭本以目錄別爲一篇。註文正從士冠禮筮于廟門起。故每篇以儀禮鄭氏註冠之。謂之配註。誠是也。疏既散目錄於每篇之首。乃以儀禮之名。屈居其下。雖曰存舊。實未當理。故寧從近本。又唐石經有經無註。亦書儀禮鄭氏註五字。於篇目下。皆前人之偶失也。

說文布八十縷為稯
秝布八十縷為升升字當為登登成也
二尺二寸當今尺一尺三寸七分半
緇布以麻為之布幅闊二尺二寸者
升一千二百縷麻布之極細者也
凡布帛入赤汁一染曰縓再染
為赬三染為纁（爾疋）四染為
朱（鄭推）朱入黑汁五入為緅
六入為玄（鄭推）七入為緇

士冠禮筮于廟門。筮者以蓍問日吉凶於易也冠必筮日於廟門者重以成人之禮成子孫也廟謂禰廟不於堂者嫌蓍之靈由廟神。○將冠先筮日次戒賓至前期三日又筮賓宿賓前期一日又為期告賓冠期前事凡五節○冠古亂反筮市例反禰乃禮反主人玄冠朝服緇帶素韠即位于門東西面。主人將冠者之父兄也玄冠委貌也朝服者十五升布衣而素裳也衣不言色者衣與冠同也筮必朝服尊蓍龜之道也緇帶黑繒帶也士帶博二寸再繚四寸屈垂三尺素韠白韋韠也長三尺上廣一尺下廣二尺其頸五寸肩革帶博三寸天子與其臣玄冕以視朔皮弁以日視朝諸侯與其臣皮弁以視朔朝服以日視朝凡染黑五入為緅七入為緇玄則六入與○主人欲筮日先服此服即位禰廟門外以待事正行冠禮服玄端爵韠此服朝服故云尊蓍龜朝服以朝玄端以夕是朝服尊於玄端也玄端與朝服衣同而裳異士帶博二寸三句玉藻文再繚四寸再繞之乃四寸也○朝直遙反緇側其反韠音畢蔽膝也繒自陵反繚音了長直亮反廣古曠反弁皮彥反緅側留反有司如主人服即位于西方東面北上。

疏不筮月者互
小正二月綏多士女
冠子娶妻時也孫
有常月故不筮
也又古無筮月之
[illegible]
[illegible]
也則冠無常月
明矣

張惠言云少牢卦以木畫地者此木也又下筮人書卦注以方寫所得之卦則所卦者兼有木方二物方即版也

疏筮法依七八九六之爻而記之但古用木畫地今則用錢以三少為重錢重錢則九也三多為交錢交錢則六也兩多一少為單錢單錢則七也兩少一多為拆錢拆錢則八也按吾世云以京易考之世所傳火珠林者即其法也少為背多為面與要同

敖繼公云執筴當作執筮

有司羣吏有事者。謂主人之吏。所自辟除府史以下也。今時卒吏及假吏。皆是也。○羣吏與屬吏不同。屬吏。君命之士。羣吏則府吏胥徒也。○辟必亦反卒子忽反假古雅反

筮與席所卦者具饌于西塾。

筮所以問吉凶。謂蓍也。所卦者。所以畫地記爻。易曰。六畫而成卦。饌。陳也。具。俱也。西塾。門外西堂也。○廟門東西有四塾。內外各二。筮不正當門中。而在闑西西面。故將筮。而蓍與席。與畫地記爻之木。俱陳于門外西堂也。○饌直轉反塾音孰爻戶交反

布席于門中。闑西。閾外。西面。

闑。門橜也。閾。閫也。古文闑爲槷。閾爲蹙。○布席。將坐以筮也。前具之西塾。至此乃布之。云門中者。以大分言之。闑西閾外。則布席處也。註云今文古文者。今文高堂生所傳。古文魯恭王壞孔子宅所得也。鄭以今古字並較。擇義勝者著于經。其所不從者。疊見於註。或言古文某爲某。或言今文某爲某。○闑魚列反閾音域橜其月反槷魚列反蹙子六反

筮人執筴。抽上韇。兼執之。進受命於主人。

筮人。有司主三易者也。韇。藏筴之器也。今時藏弓矢者謂之韇丸也。兼。并也。進。前也。自西方而前受命者。當知所筮也。○筴。即蓍。兼執之者。兼上韇與下韇而

李氏闑门中央所豎短木也郝氏闑謂门下橫木為內外之限也其门兩旁木則謂之棖棖闑之間則謂之中門

幷執之此時蓍倘在下櫝待筮時乃取出以筮三易連山歸藏周易也筮得一卦而三人各據一易以占也○簭初革反櫝音獨

宰自右少退贊命宰有司主政教者也自由也贊佐也命告也佐主人告所以筮也少儀曰贊幣自左詔辭自右

筮人許諾右還即席坐西面卦者在左即就也東面受命右還北行就席卦者有司主畫地識爻者也○士蓍三尺故坐筮大夫蓍五尺則立筮矣卦者在左亦西向○還音旋

卒筮書卦執以示主人卒已也書卦者筮人以方寫所得之卦也○先畫地識爻至六爻畢卦體成筮人更以方寫之以示主人方版也

主人受眂反之反還也○主人既知卦體還之筮人令占吉凶

筮人還東面旅占卒進告吉旅衆也還與其屬共占之古文旅作臚

若不吉則筮遠日如初儀遠日旬之外○疏曰曲禮吉事先近日此冠禮是吉事故先筮近日不吉乃更筮遠日是上旬不吉乃更筮中旬又不吉乃更筮下旬云如初儀者自筮於廟門已下至告吉是也愚案少牢云若不吉則及遠日又筮日如初此大夫諏日而筮上旬不吉必待上旬

乃更筮之。其云如初，乃自筮于廟門已下至告吉也。此士冠禮若筮上旬不吉，即筮中旬，不更待他日。其云如初儀，止從進受命于主人以下，至告吉而已，不自筮于廟門也。**徹筮席。**徹，去也，斂也。**宗人告事畢。**宗人，有司主禮者也。

右筮日

主人戒賓，賓禮辭，許。戒，警也，告也。賓，主人之僚友。古者有吉事，則樂與賢者歡成之；有凶事，則欲與賢者哀戚之。今將冠子，故就告僚友使來。禮辭，一辭而許也。再辭而許曰固辭，三辭曰終辭，不許也。○主人筮日訖，三日之前，廣戒僚友，使來觀禮。戒賓者，主人親至賓大門外，賓西面，主人東面，戒之。其戒辭、對辭，並見後。**主人再拜，賓答拜。主人退，賓拜送。**退，去也，歸也。

右戒賓

前期三日筮賓，如求日之儀。前期三日，空二日也。筮賓，筮其可使冠子者。賢者恒吉。冠義曰：古者冠禮筮日筮賓所以敬冠事敬冠事所以重禮重禮所以爲國本○前者戒賓汎及僚友此又於僚友中專筮一人使爲加冠之賓也疏云命筮之辭蓋云主人某爲適子某加冠筮某爲賓庶幾從之若庶子則云庶子某愚意主人二字似未安亦言其銜位可耳

右筮賓

乃宿賓賓如主人服出門左西面再拜主人東面答拜宿進也先戒戒不必宿其不宿者爲衆賓或悉來或否主人朝服○既筮得吉遂進之使至冠日必來擯者傳辭入告賓賓如主人服出與相見**乃宿賓賓許主人再拜賓答拜主人退賓拜送**乃宿賓者親相見致其辭○重言乃宿賓者上文言主人往行此禮此乃親致宿之之辭也辭並見後**宿贊冠者一人亦如之**贊冠者佐賓爲冠事者謂賓若他官之屬中士若下士也宿之以筮賓之明日○佐賓爲冠事即下文坐櫛設纚卒紘諸

事。助賓成禮。故取其屬降於賓一等者爲之。

右宿賓宿贊冠者

厥明夕爲期于廟門之外。主人立于門東。兄弟在其南。少退。西面北上。有司皆如宿服。立于西方。東面北上。厥。其也。宿服。朝服。○宿賓之明夕。冠前一日之夕也。爲期。猶言約期也。擯者請期。宰告曰質明行事。擯者。有司佐禮者。在主人曰擯。在客曰介。質。正也。宰告曰旦日正明行冠事。○擯。必刃反。告兄弟及有司。擯者告也。告事畢。宗人告也。擯者告期于賓之家。○前所戒賓。皆告也。

右爲期

夙興。設洗。直于東榮。南北以堂深。水在洗東。夙。早也。興。起也。洗。承盥洗者棄水器

又與君祭即謂助祭於公也

也。士用鐵。榮，屋翼也。周制自卿大夫以下，其室爲夏屋。水器尊卑皆用金罍，及大小異。○至期，先陳設冠服器物，主賓各就內外之位。主人迎賓及贊冠者入，乃行三加之禮。加冠畢，賓醴冠者。冠者見于母。賓字冠者。凡九節。而冠禮成，賓出矣。盥手洗爵，皆一人抱水沃之，下有器承此灕水，其器曰洗。堂下設洗，其東西當屋東翼，其南北則以堂爲淺深，以罍貯水，在洗之東。夏屋兩下爲之，故有東西翼。天子諸侯則四阿。釋文曰：凡度淺深曰深。○深，申鴆反

陳服于房中西墉下，東領北上。墉，墻。○所陳之服，卽下文爵弁服、皮弁服、玄端，三服也。房在堂上之東。北上者，爵弁服在北，皮弁服次南，玄端最南也。冠時先用卑服，北上便也。

爵弁服：纁裳、純衣、緇帶、韎韐。此與君祭之服。雜記曰：士弁而祭於公。爵弁者，冕之次，其色赤而微黑，如爵頭然。或謂之緅。其布三十升。纁裳，淺絳裳。凡染絳，一入謂之縓，再入謂之赬，三入謂之纁。朱則四入與。純衣，絲衣也。餘衣皆用布，唯冕與爵弁服用絲耳。先裳後衣者，欲令下近緇，明衣與帶同色。韎韐，緼韍也。士緼韍而幽衡，合韋爲之。士染以茅蒐，因以名焉。今齊人名蒨爲韎韐。韍之制似韠。冠弁者不與衣陳而言於上，以冠名服耳。

儀禮鄭注句讀　卷一　士冠第一　五

正義云此經所陳士昏禮純衣鄭皆以玄衣解之周禮媒氏之純帛注云純實緇字也純鄭皆讀爲緇者謂古緇以才爲聲字亦作紂不同者一言其質一言其色也

正義皮弁服不言衣者衣與冠同色故不言素積者韠者因裳與韠同色也並言緇帶者士止有一緇帶故爵弁皮弁玄端三服皆陳

金榜云衣以端名者有二其一後鄭云衣袂二尺二寸而屬幅是廣袤等也其袪尺二寸是謂玄端對朝服以上侈袂者

今文纁皆作熏。○此士助祭於公之服。服之尊者。云爵弁者冕之次者。謂諸冕之下。卽次數爵弁。亦言其尊也。疏云。凡冕以木爲體。長尺六寸。廣八寸。績麻三十升布。上以玄。下以纁。前後有旒。其爵弁制大同。唯無旒。又爲爵色爲異。又名冕者。俛也。低前一寸二分。故得冕稱。其爵弁則前後平。故不得冕名。其尊卑次於冕。故云冕之次也。又云。陳服則於房。緇布冠皮爵弁在堂下。是冠弁不與服同陳。今以弁在服上。並言之者。以冠弁表明其服耳。不謂同陳之也。愚按此服第三加所服也。○纁許云反。韎音妹。韐音閤。縓七絹反。赬丑貞反。緼音溫。韍音弗。蒨七見反。

皮弁服。素積。緇帶。素韠。此與君視朔之服也。皮弁者。以白鹿皮爲冠。象上古也。積。猶辟也。以素爲裳。辟蹙其要中。皮弁之衣。用布亦十五升。其色象焉。○此視朔時君臣同服之服。卑於爵弁。陳之在爵弁南。第二加所服。言裳不言衣者。用白布衣。與冠同色。故不言衣也。○要一遙反。

玄端。玄裳。黃裳。雜裳。可也。緇帶。爵韠。此莫夕於朝之服。玄端卽朝服之衣。易其裳耳。上士玄裳。中士黃裳。下士雜裳。雜裳者。前玄後黃。易曰。夫玄黃者。天地之雜也。天玄而地黃。士皆爵韋爲韠。其爵同。不以玄冠名服者。是爲緇

敖氏謂皮弁服用白衣與鄭異

玄端即玄衣

得名乃次於朝服服其一鄭仲師云君有禪裳者爲端對深衣以下連裳制幅者得名乃冕弁服朝服玄端通稱

正義皮弁對弁有笄而緇布冠無笄故於冠武下别制頍圍髮際結項中謂之缺項

劉台拱云纂篋圖各本誤作蒨圖釋文亦誤釋名云蒨圍也恢也恢廓覆髮上也字从竹亦从巾作幗

布冠陳之玉藻曰韠君朱大夫素士爵韋○此士向暮之時夕君之服服之下陳皮弁服南初加緇布冠所服也玄端與朝服同用緇色十五升布正幅爲之但朝服素韠韠裳同色此用三等裳爵韠故異其名也又此服平時皆著玄冠服之當以玄冠名其服今不言者以加冠時以配緇布冠故也**緇布冠缺項青組纓屬于缺緇纚廣終幅長六尺皮弁笄爵弁笄緇組紘纁邊同篋**缺讀如有頍者弁之頍緇布冠無笄者著頍圍髮際結項中隅爲四綴以固冠也項中有繩亦由固頍爲之耳今未冠笄者著卷幘頍象之所生也滕薛名蔮爲頍屬猶著纚今之幘梁也終充也纚一幅長六尺足以韜髮而結之矣笄今之簪有笄者屈組爲紘垂爲飾無笄者纓而結其絛纁邊組側赤也同篋謂此以上凡六物隋方曰篋○此所陳者飾冠之物非謂冠也缺項青組纓屬于缺共一物緇纚一物並緇布冠所用皮弁笄一物爵弁笄一物緇組紘皮弁爵弁各有一共二物凡六物同篋貯之待冠時隨各冠致用也註謂缺讀如有頍者弁之頍案詩自以頍爲弁之貌非弁上之物也陳氏祥道云鄭說缺項之制蓋有所傳讀缺爲頍無所經見今註及

方言甒罌也周魏之間謂之甒鄭注賤名云甒瓦器

正義古人設尊多用兩其一是玄酒明水示不忘古至曰凡尊必上玄酒是也此則無玄酒但用一尊故曰側

堂下之篚設于洗西堂上之篚設于尊南此篚設於房中則在尊北篚近洗者便於取爵以洗近尊者便於取爵以酌凡皆盛爵觶之篚也又士虞禮有盛食之篚又有盛玉帛之篚孟子所謂實玄黃於篚是也

疏所言缺項之制蓋謂緇布冠制小纔足容髮又無笄故別爲缺項圍繞髮際上有綴以連冠下有纓以結頤下緇纚韜髮之帛加冠時先以纚韜髮結之乃加冠也其緇組紘則爲二弁有笄者而設加弁以笄橫貫之以一條組於笄左頭繫定遶頤下自右向上仰屬於笄屈繫之有餘因垂爲飾故註云有笄者屈組爲紘也○缺依註音頍去蘂反屬章玉反纚山綺反緇紕屈反卷去圓反蔮古內反簪側金反隋他果反 **櫛實于簞** 簞笥也○櫛理髮具也○櫛莊乙反 **蒲筵二在南** 筵席也○一爲冠子一爲醴子也在南在三服之南通指缺項纚笄組櫛等不專言蒲筵疏云對下文側尊一甒醴在服北也 **側尊一甒醴在服北有篚實勺觶角柶脯醢南上** 側猶特也無偶曰側置酒曰尊側者無玄酒服北者纁裳北也篚竹器如笭者勺尊升所以㪺酒也爵三升曰觶柶狀如匕以角爲之者欲滑也南上者篚次尊籩豆次篚古文甒作廡○側尊單設也尊字作虛字用○甒音武勺上若反觶之豉反柶音四醢音海笭力呈反㪺九于反廡音武 **爵弁皮弁緇布冠各一匴執以待于西坫南南面東**

鄭注司几筵云鋪陳曰筵藉之曰席蓋初鋪在地一重爲筵其上重加謂之席義取相承藉也

布席之謂筵 下文 筵于東序

正義冠弁是禮之主重於他服故執之而不陳

正義東西則以北為上不言北上者省文也

正義從襢是也

正義不言裳者以三等士皆用此礼冠子裳有玄黃雜之異故不言也必言爵韠者見其為玄端也若緇韠則不得名玄端而下兄弟服也

上賓升則東面 爵弁者制如冕黑色但無繅耳周禮王之皮弁會五采玉璂象邸玉笄諸侯及孤卿大夫之冕皮弁各以其等爲之則士之皮弁又無玉象邸飾緇布冠今小吏冠其遺象也匴竹器名今之冠箱也執之者有司也坫在堂角古文匴爲篹坫爲襢○有司三人各執一冠豫在西階西以待冠事賓未入南面序立賓升堂則東面向賓也○匴素管反繅音早璂音其篹素管反襢以占反

右冠日陳設

主人玄端爵韠立于阼階下直東序西面 玄端士入廟之服也阼猶酢也東階所以荅酢賓客也堂東西牆謂之序○案特牲祭服用玄端玄端是士自祭其先之服與上所陳爲子加緇布冠之玄端一服也但玄冠耳主人服此服立阼階下以待賓至其立處與堂上東墻相直○阼才故反酢才各反 兄弟畢袗玄立于洗東西面北上 衣玄裳也緇帶韠位在洗東退於主人不爵

特牲士祭用玄端

玄者玄衣玄裳也緇帶韠

釋宮云：特牲饋食禮注曰：凡鄉內以入爲左右，鄉外以出爲左右。以入爲左右，則門西爲左，門東爲右；以出爲左右，則門東爲左，門西爲右。

韠者，降於主人也。古文袗爲均也。○袗訓同，同玄衣裳帶韠皆玄也。**擯者玄端，負東塾。**東塾，門內東堂，負之北面。○擯者立此，以待傳命。疏謂別言玄端，不言如主人服，則與主人不同可知。當衣冠同而裳異也。下文贊者別言玄端，亦然。**將冠者采衣，紒，在房中，南面。**采衣，未冠者所服。玉藻曰：童子之飾也，緇布衣，錦緣，錦紳幷紐，錦束髮，皆朱錦也。紒，結髮。古文紒爲結。○紒音介，字彙曰同結。緣以絹反。紐女九反。**賓如主人服，贊者玄端從之，立于外門之外。**外門，大門外。

敖氏注末無外字，是也。

右主人與賓各就內外位

擯者告。告者，出請入告。**主人迎，出門左，西面再拜；賓答拜。**左，東也。出以東爲左，入以東爲右。**主人揖贊者，與賓揖，先入。**贊者賤，揖之而已。又與賓揖，先入道之。贊者隨賓。**每曲揖。**周左宗廟，入外門，將東曲，揖；直廟，將北曲，又揖。○疏云：周左宗廟者，祭義與小宗伯俱有此文。對殷右宗廟也。言此欲見蔡德晉云凡廟在大門內之東入大門折而東行爲一曲望廟門折而北行爲二曲故入外門將東曲主人與賓揖直廟將北曲主人與賓又揖是每曲揖也

校釋云凡升堂敵者賓主俱升敵而略尊者先升一等補敵禮也不敵者先升二等或不俟升

正義賓不言升者文

盛世佐云序端不言東西序不言端文互見也

程瑤田云注筆誤謂經文是贊者盥升爲句無于洗西三字乃注語入經者案此說

入大門東向入廟。云入外門將東曲揖者，主人在南，賓在北，俱向東，是一曲，故一揖也。至廟南，主人在東北面，賓在西北面，是一曲爲二揖。通下將入廟又揖，三也。**至于廟門，揖入，三揖，至于階，三讓。**入門將右曲，揖；將北曲，揖；當碑，揖。○上文每曲揖，據入大門向廟時。既入廟，主人趨東階，賓趨西階，是主人將右，欲背賓，宜揖。既當階，主賓將北面趨階，與賓相見，又宜揖。廟中測影麗牲之碑，在堂下三分庭之一，在北，是庭中之大節，至此又宜揖。皆因變伸敬以道賓也。

主人升，立于序端，西面。賓西序，東面。主人賓俱升，立相鄉。○鄉，許亮反。

贊者盥于洗西，升，立于房中，西面，南上。盥於洗西，由賓階升也。立于房中，近其事也。南上，尊於主人之贊者。古文盥皆作浣。○贊者止一人，云南上者，與主人之贊者爲序也。○盥，音管。浣，戶管反。

右迎賓及贊冠者入

主人之贊者筵于東序，少北，西面。主人之贊者，其屬中士若下士。筵，布席也。東序，主人位也。

儀禮鄭注句讀　士冠第一

江筠云：父於東序冠子，而其位少北者，以父是子之尊，不敢正居子位，猶父在子不由阼耳。

段玉裁：櫛爲正字，節爲段借字。

正義：案注凡言皆者，如上文盥皆作浣，謂此篇盥字三見皆然；不言皆者，如此經上文櫛實于簞，不言古文作節，正此言之，則惟此一字作節耳。

張惠言云：下文賓降三等受爵弁，注云降三等下至地，降三等至而下至地，則凡階上等即堂廉也。

適子冠於阼，少北辟主人。○爲將冠者布席也。**將冠者出房南面。**南面立於房外之西，待賓命。**贊者奠纚、笄、櫛于筵南端。**贊者，賓之贊冠者也。奠，停也。古文櫛爲節。**賓揖將冠者，將冠者即筵坐。贊者坐，櫛，設纚。**即，就。設，施。○古人坐法，以膝著地，兩蹠向後，如今之跪。經凡言坐皆然。朱子云**賓降，主人降。賓辭，主人對。**主人降，爲賓將盥，不敢安位也。辭對之辭未聞。**賓盥，卒，壹揖，壹讓，升。主人升，復初位。**揖讓皆壹者，降於初。古文壹皆作一。○復初位，東序端也。**賓筵前坐，正纚，興，降西階一等。執冠者升一等，東面授賓。**正纚者，將加冠，宜親之。興，起也。降，下也。下一等，升一等，則中等相授。冠，緇布冠也。○疏云：案匠人天子之堂九尺，賈、馬以爲傍九等爲階，則諸侯堂宜七尺，則七等階；大夫堂宜五尺，則五等階；士宜三尺，則三等階。故鄭以中等解之也。**賓右手執項，左手執前，進容，乃祝。坐如初，乃冠。興，復位。贊者卒。**進容者，行翔而前，鶬焉，至則立祝。坐如初，坐筵前。興，

待賓命者，正義：下文賓揖將冠者，即是命也。

正義斯時贊者未坐階不
言者有文

正義卒紘謂繫屬之者謂加弁
說以紘繫於笄之左頭遶頤
下屈而上屬於右頭是也

起也。復位，西序東面。卒，謂設缺項結纓也。○項，冠之後也，非缺項。○鵨七亙反

冠者興，賓揖之，適房，服玄端爵韠，出房，南面。復出房南面者，一加禮成，觀衆以容體。

右初加

賓揖之，即筵坐，櫛，設笄。賓盥，正纚如初，降二等，受皮弁，右執項，左執前，進，祝，加之如初，復位。贊者卒紘。如初，爲不見者言也。卒紘，謂繫屬之。○即筵坐櫛者，當再加皮弁，必脫去緇布冠，更櫛也。方櫛訖，即云設笄，疏以爲此紒內安髮之笄，非固冠之笄。其固冠之笄，則加冠時，賓自設之。○屬音燭

興，賓揖之，適房，服素積素韠，容，出房，南面。容者，再加彌成，其儀益繁。○容者，整其威儀容觀也。方加緇布冠時，其出亦有容，至此益盛，乃言之耳。

敖氏云上不見皮弁之衣故
此亦不言之皆有文也

李氏云不見
謂辭對言之
升降拜之數

右再加

正義：此筵為醴子也。冠醴子之筵于戶西，與昏之禮賓筵于戶西者同，以其成人尊之，故設席南面，以東方為上也。

賓降三等受爵弁加之服纁裳韎韐其他如加皮弁之儀。降三等，下至地。他，謂卒紘、容出。

右三加

胡氏將徹皮弁句亦三加內

徹皮弁冠櫛筵入于房。徹者，贊冠者，主人之贊者爲之。○將醴冠者，故徹去此等冠。緇布冠也。冠者著爵弁以受醴，至見姑姊訖，乃易服。筵于戶西南面。筵，主人之贊者。戶西，室戶西。○廗制，近北一架，西爲室，東爲房。室戶之西，客位也。贊者洗于房中側酌醴加柶覆之面葉。洗，盥而洗爵者。昏禮曰：房中之洗，在北堂，直室東隅；篚在洗東，北面盥。側酌者，言無爲之薦者。面，前也。葉，柶大端。贊酌者，賓尊，不入房。古文葉爲擖。○註引昏禮，證房中別有洗，非在庭之洗也。側酌者，贊者自酌，還自薦也。柶，類今茶匙，葉即匙頭。贊者前其葉以授賓者，欲賓得前其柄以授冠者，冠者得之，乃前其葉以扱醴而祭也。柶用時仰之，贊者不自用，故覆之以授也。賓揖冠者就

李氏云：寢廟以室為主，故室戶專得戶名。凡言戶者，皆室戶；房戶則兼言房以別之。

校勘記云集集釋云建陸作捷蓋其誤自李氏始

筵。筵西南面。賓授醴于戶東，加柶，面枋，筵前北面。戶東，室戶東。今文枋爲柄。○酌醴者出房向西授賓，賓至室戶東受之，筵前北面致祝，當在此時，祝辭見後。○枋，彼命反。冠者筵西拜受觶，賓東面答拜。筵西拜，南面拜也。賓還答拜於西序之位，東面者，明成人與爲禮，異於答主人。○冠者拜訖，進受觶，賓既授觶，乃復西序之位答之。賓答主人拜，當西階北面，此西序東面，故註云異於答主人。薦脯醢。贊冠者也。冠者卽筵坐，左執觶，右祭脯醢，以柶祭醴三，興；筵末坐，啐醴，捷柶，興；降筵，坐奠觶，拜；執觶興。賓答拜。捷柶，扱柶於醴中。其拜皆如初。古文啐爲呼。○三祭，疏以爲一如昏禮，始扱一祭，又扱再祭也。○啐，七內反。捷，初洽反。扱，音插。

右賓醴冠者

補注云下文卒醮云取籩脯如初，則是籩內之脯

冠者奠觶于薦東，降筵，北面坐取脯，降自西階，適東壁，北面見

正義阼[illegible]階又在西階由阼也

正義宮中之門謂之闈郭注謂相通小門也言宮中別廟與寢皆有之東壁堂下東牆也冠者降自西階由西而東折而北乃得見母於北闈之東者之闈門也

程瑤田云案主人初立於阼階下直東序西面此云復初位即其位也賓主階上立位在序端則階下立位亦宜直東西序與賓立位必相對也且正次讓升賓主皆無此位也

于母薦東，薦左。凡奠爵，將舉者於右，不舉者於左。適東壁者，出闈門也。時母在闈門之外，婦人入廟由闈門。母拜受子拜送母又拜婦人於丈夫，雖其子猶俠拜。○俠，古洽反。

右冠者見于母

賓降直西序東面主人降復初位初位，初至階讓升之位。冠者立于西階東南面賓字之冠者對對，應也。其辭未聞。○字辭見後。疏云：未字先見母，字訖乃見兄弟之等，急於母緩於兄弟也。

右賓字冠者

賓出主人送于廟門外不出外門，將醴之。○此下冠禮既成，賓出就次以後諸事。冠者見兄弟、見贊者、見姑姊爲一節，易服見君、見鄉大夫、先生爲一節，主人醴賓又一節，凡三節。請醴賓賓禮辭許賓就

褚氏云經醴賓醴婦字皆为醴注必讀为禮者蓋拊據禮於人之意不欲質言之也

倬案當分賓就次以上為賓出庿待醴節冠者見兄弟贊者姑姊與下見卿大夫鄉先生合為一節。冠者已無庿中事當于此時見不在庿之尚兄者

劉端臨遺書云此經及冠義皆當作卿大夫作鄉誤也卿大夫謂見為卿大夫者鄉先生謂已為卿大夫而致仕者

次此醴當作禮次門外更衣處也必帷幕簟席爲之冠者見於兄弟兄弟再拜冠者荅拜見贊者西面拜亦如之見贊者西面拜則見兄弟東面拜贊者後賓出入見姑姊如見母入入寢門也庿在寢門外如見母者亦北面姑與姊亦俠拜也不見妹妹卑○疏云不見父與賓者蓋冠畢則已見也不言者從可知也

右冠者見兄弟贊者姑姊

乃易服服玄冠玄端爵韠奠摯見於君遂以摯見於鄉大夫鄉先生易服不朝服者非朝事也摯雉也鄉先生鄉中老人爲卿大夫致仕者○見君見鄉大夫先生非必是日因見兄弟等類言之耳

卿

右冠者見君與鄉大夫先生

正義凡糟醴不卒爵此一獻之禮有酢有酬須卒爵故用已泲之醴不用糟也

朱子曰贊者謂主人之贊者也

乃醴賓以壹獻之禮壹獻者主人獻賓而已即燕無亞獻者獻酢酬賓主人各兩爵而禮成特牲少牢饋食之禮獻尸此其類也士禮一獻卿大夫三獻賓醴不用柶者泲其醴內則曰飲重醴清糟凡醴事質者用糟文者用清○註引內則者明醴有清有糟前醴子用糟此醴賓其清者也○泲子禮反

主人酬賓束帛儷皮客而從之以財貨曰酬所以申暢厚意也束帛十端也儷皮兩鹿皮也古文儷爲離○酬賓大夫用束帛乘馬天子諸侯以玉將幣士束帛儷皮獻數多少不同其酬幣唯於奠酬之節一行之○儷音麗飲於鴆反

贊者皆與贊冠者爲介贊者衆賓也皆與亦飲酒爲衆賓介賓之輔以贊爲之尊之飲酒之禮賢者爲賓其次爲介○與音預

右醴賓

賓出主人送于外門外再拜歸賓俎一獻之禮有薦有俎其牲未聞使人歸諸賓家也

右送賓歸俎

正義案醴爲太古造此酒爲後世造此禮渴酒所醴醴而酒文也按行禮之本言則醴爲重故冠禮以醴爲正而醮亦並行焉

以上士冠禮正經頗疑數事冠於廟重成人也未冠不以告既冠不以見何也見子母而不見於父見贊者而不見賓疏以爲冠畢已見似矣然體畢卽見子母儀節相承則見父見賓當於何時豈在酌醴定祥之前與又言歸俎而不言載俎其牲未聞註已陳之要皆文不具也

若不醴則醮用酒也若不醴謂國有舊俗可行聖人用焉不改者也曲禮曰君子行禮不求變俗祭祀之禮居喪之服哭泣之位皆如其國之故謹修其法而審行之是也酌而無酬酢曰醮醴亦當爲禮○疏曰自此以上說周禮冠子之法自此以下至取籩脯以降如初說夏殷冠子之法悉按醴醮二法其異者醴則尊在房醮兩尊于房戶之閒醴用觶醮用爵醴篚從尊在房醮篚從洗在庭醴待三加畢乃一舉醮每一加卽一醮醴薦用脯醢醮每醮皆用脯醢至三醮又有乾肉折俎醴贊冠者酌授賓賓不親酌醮則賓自降取爵升酌酒醴者每加入房易服出房立待賓命醮則每醮訖立筵西待賓命醴者每加冠必祝醴時又有醴辭醮者加冠時不祝至醮時有醮辭其餘儀節並不異也○醮子召反

尊于房戶之

此章於其儀文之與醴同者皆云如初

間兩甒有禁玄酒在西加勺南枋房中間者房西室戶東也禁承尊之器也名之爲禁者因爲酒戒也玄酒新水也雖今不用猶設之不忘古也○兩甒一酒尊一玄酒尊也洗有篚在西南順洗庭洗當東榮南北以堂深篚亦以盛勺觶陳於洗西南順北爲上也○盛音成始加醮用脯醢賓降取爵于篚辭降如初卒洗升酌始加者言一加一醮也加冠於東序醮之於戶西同耳始醮亦薦脯醢賓降者爵在庭酒在堂將自酌也辭降如初如將冠時降盥辭主人降也凡薦出自東房冠者拜受賓答拜如初贊者筵于戶西賓升揖冠者就筵乃酌冠者南面拜受賓授爵東面答拜如醴禮也於賓答拜贊者則亦薦之○賓亦筵前北面釋醮辭訖冠者乃南面拜受冠者升筵坐左執爵右祭脯醢祭酒興筵末坐啐酒降筵拜賓答拜冠者奠爵于薦東立于筵西冠者立俟賓命賓揖之則就東序之筵○降筵奠爵而後拜執爵興賓乃答拜拜訖冠者乃奠爵薦東其節亦當與醴同註云就東序之

凌廷堪曰凡牲皆用右胖唯變禮反吉用左胖此若作右胖右字蓋傳寫之誤

筵謂當更加皮弁也**徹薦爵筵尊不徹**徹薦與爵者辟後加也不徹筵尊三加可相因由便也**加皮弁如初儀再醮攝酒其他皆如初**攝猶整也整酒謂撓之今文攝爲聶○撓謂更益整頓之示新也**加爵弁如初儀三醮有乾肉折俎嚌之其他如初北面取脯見于母**乾肉牲體之脯也折其體以爲俎嚌嘗之○周禮腊人鄭註云大物解肆乾之謂之乾肉薄析曰脯棰之而施薑桂曰腶脩乾肉與脯脩別言蓋豚解而七體以乾之及將升于俎則節析爲二十一體與燕禮同故名乾肉折俎嚌之亦祭而後嚌也再醮言攝酒此三醮當亦攝酒下文卒醮取籩脯以降此取脯當亦取籩脯皆不言者互文見義也○折之設反嚌才計反腶音鍛**若殺則特豚載合升離肺實于鼎設扃鼏**特豚一豚也凡牲皆用左胖煑於鑊曰亨在鼎曰升在俎曰載載合升者明亨與載皆合左右胖離割也割肺者使可祭也可嚌也今文扃爲鉉古文鼏爲密○上醮子用乾肉不殺牲此下言其殺牲者又醮法之不同者也案特牲少牢及鄉飲酒皆用右胖此合升左右胖

或以嘉禮故異之與。註云凡牲皆用左胖。疏以爲鄭據夏殷之法。未知然否。扃舁鼎鼏覆鼎者也。○扃古螢反 鼏亡歷反 胖普半反 鑊戶郭反 亨普庚反

始醮如初。亦薦脯醢。徹薦爵筵尊不徹矣。**再醮兩豆葵菹蠃醢兩籩栗脯。**蠃醢螔蝓醢。今文蠃爲蝸。○蠃力禾反 螔音移 蝓音俞 蝸力禾反

三醮攝酒如再醮加俎嚌之皆如初嚌肺。攝酒如再醮則再醮亦攝之矣。加俎嚌之嚌當爲祭字之誤也。祭俎如初。如祭脯醢。○加俎者不徹豆籩而加設此牲俎也。其祭亦止祭俎肺不復祭脯醢。鄭破嚌之爲祭之者。以先祭後嚌。此是定法。又不宜有二嚌。其所嚌。卽其所祭者也。

卒醮取籩脯以降如初。○謂亦見于母。

右夏殷冠子之法

胡氏釋曰为醮用酒之禮

若孤子則父兄戒宿。父兄諸父諸兄。○士之無父者加冠之法。戒宿戒賓宿賓也。

冠之日主人紒而迎賓拜揖讓立于序端皆如冠主禮於阼。父若宗兄也。○冠主。冠者親

正義上經云將冠者采衣紒此但言紒而不言采者曲禮曰孤子當室冠衣不

注言蓋謂庶子父不在而冠則適子可為之主耳

純采是也

正義抒言凡者謂禮若班時抒受酢抒及答抒之類也

古文紒爲結。今文禮作醴。○有父加冠。則將冠者紒而俟于房中。孤子則紒而迎賓。拜揖讓立。皆如爲子加冠之主人。有父加冠。則醴于室戸西。孤子則醴于阼。此其異也。

凡拜。北面于阼階上。賓亦北面于西階上答拜。○父在加冠。受醴戸西。拜于筵西。南面。賓答拜于序端。東面。此則與賓各專階北面也。

若殺。則舉鼎陳于門外。直東塾。北面。孤子得申禮。盛之。父在。有鼎不陳于門外。

右孤子冠法

若庶子。則冠于房外。南面。遂醮焉。房外。謂尊東也。不於阼階。非代也。不醮於客位。成而不尊。○適子則冠于東序少北。西面。或醴或醮。皆于戸西。疏云。周公作經。於三代之下言之。則三代庶子冠禮。皆於房外。同用醮矣。又云。周之庶子。宜依適子一醴用一醮。夏殷庶子。亦依三醮。

右庶子冠法

冠者母不在則使人受脯于西階下○母不在謂有他故非沒也使人受脯當於後見之

右見母權法

戒賓曰某有子某將加布於其首願吾子之教之也吾子相親之辭吾我也子男子之美稱古文某爲謀○此下列言冠禮中戒宿祝醮醴字之辭疏云上某主人名下某子之名加布初加緇布冠也云願吾子之教之也者鄭此加冠行禮爲教之也賓對曰某不敏恐不能共事以病吾子敢辭病猶辱也古文病爲秉○共音恭主人曰某猶願吾子之終教之也賓對曰吾子重有命某敢不從敢不從許之辭○重直用反宿曰某將加布於某之首吾子將莅之敢宿賓對曰某敢不夙興莅臨也今文無對

右戒賓宿賓之辭

注文吾我自稱也

始加祝曰令月吉日始加元服令吉皆善也元首也棄爾幼志順爾成德壽考惟祺介爾景福爾女也既冠爲成德祺祥也介景皆大也因冠而戒且勸之女如是則有壽考之祥大女之大福也○幼志幼年戲弄之志也棄禁絕之也順成德安養其成人之德也冠義云既冠將責以父子君臣長幼之禮卽所謂成德也祝以有是德卽有是福是勸之也服蒲北反福筆勒反與德叶再加曰吉月令辰乃申爾服辰子丑也申重也敬爾威儀淑慎爾德眉壽萬年永受胡福胡猶遐也遠也遠無窮古文眉作麋○敬爾威儀正其外也淑慎爾德謹其內也內外夾持順成德者當如是三加曰以歲之正以月之令咸加爾服正猶善也咸皆也皆加女之三服謂緇布冠皮弁爵弁也兄弟具在以成厥德黃耇無疆受天之慶黃黃髮也耇凍黎也皆壽徵也疆竟○兄弟具在以成厥德言成此冠禮是成其德也首三句爲一聯服叶德慶叶疆音羌正令二句又自相叶○耇音苟竟音敬又音景

休，善也。

三辭字，據嚴本補。

右加冠祝辭

醴辭曰甘醴惟厚嘉薦令芳嘉善也善薦謂脯醢芳香也拜受祭之以定爾祥承天之休壽考不忘不忘長有令名○定祥承休與易疑命之旨相類天人之理微見於此

右醴辭

醮辭曰旨酒既清嘉薦亶時亶誠也古文亶爲癉○癉丁但反始加元服兄弟具來孝友時格永乃保之善父母爲孝善兄弟爲友時是也格至也永長也保安也行此乃能保之今文格爲嘏凡醮者不祝○孝友時格孝友極其至也教以盡孝友之道乃可長保之也註凡醮者不祝謂用酒以醮者每加冠畢但用醮辭醮之其方加冠時不用祝辭也詳醮辭始加元服等句與祝辭相類兼用之則複矣疏以爲醮庶子不用祝辭錯會註意來力之反與時之叶○嘏古雅反

再醮曰旨酒既湑嘉薦伊脯湑清也伊惟也乃

正義：武謂此醮辭與三加兩辭句多相似，乃後人擬詩辭爲之，非周公作。經也舊不知，周公因舊俗而制禮，禮自當有其辭，安知非後之作詩襲取禮經所用之乎？

正義：此伯仲叔季唯其所當也，字非字辭，乃作者於辭外申言之，謂稱伯某甫者，特舉伯爲例，其實伯仲叔季皆隨其所當稱。

申爾服。禮儀有序。祭此嘉爵。承天之祜。祜，福也。三醮曰：旨酒令芳。籩豆有楚。旨，美也。楚，陳列之貌。○疏云：用再醮之籩豆，不增改之，故云有楚。咸加爾服。肴升折俎。肴升折俎，亦謂豚。○乾肉折俎與殺牲體，皆謂折俎。承天之慶。受福無疆。○亦兩句叶。

右醮辭

字辭曰：禮儀既備。令月吉日。昭告爾字。爰字孔嘉。昭，明也。爰，於也。孔，甚也。髦士攸宜。宜之于假。髦，俊也。攸，所也。于，猶爲也。假，大也。宜之是爲大矣。○此孔嘉之字，實髦士之所宜，且宜之而至於大也。永受保之。曰伯某甫。仲叔季，唯其所當。伯仲叔季，長幼之稱。甫是丈夫之美稱，孔子爲尼甫，周大夫有家甫，宋大夫有孔甫，是其類。甫字或作父。○此辭，賓直西序東面，與子爲字時命之也。據釋文，備與日叶爲一韻，字音滋，嘉叶居之反，爲一韻，假叶音古，與甫爲一韻。顧炎武云：備與字一韻，嘉與宜一韻，假與甫一韻。

正義絇者屨飾在屨頭上其狀如漢時刀衣鼻有孔得穿繫於中是義則取於拘狀止足以爲行戒也若無絇則僻之疑屨

古人文字錯綜不必二句一韻也○甫音父

右字辭

屨夏用葛玄端黑屨青絇繶純純博寸屨者順裳色玄端黑屨以玄裳爲正也絇之言拘也以爲行戒狀如刀衣鼻在屨頭繶縫中紃也純緣也三者皆青博廣也○此下言三服之屨不與上服同陳者屨賤故別言之夏葛屨冬皮屨春秋熱則從夏寒則從冬此玄端黑屨初加時所用註云以玄裳爲正者玄端兼有黃裳雜裳屨獨用黑與玄同色故云以玄裳爲正也絇在屨頭繶其牙底相接縫中之絛純謂繞口緣邊三者皆青色也○絇其于反繶於力反純章允反縫扶用反紃音旬**素積白屨以魁柎之緇絇繶純純博寸**魁蜃蛤柎注也○此皮弁服之屨再加時所用以魁蛤之灰注於上使色白也○魁苦回反柎方夫反蜃上忍反蛤音閤**爵弁纁屨黑絇繶純純博寸**爵弁屨以黑爲飾爵弁尊其屨飾以繢次○此三加所用之屨疏云爵弁尊其屨飾以繢次者

周禮屨人注禪下曰屨複下曰舄

熊朋來云十七篇惟士相見大射少牢饋食有司徹四篇不言記其有記者十有三篇然冠禮之記有孔子曰其文與郊特牲所記冠義正同其餘諸篇惟既夕之記略見於喪大記之首章喪服之傳與大傳中語復相似

朱子曰三屨經不言所陳處注疏亦無明文疑亦在房中故既加冠而適房改服即得并易屨而去也但不知所在何處

案冬官畫繢之事云青與白相次赤與黑相次玄與黄相次繢以爲衣青與赤謂之文赤與白謂之章白與黑謂之黼黑與青謂之黻繡以爲裳是對方爲繢次比方爲繡次又鄭注屨人云複下曰舃禪下曰屨凡舃之飾如繢之次凡屨之飾如繡之次上文黑屨青飾白屨黑飾皆繡之次此爵弁纁屨而黑飾不取比方之色而以對方黑色爲飾是用繢次與舃同故云爵弁尊也朱子曰三屨經不言所陳處疑在房中既冠而適房改服并得易屨也○繢戸内反

冬皮屨可也不屨繐屨

繐屨喪屨也縷不灰治曰繐○疏云言此者欲見大功未可以冠子故於屨末因禁之也○繐音歲

右三服之屨

記冠義

○周公作經後賢復爲作記疏云凡言記者皆是記經不備兼記經外遠古之言案喪服記子夏爲之作傳記當在子夏前愚謂此記已有孔子曰當在孔子後不知定誰所錄冠義又記中小目餘篇不復言某義者或欲舉一例餘也又戴記亦有冠義又後儒所爲故與此異也

鄭記自此以下載冠氏等云云不問何之載不以禮注所有之記文而傳之也十三篇之記必出孔子之後子夏之前蓋孔子定禮而門人記之故子夏為作喪服傳而并其記亦作傳焉

始冠緇布之冠也太古冠布齊則緇之其緌也孔子曰吾未之聞也冠而敝之可也太古唐虞以上緌纓飾未之聞太古質無飾重古始冠冠其齊冠白布冠今之喪冠是也○記者以經有緇布冠皮弁爵弁玄冠四等之冠各記其所從來與古今因革之異此節記緇布冠爲太古齊冠本無緌又始冠加之以存古意加後不復更著也

胡氏云右記用緇布冠之義

敖云加尚也尊也尊其有成人之道故以客禮待之在西堂上最尊之位

適子冠於阼以著代也醮於客位加有成也三加彌尊諭其志也冠而字之敬其名也名者質所受於父母冠成人益文故敬之今文無之○著代明其將代己也加有成加禮於有成德者也諭其志教諭之使其志存修德每進而上也敬其名敬其所受於父母之名非君父之前不以呼也此皆冠義之大者故記者釋之

彌猶益也冠服後加益尊諭其志者欲其德之進也

胡氏分二節云記重適子之義記三加及冠字之義

委貌周道也章甫殷道也毋追夏后氏之道也或謂委貌爲玄冠委猶安也言

所以安正容貌章明也殷質言以表明丈夫也甫或爲父今文爲斧毋發聲也追猶推也夏后氏質以其形名之三冠皆所常服以行道也其制之異同未之聞○此因冠者冠畢易服玄冠故記之道猶制也言三代冠制此其同等者也**周弁殷冔夏收**弁名出於槃槃大也言所以自光大也冔名出於幠幠覆也言所以自覆飾也收言所以收斂髮也齊所服而祭也其制之異未聞○此因三加爵弁而記其制之相等者殷則冔夏則收也○冔況甫反槃畔于反幠火吳反**三王共皮弁素積**質不變○言三代再加所同用也疑委貌以下節當在適子節之前與首節皆言冠制當以類從**無大夫冠禮而有其昏禮古者五十而后爵何大夫冠禮之有**據時有未冠而命爲大夫者周之初禮年未五十而有賢才者試以大夫之事猶服士服行士禮二十而冠急成人也五十乃爵重官人也大夫或時改娶有昏禮是也○自此至末皆明士冠禮可以上達之故此言大夫無冠禮如有未冠而爲大夫者其冠亦從乎士而已**公侯之有冠禮也夏之末造也**造作也自夏初以上諸侯雖父死子繼年

倬案郊特牲白虎通無猶字

胡氏云記大夫以上冠皆用士禮之證

未滿五十者亦服士服行士禮五十乃命也至其衰末上下相亂簒弒所由生故作公侯冠禮以正君臣也坊記曰君不與同姓同車與異姓同車不同服示民不嫌也以此坊民民猶得同姓以弒其君者○此言不獨大夫無冠禮雖公侯冠禮亦夏末始作非古也據詁訓造爲作則末字當一讀近徐師曾解郊特牲云末造猶言末世則二字連讀制作義在末造之外讀者酌之

天子之元子猶士也天下無生而貴者也元子世子也無生而貴皆由下升○天子之元子猶用士禮又不但公侯已也天下固無生而貴者也

繼世以立諸侯象賢也象法也爲子孫能法先祖之賢故使之繼世也○諸侯繼世而立疑其生而貴矣實以其象賢乃立之天子元子亦以象賢乃享天位均非生而貴者也故其冠皆用士禮也

以官爵人德之殺也殺猶衰也德大者爵以大官德小者爵以小官○凡以官位爵人皆以德爲等殺爵以待有德安得有生而貴者乎

死而謚今也古者生無爵死無謚今謂周衰記之時也古謂殷殷士生不爲爵死不爲謚周制以士爲爵死猶不爲謚耳下大夫也今記之時士死則

胡氏云記士爵謚今古之異

謚之非也。謚之由魯莊公始也。○爵以德升。故冠從乎賤。用士禮。古者生不以士爲爵。死不爲之立謚。士固賤者也。

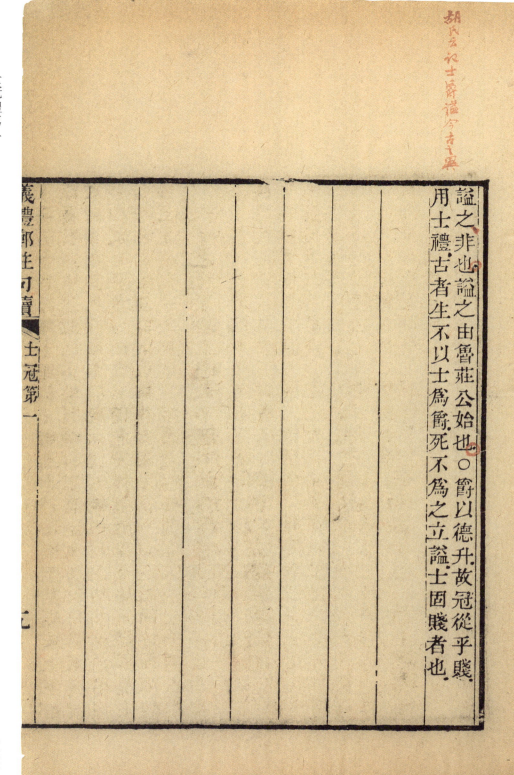

正義案昏禮有六一曰納采二曰問名三曰納吉四曰納徵五曰請期六曰親迎自納采至請期五禮皆遣使者行之必用昕者[illegible]謂昕卽明之始君子舉事尚早是也壻之親迎則用昏故注云用昏壻也壻親迎用昏因名其禮爲昏禮自天子以下禮之隆殺不同而其名昏則同

褚寅亮云女父在父爲主人祖在祖爲主人若父祖俱歿則有事於宗子之廟而以宗子爲主人

儀禮　　鄭氏註　　濟陽張爾岐句讀

士昏禮第二 鄭目錄云士娶妻之禮以昏爲期因而名焉必以昏者陽往而陰來日入三商爲昏昏禮於五禮屬嘉禮大小戴及別錄此皆第二○商漏刻之名三商卽三刻也

阮元云三商日入計刻漏之數商算五三次也

昏禮下達納采用鴈 達通達也將欲與彼合昏姻必先使媒氏下通其言女氏許之乃後使人納其采擇之禮詩云取妻如之何匪媒不得昏必由媒交接設紹介皆所以養廉恥納采而用鴈爲摯者取其順陰陽往來○昏禮有六納采問名納吉納徵請期親迎是也請期以上五禮皆遣使者行之春秋莊公二十二年穀梁傳曰納幣大夫之事也公之親納幣非禮也○采七在反

主人筵于戶西西上右几 主人女父也筵爲神布席也戶西者尊處將以先祖之遺體許人故受其禮於禰廟席西上右設几神不統於人席有首尾○女家將受納采之禮先設神坐乃受之西上席首在西也鄉射燕禮等設席皆東上以近主人爲上是統於人今以神尊不統於人取地道尊右之義故席西上几在右也

吳廷華云戶室戶也室南鄉牖在西戶在東戶西卽牖云東盡室之中也

盛世佐云使者亦士也故玄端服士冠禮擯者乃贊者皆服玄端是也

敖氏云凡賓非主人之所速而來者則有請事之禮凡請事西面入告東面大夫士之禮也

疏凡入門三揖以其入門賓主將欲相背故須揖賓主東至曲當塗北面相見故亦須揖至碑碑在堂下三分庭之一在北是庭中之節故亦須揖

儀禮鄭註句讀 一

使者玄端至使者大家之屬若羣吏使往來者玄端士莫夕之服又服以事其廟有司緇裳○使所吏反莫音暮

擯者出請事入告擯者有司佐禮者請猶問也禮不必事雖知猶問之重慎也○前已有媒氏通言今使者至門當知有昏事而猶問之是重慎也

主人如賓服迎于門外再拜賓不答拜揖入門外大門外不答拜者奉使不敢當其盛禮○當亦如士冠禮主人迎賓主人西面賓東面此時賓自執鴈

至于廟門揖入三揖至于階三讓入三揖者至內霤將曲揖既曲北面揖當碑揖

主人以賓升西面賓升西階當阿東面致命主人阼階上北面再拜阿棟也入堂深示親親今文阿爲庪○以賓升與賓俱升也疏云凡士之廟五架爲之中脊爲棟棟北一楣下有室戶棟南一架爲前楣楣前接簷爲庪鄉飲酒聘禮皆云當楣無當阿者今使者當阿是至中脊下近室處故註云入堂深示親親○庪君委反

授于楹間南面授鴈楹間兩楹之間凡授受敵者於楹間不敵

胡承珙云考工記門阿之制又雜注阿棟也鄉射記云製五架之屋正中曰棟次曰楣前曰庪鄭以棟訓阿者非謂棟有阿名謂屋之中脊其當棟處名阿耳阿之爲曲義大阿一曰曲阜也其在宮室則凡屋之中脊其上穹然者

吳廷華云老即趙魏之老者蓋家臣之長注以老爲羣吏之尊者而上爲家老似未確

敖氏云初禮三指以下之儀也此惟係於中庭亦有辭與聘禮同

韋協夢云徹與改皆有司爲之

者不於楹間，君行一，臣行二是也。今使者不敵，而授於楹間，明爲合好，故其遠近之節同也。**賓降出，主人降，授老鴈。**老，羣吏之尊者。○納采禮畢，故賓降自西階，出廟門。將行後禮，主人降自阼階，授老鴈，立階下以待事。**擯者出請，**不必賓之事有無。**賓執鴈，請問名，主人許，賓入授，如初禮。**問名者，將歸卜其吉凶。古文禮爲醴。○問名，問女子之名，將加諸卜也。如初禮者，亦如納采升堂致命，授鴈而出也。按記，主人受鴈，還西面對賓受命，乃降。是主人既受鴈，還復阼階之位，西面以女名對賓，賓乃降階出門也。此一使兼行二禮，既采須卜，其事相因故也。**擯者出請，賓告事畢，入告，出請醴賓。**此醴亦當爲禮。禮賓者，欲厚之。**賓禮辭，許。**禮辭，一辭。**主人徹几改筵，東上，側尊甒醴于房中。**徹几改筵者，鄉爲神，今爲人。側尊亦言無玄酒。側尊於房中，亦有篚，有籩豆，如冠禮之設。○徹去其几，後將授賓也。改筵，改西上而東上也。爲人設則東上者，統於主人也。**主人迎賓于廟門外，揖讓如初，升，主人北面再拜，賓西**

吳廷華云疑立者無事而主此時從主人方在受醴獻賓之時何暇疑

階上北面答拜主人拂几授校拜送賓以几辟北面設于坐左之西階上答拜拂拭也拭几者尊賓新之也校几足辟逡遁古文校爲枝○疏云揖讓如初升者如納采時三揖三讓也主人北面再拜者拜賓至此堂飲之主人拂几者案有司徹主人西面左手執几縮之以右袂推拂几三二手橫執几進授於尸前凡敵者拂几皆若此卑於尊者則內拂之授校者凡授几之法卑者以兩手執几兩端尊者則以兩手於几間執之授設皆然又云受時或受其足或受於手間皆橫受之及其設之皆旋几縱執乃設之于坐南北面陳之位爲神則右之爲人則左之不坐設之者几輕故也愚謂此經授校是執其中間授之以其足以使者是彼羣吏亦不敵者也○校胡飽反辟房益反

贊者酌醴加角柶面葉出于房贊佐也佐主人酌事也贊者亦洗酌加角柶覆之如冠禮矣出房南面待主人迎受古文葉作擖

主人受醴面枋筵前西北面賓拜受醴

復位主人阼階上拜送主人西北面疑立待賓卽筵也賓復位於西階上北面明相尊敬此筵不主爲

主人酬飲酒禮言賓西階上拜主人少退賓進受爵此賓拜主人亦當少退又為能疑之

飲食起。○主人執醴，筵前西北面以待賓。賓拜于西階上，乃進筵前受醴。受訖，復西階北面之位。主人乃於阼階上拜送此醴。古人受爵送爵相拜之法，率如此。

贊者薦脯醢。薦，進。**賓卽筵坐，左執觶，祭脯醢，以柶祭醴三，西階上北面坐，啐醴，建柶，興，坐奠觶，遂拜，主人答拜。**卽，就也。左執觶，則祭以右手也。凡祭於脯醢之豆閒，必所爲祭者，謙敬，示有所先也。啐，嘗也。嘗之者，成主人意。建猶扱也。興，起也。奠，停也。○賓卽筵坐而祭醴，南面坐也。啐醴則西階北面之位，奠觶遂拜，亦於西階。遂拜者，因事曰遂，坐奠觶，不起而遂拜也。○扱，初洽反。

賓卽筵奠于薦左，降筵北面坐，取脯，主人辭。薦左，籩豆之東。降，下也。自取脯者，尊主人之賜，將歸執以反命。辭者，辭其親徹。○卽筵奠于薦左，南面奠之，因祭酒之面也。

賓降，授人脯，出，主人送于門外，再拜。人，謂使者從者。授於階下，西面，然後出去。○前迎于門外，是大門外，此送亦大門外。

鄭氏云問名而後納吉者慎重不廢禮之序也乃昏姻之內自納采問名時定矣故昏辭曰吾子有惠貺室請納采如必問名皆卜備卜不吉可中廢乎故用禮而甚矛而已

右一使兼行納采問名二禮及禮使者之儀

納吉用鴈如納采禮 歸卜於廟得吉兆復使使者往告婚姻之事於是定○如納采禮其揖讓升階致命授鴈及主人醴賓取脯出門之節並如之

右納吉

納徵玄纁束帛儷皮如納吉禮 徵成也使使者納幣以成昏禮用玄纁者象陰陽備也束帛十端也周禮曰凡嫁子娶妻入幣純帛無過五兩儷兩也執束帛以致命兩皮爲庭實皮鹿皮今文纁皆作熏○疏云此納徵無鴈者以有束帛爲贄故也周禮純帛緇帛也是庶人用緇無纁士大夫乃以玄纁束帛天子加以穀圭諸侯加以大璋雜記云納幣一束束五兩兩五尋然則每端二丈玄纁束帛者合言之陽奇陰偶三玄二纁也鄭註周禮以純爲緇故疏以緇爲庶人之禮陳氏祥道云蘇秦傳錦繡千純裴駰註曰純端名則周禮所云純帛者匹帛也鄭改純爲緇誤矣庶人亦用玄纁但不必

五兩耳。○純側其反

右納徵

請期用鴈主人辭賓許告期如納徵禮主人辭者陽倡陰和期日宜由夫家來也夫家必先卜之得吉日方使使者往辭即告之。○邇言三禮同節皆如納采。

右請期

期初昏陳三鼎于寢門外東方北面北上其實特豚合升去蹄舉肺脊二祭肺二魚十有四腊一肫髀不升皆飪設扃鼏期取妻之日。鼎三者，升豚魚腊也。寢，壻之室也。北面，鄉內也。特，猶一也。合升，合左右胖升於鼎也。去蹄，蹄甲不用也。舉肺脊者，食時所先舉也。肺者，氣之主也，周人尚焉。脊者，體之正也。食時則祭之，飯必舉之，貴之也。每皆二者，夫婦各一耳。凡魚之正十五而鼎減

御音沈云當時或本有作純者是事士宰饋食禮云勝魚者三兩當作沈夫覆勘江札記下同

吳廷華云醬合醯言是用醯醬者腊大腊食醯醢言醯人則曰齊醢菹醯醢人則曰醢醬齊菹是著有用醯而成者亦有不用醯而成者注所謂和醬之義蓋以二者相雜之謂也

正義云左傳桓二年傳大羹不致郊特牲大羹不和謂不致五味故知不和鹽菜

一爲十四者欲其敵偶也腊兔腊也肫或作純全也凡腊用全髀不升者近竅賤也飪熟也扃所以扛鼎鼏覆之古文純爲鈞髀爲脾今文扃作鉉鼏皆作密○此下言親迎之禮先陳同牢之饌乃乘車往迎婦至成禮共三節舉肺脊食時所祭之肺與脊也祭肺則未食時祭之疏云祭時二肺俱有生人唯有舉肺皆祭今此得有祭肺者郊特牲論娶婦玄冕齋戒鬼神陰陽也故與祭祀同二肺也魚十有四夫婦各七固取敵偶亦合公食大夫一命七魚之數凡他禮牲體用一胖腊則左右體脅相配爲一故得全名唯大斂士虞皆用左胖不全反吉故也○去起呂反肫音純髀步米反飪而甚反竅苦弔反扛音江

設洗于阼階東南洗所以承盥洗之器棄水者

饌于房中醯醬二豆菹醢四豆兼巾之黍稷四敦皆蓋醯醬者以醯和醬生人尚褻味兼巾之者六豆共巾也巾爲禦塵蓋爲尚溫周禮曰食齊視春時○敦音對齊才計反

大羹湆在爨大羹湆煮肉汁也大古之羹無鹽菜爨火上周禮曰羹齊視夏時今文湆皆作汁○湆去急反

尊于室中北墉下有禁玄酒在西綌冪加勺皆

盧弨弓云竈也二字本此句誤作火上今從宋本改正

正義巹以半匏蓋分一匏為二不用則仍合為一也

集釋云鬼神之者言敬此夫婦之道如事鬼神也凡昏各用其上服弁冕色俱玄故謂之玄冕爵對冕別言之上服也

南枋。墉牆也。禁所以庪甒者。玄酒不忘古也。綌粗葛。今文枋作柄。尊于房戶之東，無玄酒，篚在南，實四爵合巹。無玄酒者，略之也。夫婦酌於內尊，其餘酌於外尊。合巹，破匏也。四爵兩巹凡六，為夫婦各三酳。一升曰爵。○鼎陳寢門外，洗設阼階東南，豆敦饌於房中，羹在爨，內尊在室，外尊在房戶東，爵巹篚在外尊南，此同牢饌設之次。○巹音謹。匏白交反。酳以刃反。

右將親迎預陳饌

主人爵弁，纁裳緇袘，從者畢玄端，乘墨車，從車二乘，執燭前馬。主人，壻也。壻為婦主。爵弁而纁裳，玄冕之次。大夫以上親迎，冕服。冕服迎者，鬼神之。鬼神之者，所以重之親之。纁裳者，衣緇衣。不言衣與帶而言袘者，空其文，明其與袘俱用緇。袘謂緣。袘之言施，以緇緣裳，象陽氣下施。從者，有司也。乘貳車，從行者也。畢猶皆也。墨車，漆車。士而乘墨車，攝盛也。執燭前馬，使從役持炬火居前炤道。○主人，壻也。下文女父稱主人，男稱壻，此未至女

吳廷華云士冠禮爵弁服纁裳純衣緇帶韎韐玄端玄裳黃裳雜裳可也緇帶爵韠此但言纁裳者蓋彼此見義也

家仍據男家而言故云主人一命大夫冕而無旒士變冕爲爵弁故云冕之次士助祭於公用之是士服之盛者大夫以上親迎則皆冕服矣疏以爲五等諸侯亦不過玄冕天子親迎當衮冕或然也大夫乘墨車士乘棧車今親迎乘大夫之車故云攝盛案巾車註云棧車不革鞔而漆之則士之棧車亦漆但無革鞔爲異○褍以豉反從才用反迎魚正反 **婦車亦如之有裧** 亦如之者車同等士妻之車夫家共之大夫以上嫁女則自以車送之裧車裳幃周禮謂之容車有容則固有蓋○如之者亦墨車及從車執燭等也○裧昌占反 **至于門外** 婦家大門之外 **主人筵于戶西西上右几** 主人女父也筵爲神布席也 **女次純衣纁袡立于房中南面** 次首飾也今時髲也周禮追師掌爲副編次純衣絲衣女從者畢袗玄則此衣亦玄矣袡亦緣也袡之言任也以纁緣其衣象陰氣上任也凡婦人不常施袡之衣盛昏禮爲此服喪大記曰復衣不以袡明非常○疏云不言裳者以婦人之服不殊裳周禮追師註云副之言覆所以覆首爲之飾其遺象若今步搖編編列髮爲之若今假紒次次第髮長短爲之所謂髲髢外内命婦衣鞠衣襢衣者服

吳廷華云親迎爲六禮之一親迎者卽詩所謂百兩御之百兩將之焉有夫家不共車而自乘其車之理此注謂婦車並舉其爲夫家所共甚明注謂大夫以上自以其車送之非也

劉台拱云主人爵弁纁裳緇袘注主人婿也婿爲婦主人筵于戶西注主人女父也親迎之禮自女家而行故婿稱主人至於婦家則女父又當爲主人故不嫌同辭也至於賓出而婦從則定其文而直稱爲婿婿者對父之辭也曰主人

盛世佐云周禮謂之容詩謂之帷裳一名童容容者以爲車之容飾也帷裳者以其帷障車之旁如裳然也其上有蓋謂之童容四旁垂而下謂之襜其實一物也男子之乘亦有蓋與襜婦人之車則有蔽故有蓋有襜

編衣椽者服次其副唯於三翟祭祀服之士服爵弁助祭之服以迎則士之妻亦服椽衣助祭之服也又云此純衣即椽衣是士妻助祭之服尋常不用纁爲衻今用之故云盛昏禮爲此服○衻如占反髮皮義反

姆纚笄宵衣在其右。姆婦人年五十無子出而不復嫁能以婦道教人者若今時乳母纚縚髮笄今時簪也纚亦廣充幅長六尺宵讀爲詩素衣朱綃之綃魯詩以綃爲綺屬也姆亦玄衣以綃爲領因以爲名且相別耳姆在女右當詔以婦禮○姆亡侯反綃音消

女從者畢袗玄纚笄被穎黼在其後。女從者謂姪娣也詩諸娣從之祁祁如雲袗同也同玄者上下皆玄也穎禪也詩云素衣朱襮爾雅云黼領謂之襮周禮曰白與黑謂之黼天子諸侯后夫人狄衣卿大夫之妻刺黼以爲領如今偃領矣士妻始嫁施禪黼於領上假盛飾耳言被明非常服○陳氏云袗設飾也說文曰褧檾也枲屬穎與褧檾通袗玄設飾以玄也穎黼以枲爲領而刺黼也○被皮義反穎苦迥反黼音甫襮音博刺七亦反

主人玄端迎于門外西面再拜賓東面答拜。賓壻主人揖入賓執鴈從至于廟門。

揖入三揖至于階三讓主人升西面賓升北面奠鴈再拜稽首。降出婦從降自西階主人不降送。賓升奠鴈拜主人不答明主爲授女耳主人不降送禮不參。○疏云賓升北面奠鴈再拜稽首此時當在房外當楣北面何休公羊傳註云夏后氏逆於庭殷人逆於堂周人逆於戶禮不參者禮賓主宜各一人。壻御婦車授綏姆辭不受。壻御者親而下之綏所以引升車者曲禮曰僕人之禮必授人綏。婦乘以几姆加景乃驅御者代。乘以几者尙安舒也景之制蓋如明衣加之以爲行道禦塵令衣鮮明也景亦明也驅行也行車輪三周御者乃代壻今文景作憬○景與絅褧音相近義正同○令力呈反。壻乘其車先俟于門外。壻車在大門外乘之先者道之也男率女女從男夫婦剛柔之義自此始也俟待也門外壻家大門外。

右親迎

婦至，主人揖婦以入。及寢門，揖入，升自西階。媵布席于奧。夫入于室，即席。婦尊西，南面。媵御沃盥交。升自西階，道婦入也。媵，送也，謂女從者也。御，當爲訝。訝，迎也，謂壻從者也。媵沃壻盥於南洗，御沃婦盥於北洗，夫婦始接，情有廉恥，媵御交道其志。○夫道婦入室，先自即席東面，婦尚在尊西南面，須設饌訖，乃設對席，然後揖婦即坐，爲前後至之便故也。媵即姪娣，御夫家之女役。南洗在庭，北洗在北堂。○媵，以證反。御，音訝。贊者徹尊冪。舉者盥，出，除鼏，舉鼎入，陳于阼階南，西面，北上。匕俎從設。執匕者、執俎者從鼎而入，設之。匕所以別出牲體也，俎所以載也。北面載，執而俟。執俎而立，俟豆先設。○執匕者，南面別出牲體。執俎者，北面承取載之于俎，執之而俟，豆設乃設也。匕者逆退，復位于門東，北面，西上。執匕者事畢，逆退由便，至此乃著其位，略賤也。贊者設醬于席前，菹醢在其北。俎入，設于豆東。魚次。腊特于俎北。豆東，菹醢之東。○魚盛世佐云此爲婦設也夫西婦東故云對凡僎皆對婦於此言之者以其首設也設之於夫僎之東少北推之東者舉其右對言之耳不言婦前者婦序未設也

盛世佐云揖婦不言主人可知也敖氏曰[illegible]

吳廷華云[illegible]

次者又在俎東也腊特設俎北若復東則饌不得方故也贊設黍于醬東稷在其東設湆于醬南饌要方也○二豆並列醬北二敦直列醬東此爲夫設下對設二豆二敦則爲婦三俎夫婦共之設對醬于東對醬婦醬也設之當特俎菹醢在其南北上設黍于腊北其西稷設湆于醬北御布對席贊啟會卻于敦南對敦于北啟發也今文啟作開古文卻爲綌○會敦之蓋卻仰也開敦蓋各仰置敦右○會古外反卻去逆反贊告具揖婦即對筵皆坐皆祭祭薦黍稷肺贊者西面告饌具也揖揖婦使即席薦菹醢○其祭之序由近及遠肺指祭肺非舉肺也贊爾黍授肺脊皆食以湆醬皆祭舉食舉也爾移也移置席上便其食也皆食食黍也以用也用者謂用口啜湆用指咂醬古文黍作稷○舉卽脊與肺也○咂子闔反三飯卒食卒已也同牢示親不主爲食起三飯而成禮也贊洗爵酌酳主人主人拜受贊戶內北面答拜酳

沈彤云[illegible]

婦亦如之皆祭酳漱也酳之言演也安也漱所以潔口且演安其所食酳酌內尊○內尊尊于室中北墉下者也疏云壻拜當東面婦拜當南面少牢饋答拜註云在東面席者東面拜在西面席者南面拜故知婦拜南面若贊答婦拜亦於戶內北面也○漱所又反贊以肝從皆振祭嚌肝皆實于菹豆肝肝炙也飲酒宜有肴以安之○從猶繼也振猶擧也卒爵皆拜婦拜見上篇見母章此篇婦見奠菜一章及內則女拜尚右手贊答拜受爵再酳如初無從三酳用巹亦如之亦無從也○如初者如自贊洗爵以下至答拜受爵但無從爲異無從不以肝從也三酳則並如再酳之無從酳爵不襲贊受爵卽返之於篚別取爵再酳三酳則用巹也贊洗爵酌于戶外尊入戶西北面奠爵拜皆答拜坐祭卒爵拜皆答拜興贊酌者自酢也主人出婦復位復尊西南面之位乃徹于房中如設于室尊否徹室中之饌設于房中爲媵御餕之徹尊不設有外尊也主人說服于房媵

受婦說服于室御受姆授巾。巾所以自潔清今文說作稅○說吐活反御衽于奧媵衽良席在東皆有枕北止。衽臥席也婦人稱夫曰良孟子曰將䀹良人之所之止足也古文止作趾○設衽曰衽猶置尊曰尊布筵曰筵也上文媵受主人服御受婦服此御衽婦席媵衽夫席皆與媵御沃盥交義同主人入親說婦之纓。入者從房還入室也婦人十五許嫁笄而禮之因著纓明有繫也蓋以五采爲之其制未聞燭出。昏禮畢將臥息媵餕主人之餘御餕婦餘贊酌外尊酳之外尊房戶外之東尊媵侍于戶外呼則聞。爲尊者有所徵求今文侍作待

右婦至成禮

夙興婦沐浴纚笄宵衣以俟見。夙早也昏明日之晨興起也俟待也待見於舅姑寢門之外古者命士以上年十五父子異宮○此下言昏之明日婦見舅姑贊者於舅姑堂上醴婦婦饋舅姑於室舅姑饗婦舅姑饗婦家

送者。凡五節。

質明贊見婦于舅姑席于阼舅卽席席于房外南面姑卽席。質。平也。房外。房戶外之西。古文舅皆作咎。婦執笲棗栗自門入升自西階進拜奠于席。笲竹器而衣者。其形蓋如今之筥笿簏矣。進拜者。進東面乃拜。奠之者。舅尊。不敢授也。○舅立阼階上。西面。婦自西階。進至舅前。東面拜。拜已。坐奠棗栗于舅席。○笲音煩。衣於旣反。笿羌居反舅坐撫之興答拜婦還又拜還又拜者。還於先拜處拜。婦人與丈夫爲禮。則俠拜。○撫。撫棗栗笲也。撫之者。示受也。降階受笲腶脩升進北面拜奠于席姑坐舉以興拜授人人。有司。姑執笲以起。答婦拜。授有司徹之。舅則宰徹之。○婦見舅訖。復自西階降。受腶脩以見姑。○腶丁亂反

右婦見舅姑

贊醴婦醴當爲禮。贊禮婦者。以其婦道新成。親厚之。○疏云。案司儀註。上於下曰禮。敵者曰儐。席于戶牖

儀禮鄭註句讀　九

閒。室戶西牖東南面位。側尊甒醴于房中。婦疑立于席西。疑，正立自定之貌。○疑，魚乙反

贊者酌醴，加柶，面枋，出房，席前北面。婦東面拜受。贊西階上北面拜送。婦又拜。薦脯醢。婦東面拜，贊北面答之，變于丈夫始冠成人之禮。婦升席，左執觶，右祭脯醢，以柶祭醴三，降席，東面坐，啐醴，建柶，興，拜。贊答拜。婦又拜，奠于薦東，北面坐取脯，降，出，授人于門外。奠于薦東，升席奠之。取脯降出，授人，親徹，且榮得禮。人，謂婦氏人。○祭醴南面，啐醴東面，奠觶又南面，取脯則北面。

右贊者醴婦

舅姑入于室，婦盥饋。饋者，婦道既成，成以孝養。特豚，合升，側載，無魚腊，無稷，竝南上。其他如取女禮。側載者，右胖載之舅俎，左胖載之姑俎，異尊卑。竝南上者，舅姑共席于奧，其饌

各以南爲上其他謂醬湆菹醢女謂婦也如取婦禮同牢時並當作併○自側載以下南上以上皆與取女同牢之禮異至醬湆菹醢酒尊等則與之同**婦贊成祭卒食一酳無從**贊成祭者授處之今文無成也○贊祭者品授之又處置之也**席于北墉下**室中北墉下○疏曰此席將爲婦餕之位處也**婦徹設席前如初西上婦餕舅辭易醬**婦餕者即席將餕也辭易醬者嫌淬汙**婦餕姑之饌御贊祭豆黍肺舉肺脊乃食卒姑酳之婦拜受姑拜送坐祭卒爵姑受奠之**奠于篚○舅姑之饌並設席前婦所餕則姑之饌**婦徹于房中媵御餕姑酳之雖無娣媵先於是與始飯之錯**古者嫁女必娣姪從之謂之媵姪兄之子娣女弟也娣尊姪卑若或無娣猶先媵客之也始飯謂舅姑錯者媵餕舅餘御餕姑餘也古文始爲姑○媵御餕于房姑亦酳之其酳之次先媵而後御娣姪具者媵固先雖無娣而以姪爲媵媵猶先也媵從婦而餕舅餘御從夫而餕姑餘是與舅姑始飯夫婦之位相交錯也

張惠言云饗婦禮略以意言之舅降取爵於篚婦避於房舅升酌筵前北面婦筵西東面拜受舅阼階東西拜送婦又拜即席姑薦脯醢贊者設俎婦祭脯醢祭肺祭酒降席東面卒爵拜舅答拜婦又拜更爵洗酌阼階上酢舅舅西面拜受婦復位東面拜送婦薦脯醢亦室有折俎舅祭卒爵拜婦答拜姑洗于北洗酌筵前北面酬婦拜姑從酬婦北面拜姑西面答拜卒爵婦北面于受姑北面拜送姑復位婦奠爵于薦左復位

右婦饋舅姑

舅姑共饗婦以一獻之禮舅洗于南洗姑洗于北洗奠酬以酒食勞人曰饗南洗在庭北洗在北堂設兩洗者獻酬酢以潔清爲敬奠酬者明正禮成不復舉凡酬酒皆奠于薦左不舉其燕則更使人舉爵○疏云此饗婦之事與上盥饋同日爲之昏義云舅姑入室婦以特豚饋明婦順也厥明舅姑共饗婦鄭彼註云容大夫以上禮多或異日故知此士同日可也此與上事相因亦於舅姑寢堂之上與禮婦同在客位也又云案下記饗婦節註云舅姑共饗婦舅獻姑薦脯醢但薦脯醢無盥洗之事今云姑洗於北洗洗者洗爵則是舅獻姑酬共成一獻仍無妨姑薦脯醢也愚案註其燕則更使人舉爵者汎言他經正獻後更舉爵行酬之事非此經所有**舅姑先降自西階婦降自阼階**授之室使爲主明代己○疏云曲禮云子事父母升降不由阼階今舅姑降自西階婦降自阼階是授婦以室之事也授之室昏義文**歸婦俎于婦氏人**言俎則饗禮有牲矣婦氏人丈夫送婦者使有司歸

下記云饗婦姑薦焉

邵晉涵云案聘禮使介行禮用錦不用帛者辟主君之幣也此無所辟不當用錦宜從古文皆作帛

以婦俎當以反命於女之父母明其得禮

右舅姑饗婦

舅饗送者以一獻之禮酬以束錦送者女家有司也爵至酬賓又從之以束錦所以相厚古文錦皆作帛○疏云尊無送卑之法士無臣故知有司送之也姑饗婦人送者酬以束錦婦人送者隸子弟之妻妾凡饗速之○疏云凡速者皆就館速之若異邦則贈丈夫送者以束錦贈送也就賓館○既於饗酬之又就館贈之也

右饗送者

若舅姑既沒則婦入三月乃奠菜沒終也奠菜者以篚祭菜也蓋用菫○此下言舅姑既沒者之禮三月婦道既成乃廟見因禮婦饗從者疏云若舅沒姑存則當時見姑三月廟見舅若舅存姑沒無廟可見或更有繼

胡匡衷云士昏之廟則有祝明矣或曰此說婦廟見當爲女奴曉事者也周禮之女祝

儀禮鄭註句讀　十

室自然如常禮也席于廟奧東面右几席于北方南面廟考妣之廟北方墉下○席于奧者舅席也席于北方者姑席也舅姑別席異面象生時婦見之禮與常祭同几者不同也祝盥婦盥于門外婦執笄菜祝帥婦以入祝告稱婦之姓曰某氏來婦敢奠嘉菜于皇舅某子帥道也入入室也某氏者齊女則曰姜氏魯女則曰姬氏來婦言來爲婦嘉美也皇君也○疏云盥于門外此亦異于常祭云某子者言若張子李子也顧炎武云婦人內夫家無稱其舅爲張子李子者某子云者或謚或字之稱愚謂疏之意或以婦新入門稱姓以告故亦以姓稱其舅與婦拜扱地坐奠菜于几東席上還又拜如初扱地手至地也婦人扱地猶男子稽首○疏云婦人以肅拜爲正今云扱地則婦人之重拜也男子稽首亦拜中之重故以相況也愚案此席上在奧之席又拜如初又扱地也○扱初洽反婦降堂取笄菜入祝曰某氏來婦敢告于皇姑某氏奠菜于席如初禮降堂階上也室

[illegible]

事交乎戶今降堂者敬也於姑言敢告舅尊於姑○此奠北坐之前以見姑也室事交乎戶禮器文婦出祝闔牖戶凡廟無事則閉之老醴婦于房中南面如舅姑醴婦之禮因於廟見禮之○亦象舅姑生時因婦來見遂禮之也房中廟之房中嘗疑此老與前贊者並是男子乃使與新婦為禮在前聖必自有說非末學所可臆度矣壻饗婦送者丈夫婦人如舅姑饗禮

右舅姑沒婦廟見及饗婦饗送者之禮

記

士昏禮凡行事必用昏昕受諸禰廟辭無不腆無辱用昕使者用昏壻也壻悉計反從士從胥俗作婿女之夫腆善也賓不稱幣不善主人不謝來辱○昕朝旦也壻用昏親迎時也使者用昕納采問名納吉納徵請期使向女家時也受諸禰廟男家禮至並於禰廟受之也辭無不腆者郊特牲云告之以直信信事人也信婦

疏共承高祖是四世緦麻之親若三世共曾祖者是小功之親共祖是大功之親共禰廟是齊衰之親則皆教於公宮

德也。註云。此二者。所以敎婦正直信也。**摯不用死。皮帛必可制。**摯鴈也。皮帛儷皮束帛也。○摯必生鴈。皮帛必可制爲衣物。**腊必用鮮。魚用鮒。必殽全。**殽全者。不餒敗。不剝傷。○殽全指魚。其體肉完好也。此並據同牢時所用。○鮒音附。餒奴罪反。

右記昏禮時地辭命用物

女子許嫁。笄而醴之。稱字。許嫁。已受納徵禮也。笄女之禮。猶冠男也。使主婦女賓執其禮。○疏云。笄女許嫁者。用醴禮之。未許嫁者。當用酒醮之。**祖廟未毁。敎于公宮三月。若祖廟已毁。則敎于宗室。**祖廟。女高祖爲君者之廟也。以有緦麻之親。就尊者之宮。敎以婦德。婦言。婦容。婦功。宗室。大宗之家。○此謂諸侯同族之女。將嫁之前。敎成之法。其與諸侯共高祖者。是緦麻之親。敎之於公宮。其共曾祖。共祖。共禰廟者。皆敎於公宮可知也。若與君絕服者。則於大宗之家敎之。大宗之家。謂別子之世適長子。族人所宗事者也。

[illegible]

記笄女教女之事

問名主人受鴈還西面對賓受命乃降受鴈于兩楹間南面還于阼階上對賓以女名

記問名對賓之節

祭醴始扱一祭又扱再祭賓右取脯左奉之乃歸執以反命反命謂使者問名納吉納徵請期還報于壻父○凡祭醴之法皆如此其記於此者以問名諸禮皆醴賓故也

記祭醴法

納徵執皮攝之內文兼執足左首隨入西上參分庭一在南攝猶辟也兼執足者左手執前兩足右手執後兩足左首象生曲禮曰執禽者左首隨入爲門中阨狹西上中庭位併○納徵之禮賓執束帛入別有二人執皮以爲庭實其執之之法襞攝之使文在內兩手兼執其四足首向左二人相隨入門至庭則併立

韋協夢云士謂主人之私臣及府史胥徒之屬

賈疏云舅姑共饗婦姑薦脯醢故知父醴女亦母薦脯醢

臧公鈕云以物乃[illegible]日正

儀禮鄭註句讀

以西爲上。三分庭之一。而在其南。○庉於賁反 賓致命釋外足見文主人受幣士受皮者。自東出于後自左受遂坐攝皮逆退適東壁。賓致命主人受幣庭實所用爲節。士謂若中士下士不命者。以主人爲官長自由也。○賓堂上致命時。執皮者庭中釋皮外足見文。主人堂上受命時。主人屬吏受皮者。自東方出執皮者之後。至其左。北面受之。故註云。賓致命主人受幣。庭實所用爲節也。既受皮。遂坐攝之。復使內文。逆退適東壁者。初二人相隨自東而西。及退反東壁。則後者在前也。

記納徵禮庭實之節

父醴女而俟迎者。母南面于房外。女既次純衣。父醴之于房中南面。蓋母薦焉。重昏禮也。女奠爵于薦東。立于位而俟壻。壻至。父出使擯者請事。母出南面房外。示親授壻。且當戒女也。 女出于母左。父西面戒之。必有正焉。若衣若笄。母戒諸西階上。不降。必有正焉者。以託戒

盛世佐云以物爲憑曰正母施衿結帨庶母施鞶皆以物與之如此衣若笄之文戒時使女服之識而不忘也

之使不忘○母在房戸西南面女出房至母左時父阼階上西面戒之母送女至西階上乃戒之也父母不降送庶母及門內申父母之命

記父母授女

婦乘以几從者二人坐持几相對持几者重愼之○疏云王后則履石大夫諸侯亦應有物履之但無文今人猶用臺

記婦升車法

婦入寢門贊者徹尊冪酌玄酒三屬于尊棄餘水于堂下階間加勺屬注也玄酒涚水貴新昏禮又貴新故事至乃取之三注于尊中○屬音燭涚舒說反音睡

記注玄酒之節

笲緇被纁裏加于橋舅答拜宰徹笲被表也笲有衣者婦見舅姑以飾爲敬橋所以庪笲其制未聞今文橋爲鎬○笲音煩

記笲飾及受笲之節

婦席薦饌于房醴婦饗婦之席薦也饗婦姑薦焉舅姑共饗婦舅獻爵姑薦脯醢婦洗在北堂直室東隅篚在東北面盥洗在北堂所謂北洗北堂房中半以北洗南北直室東隅東西直房戶與隅間○饗婦時姑洗于北洗疏云房與室相連謂之房無北壁故得北堂之名婦酢舅更爵自薦更爵男女不相因也○婦得獻卒爵更爵酢舅自薦脯醢不以人贊也不敢辭洗舅降則辟于房不敢拜洗不敢與尊者爲禮○辭洗拜洗賓主敵者之禮婦於舅則不敢也舅饗婦獻爵酬爵皆洗凡婦人相饗無降姑饗婦人送者于房無降者以北洗篚在上○疏云言凡者欲見舅姑共饗婦及姑饗婦人送者皆然

記醴婦饗婦餕具儀節

婦入三月然後祭行入夫之室三月之後於祭乃行謂助祭也

記婦助祭之期

庶婦則使人醮之婦不饋庶婦庶子之婦也使人醮之不饗也酒不酬酢曰醮亦有脯醢適婦酌之以醴尊之庶婦酌之以酒卑之其儀則同不饋者共養統於適也○亦昏之明日婦見舅姑時因使人醮之於房外之西如醴婦之儀婦不饋則舅姑亦不饗也

記庶婦禮之不同於適婦者

昏辭曰吾子有惠貺室某也昏辭擯者請事告之辭吾子謂女父也稱有惠明下達貺賜也室猶妻也某壻名○此下皆記昏禮中辭命

某有先人之禮使某也請納采也某壻父名也某也使

名也。對曰某之子惷愚又弗能教吾子命之某不敢辭。對曰者，擯出納賓之辭。某，女父名也。吾子，謂使者。古文弗爲不，無能字。○惷，失容反致命曰敢納采。○當有對辭，文不具。愚意亦當與擯出納賓之辭不異

納采之辭

問名曰某既受命將加諸卜敢請女爲誰氏。某，使者名也。誰氏者，謙也，不必其主人之女。○疏以爲使者升堂致命之辭。愚意告擯者之辭當亦不異。對曰吾子有命且以備數而擇之某不敢辭。卒曰某氏。不記之者，明爲主人之女。○案前記問名節註云還于阼階上對賓以女名。

問名之辭

醴曰子爲事故至於某之室某有先人之禮請醴從者。言從者，謙不敢

斥也。今文於爲于。對曰：某既得將事矣，敢辭。將行。先人之禮，敢固以請。主人辭固如故。某辭不得命，敢不從也。賓辭也。不得命者，不得辭已之命。

醴賓之辭

納吉曰：吾子有貺命，某加諸卜，占曰吉，使某也敢告。貺，賜也。賜命謂許以女名也。某，壻父名。○疏於貺字截句。對曰：某之子不教，唯恐弗堪。子有吉，我與在，某不敢辭。與猶兼也。古文與爲豫。○子既得吉，我兼在吉中，榮幸之言也。○與音預

納吉之辭

納徵曰：吾子有嘉命，貺室某也。某有先人之禮，儷皮束帛，使某也請納徵。致命曰：某敢納徵。對曰：吾子順先典，貺某重禮，某不

王引之云言不虞不無也虞度也無虞謂無死喪也三族無死喪則可行吉禮故惟用此三族無虞之時請吉日也

敢辭敢不承命 典常也法也

納徵之辭

請期曰吾子有賜命某既申受命矣惟是三族之不虞使某也請吉日 三族謂父昆弟己昆弟子昆弟虞度也不億度謂卒有死喪此三族者己及子皆爲服期期服則踰年欲及今之吉也雜記曰大功之末可以冠子嫁子○皆賓與主人面相往復之辭申受命者自納采以來每度受命也○億於力反卒七忽反

對曰某既前受命矣唯命是聽 前受命者申前事也○主人以期當自壻家來故辭之

曰某命某聽命于吾子 曰某壻父名也○使者再請

對曰某固惟命是聽

使者曰某使某受命吾子不許某敢不告期曰某日 某吉日之甲乙○使者來時本受吉期於壻父初執謙請之此乃因其固辭而告之也

對曰某敢不敬須 須待也

請期之辭

凡使者歸，反命曰：某既得將事矣，敢以禮告。告禮所執腒。○凡者，五禮使者皆然。

主人曰：聞命矣。

使者反命之辭

父醮子，子，壻也。○父爲子將迎婦，以酒醮之於寢，其儀當如冠子醮法。命之辭曰：往迎爾相，承我宗事。相，助也。宗事，宗廟之事。○相，息亮反。勖帥以敬先妣之嗣，若則有常。勖，勉也。若，猶女也。勉帥婦道，以敬其爲先妣之嗣，女之行則當有常，深戒之。詩云：太姒嗣徽音。○謂婦爲相，以其爲夫之助也。註以勖帥以敬八字爲句。愚謂當四字爲句，事、嗣叶，相、常首尾叶。若曰：今往迎爾相，以承我宗事，當勉帥以敬，使其惟先妣是嗣，女之敬必有常，不可敬始而怠終也。末句申勸之。○勖，許玉反。子曰：諾。唯恐弗堪，不敢忘命。

盛世佐云施巾於身結巾於帶

父醮子辭

賓至擯者請對曰吾子命某以茲初昏使某將請承命賓壻也命某某壻父名茲此也將行也使某行昏禮來迎對曰某固敬具以須

親迎至門告擯者辭

父送女命之曰戒之敬之夙夜毋違命夙早也早起夜臥命舅姑之教命古文毋為無○卽前記云父西面戒之必有正焉之辭毋施衿結帨曰勉之敬之夙夜無違宮事帨佩巾○卽前記云母戒諸西階上之辭衿衣小帶一云衣領宮事姑命婦之事○衿其鴆反帨舒銳反庶母及門內施鞶申之以父母之命命之曰敬恭聽宗爾父母之言夙夜無愆視諸衿鞶庶母父之妾也鞶鞶囊也男鞶革女鞶絲所以盛帨巾之屬為謹敬申重也宗尊也愆過也諸

之也。示之以衿鞶，皆託戒使識之也。不示之以衣笄者，尊者之戒不嫌忘之。視乃正字，今文作示，俗誤行之。○鞶，大帶，其訓囊者，從系不從革。視諸衿鞶者，教以見衿鞶即憶父母之言也。○鞶，步干反

父母送女戒命之辭

壻授綏，姆辭曰：未教，不足與爲禮也。○此節監本脫，據石經及吳本補入。或當有鄭註，而今逸之矣。

姆教人者。

姆辭壻授綏之辭

宗子無父，母命之。親皆沒，己躬命之。○宗子者，適長子也。命之，命使者。母命之，在春秋紀裂繻來逆女是也。躬猶親也。親命之，則宋公使公孫壽來納幣是也。言宗子無父，是有有父者。禮七十老而傳，八十齊喪之事不及。若是者，子代其父爲宗子，其取也，父命之。○此因請期以上五禮，皆命使者行之，故言使命。使命所出，必自其父。若無父者，則母

王引之云數讀音所角切爾雅曰數疾也數之言速也蹶也曾子問不知其已之遲數鄭注數讀爲速昔也言此鄭君姻其時未久某之子尚未濯溉于祭祀某是以未敢往見吾子也

命之母命之者亦但命子之父兄師友使之命使不得稱母命以通使也親者沒不得已乃親命之所以養廉遠耻也註引紀裂繻逆女事見春秋隱二年公羊傳公孫壽事見成八年其昏禮不稱主人母命不得通使之義並見彼傳及何休註支子則稱其宗支子庶昆弟也稱其宗子命使者弟則稱其兄弟宗子母弟○亦謂無父者

記使命所自出

若不親迎則婦入三月然後壻見曰某以得爲外昏姻請覿女氏稱昏壻氏稱姻覿見也○此下記不親迎者婦入三月壻見婦父母之辭命儀節豈周公制禮因其舊俗而爲之節文與自此至敢不從並是壻在婦家大門外與擯者請對傳致之辭主人對曰某以得爲外昏姻之數某之子未得濯溉於祭祀是以未敢見今吾子辱請吾子之就宮某將走見主人女父也以自造緇曰辱○擯傳主人之言未得濯溉於祭祀謂三月以前婦未與祭也辱謂來

至門是自屈辱也　對曰某以非他故不足以辱命請終賜見　非他故彌親之辭命謂將走見之言今文無終賜○非他故謂以非他人之故而來見疏云是爲壻而來見又似他故二字連讀　對曰某以得爲昏姻之故不敢固辭敢不從　不言外亦彌親之辭○唐石經作某得以爲昏姻之故

古文曰外昏姻

此所謂禮辭也

主人出門左西面壻入門東面奠摯再拜出　出門出內門入門入大門出內門不出大門者異於賓客也壻見於寢奠摯者壻有子道不敢授也摯鴈也　擯者以摯出請受　欲使以賓客禮相見　壻禮辭許受摯入主人再拜受壻再拜送出　出已見女父○疏云擬出更與主婦相見也愚謂壻出更以請見主婦告擯者乃入見也　見主婦主婦闔扉立于其內　主婦主人之婦也見主婦者兄弟之道宜相親也闔扉者婦人無外事扉左扉○扉卽主人所出之內門扉也註兄弟之道謂昏姻家爲兄弟○扉音非　壻立于門外東面主婦一拜壻答再拜主婦又拜壻

出。必先一拜者。婦人於丈夫。必俠拜。主人請醴。及揖讓入。醴以一獻之禮。主婦薦。奠酬。無幣。及。與也。無幣。異於賓客。○醴疑當作禮。若用醴。則無酢酬。俟質。壻出。主人送。再拜。

不親迎者見婦父母之禮

儀禮　鄭氏註　濟陽張爾岐句讀

士相見禮第三

鄭目錄云士以職位相親始承摯相見之禮雜記會葬禮曰相見也反哭而退朋友虞祔而退士相見於五禮屬賓禮大小戴及別錄皆第三○據經初言士相見禮次言士見於大夫又次言大夫相見又次言士大夫見於君末及見尊長諸儀皆自士相見推之故以士相見名篇目錄引雜記會葬禮原文又有相遂也出宮而退相揖也哀次而退相問也既封而退鄭引之者明相見者其恩誼較朋友為疎較相遂相揖相問者為厚也

士相見之禮贄冬用雉夏用腒左頭奉之曰某也願見無由達某子以命命某見贄所執以至者君子見於所尊敬必執贄以將其厚意也士贄用雉者取其耿介交有時別有倫也雉必用死者為其不可生服也夏用腒備腐臭也左頭頭陽也無由達言久無因緣以自達也某子今所因緣之姓名也以命者稱述主人之意今文頭為脰○士與士相見之禮再請返再辭贄而後見賓初以贄見次請賓反見次主人復還

儀禮鄭注句讀卷三　士相見第三　一

賓初請主人初辭

【一】而本爛缺

賓再請主人再辭

賓三請主人許出見之而又初辭其贄

贄見賓而禮成腒乾雉也某也願見見賢遍反凡卑於尊曰見敵而曰見謙敬之辭將見人必先因所知以通誠意主人許而後往以其許見故云某子以主人之命命之見也○腒其居反奉芳勇反脰音豆

主人對曰某子命某見吾子有辱請吾子之就家也某將走見有又也某子命某往見今吾子又自辱來序其意也走猶往也今文無走○某子亦所因者之姓名以其前來通意故主人自謙言其曾命某往見也某者主人自名也

賓對曰某不足以辱命請終賜見命謂請吾子之就家○命謂主人請就家之命不足辱不敢當也

主人對曰某不敢為儀固請吾子之就家也某將走見不敢為儀言不敢外貌為威儀忠誠欲往也固如故也今文不為非古文云固以請○疏云固謂堅固堅固則如故

賓對曰某不敢為儀固以請言如固請終賜見也今文不為非

主人對曰某也固辭不得命將走見聞吾子稱贄敢辭贄不得命者不得見許之命也走猶出也稱舉也辭其贄為

其大崇也古文曰某將走見賓對曰某不以贄不敢見見於所尊敬而無贄嫌大簡主人對曰某不足以習禮敢固辭言不足習禮者不敢當其崇禮來見已○不敢當其崇禮變文言某愚陋不足與習禮也賓對曰某也不依於贄不敢見固以請言依於贄謙自卑也主人對曰某也固辭不得命敢不敬從○始聽其以贄見以上皆賓在門外擯者傳言以相往復出迎于門外再拜賓答再拜主人揖入門右賓奉贄入門左主人再拜受賓再拜送贄出右就右也左就左也受贄於庭既拜受送則出矣不受贄於堂下人君也今文無也○凡門出則以西爲右以東爲左入則以東爲右以西爲左入送贄訖賓敬已將故出入君受贄於堂此受於庭是自下於君不敢與同也今文無也指上文某也固辭句主人請見賓反見退主人送于門外再拜請見者爲賓崇禮來相接以矜莊歡心未交也賓反見則燕矣下云凡燕見於君至凡侍坐於君子博記

儀禮鄭注卷二　相見第三　二

不辭其贄

主人許用贄

今文無也。

王士讓云賓既見而主人復見之所謂相見也

反見之燕義臣初見於君再拜奠贄而出○賓既出主人復請賓反入相見將以展懽燕註言臣初見於君再拜奠贄而出亦謂既出君亦當遣人留之燕也以上賓見主人**主人復見之以其贄曰嚮者吾子辱使某見請還贄於將命者**復見之者禮尚往來也以其贄謂曏時所執來者也曏曩也將猶傳也傳命者謂擯相也**主人對曰某也既得見矣敢辭**讓其來答己也○疏曰上言主人此亦言主人者上言主人者據前為主人而言此云主人者謂前賓今在己家而說也此下凡稱主人者即前賓稱賓者即前主人**賓對曰某也非敢求見請還贄於將命者**言不敢求見嫌褻主人不敢當也**主人對曰某也既得見矣敢固辭**固如故也**賓對曰某不敢以聞固以請於將命者**言不敢以聞又益不敢當○不敢以聞謂不敢以還贄之事聞之主人但固請於將命者而已益自謙之辭**主人對曰某也固辭不得命敢不從**許受之也異日則出迎同日則否○此賓主之辭亦

陳校云鄉字刪改

陳校云同文記業改之四皆作三

今文無也

陳校云得字刪改

胡氏標目爲士見大夫

程瑤田曰凡送賓無論尊卑皆再拜惟喪禮之送賓也一拜俾案大夫于士終辭其摯則不再拜兄于其退也再拜以送尊賓之意也

敖氏云以其不敢爲臣故需還贄

皆擯者傳道賓奉贄入主人再拜受賓再拜送贄出主人送于門外再拜○以上還贄

右士相見禮

士見於大夫終辭其贄於其入也一拜其辱也賓退送再拜終辭其贄以將不親答也凡不答而受其贄唯君於臣耳大夫於士不出迎入一拜正禮也送再拜尊賓若嘗爲臣者則禮辭其贄曰某也辭不得命不敢固辭禮辭一辭其贄而許也將不答而聽其以贄入有臣道也賓入奠贄再拜主人答壹拜奠贄尊卑異不親授也古文壹爲一賓出使擯者還其贄于門外曰某也使某還贄還其贄者辟正君也賓對曰某也既得見矣敢辭辭君還其贄也今文無也擯者對曰某也命某某非敢爲儀

敖氏云士於大夫降等者也受執摯而不答則疑於君答之則疑於敵使人還之則又疑於待舊臣是以終辭之也

儀禮鄭注句讀　相見第三

正義王氏曰士於大夫曰外私又曰大夫私事使私人擯蓋臣於大夫者私人也

正義曲禮飾羔鴈者以繢鄭注繢畫也此注言布曲禮言繢相兼乃備此云飾以布言其以布為質也彼云飾以繢言其于布上畫之也

正義雉不言維羔鴈言以其生同之也

也。敢以請。還贄者請使受之。賓對曰：某也夫子之賤私，不足以踐禮，敢固辭。家臣稱私。踐，行也。言某臣也，不足以行賓客禮。賓客，所不答者。不受贄。擯者對曰：某也使某不敢爲儀也，固以請。言使某，尊君也。或言命某，傳言耳。○擯者所稱某也。疏云：蓋主人之名。賓言某也，則自名也。賓對曰：某固辭不得命，敢不從？再拜受。受其贄而去之。

右士見於大夫

胡氏槱曰士嘗爲大夫臣見於大夫

下大夫相見以鴈，飾之以布，維之以索，如執雉。鴈，取知時飛翔有行列也。飾之以布，謂裁縫衣其身也。維，謂繫聯其足。○國有三卿五大夫，此下大夫是五大夫也。索，繩也。如執雉，亦左頭奉之也。○索，悉各反。上大夫相見以羔，飾之以布，四維之，結于面，左頭，如麛執之。上大夫，卿也。羔，取其從帥，羣而不黨也。面，前也。繫聯四足，交出背上，於胷前結之也。如麛執之者，秋獻麛，有成禮如之。或曰麛孤之摯也。其禮蓋謂左執前足右執後足。今文頭爲脰。○疏云凡以贄相見之法，唯有新升爲臣，及聘朝及他國君來，主國之臣見，皆執贄相見。常朝及餘會聚，皆執笏，無執贄之禮。又執摯者，或平敵，或以卑見尊，皆用摯。尊無執摯見卑之法。檀弓云：哀公執摯見己臣周豐者，彼謂下賢，非正法也。○黂莫兮反

如士相見之禮大夫雖摯異其儀猶如士。○士與士相見敵者之禮也。兩大夫相見亦敵者，故其儀如之。

右大夫相見

始見于君執摯至下容彌蹙下謂君所也。蹙猶促也。促恭慤貌也。其爲恭士大夫一也。**庶人見於君不爲容進退走**容謂趨翔。○庶人謂在官者府史胥徒是也。其見於君不爲趨翔之容，進退唯疾走而已。卽曲禮云庶人僬僬。**士大夫則奠摯再拜稽首君答壹拜**言君答士大夫一拜，則於庶人不答之。庶人之摯鶩。古文壹作一。○案曲禮君於士不答拜，此得與大夫同答一拜者，新升爲士，故答拜，或新使反

儀禮鄭注句讀　卷三　相見第三　四

敖氏云國人者通大夫士而言　不言于門外省文也

也。君答一拜。疏以爲當作空首。**若他邦之人則使擯者還其摯**九拜中奇拜是也。○稽音啓**曰寡君使某還摯。賓對曰君不有其外臣臣不敢辭再拜稽首受**。○疏云賓不辭卽受摯。以君所不臣。禮無受他臣摯法。賓如此法。不敢亢禮於他君。故不辭卽受之也。臣無境外之交。今得以摯見他邦君者。謂他國之君來朝。此國之臣因見之。非特行也。

右臣見於君

胡氏分標兩節

凡燕見于君必辯君之南面若不得則正方不疑君辯猶正也。君南面則臣見正北面君或時不然當正東面若正西面不得疑君所處邪鄉之。此謂特見圖事。非立賓主之燕也。疑度之。○經本言士與士相見。遞推至見大夫。大夫與大夫相見。士大夫見君。見禮已備。此下博言圖事進言侍坐侍食退辭稱謂諸儀法。殆類記文體例矣。註知此燕見是圖事。非立賓主之燕者。以燕禮君在阼階。以西面爲正也。**君在堂升見無方階**

正義案天子諸侯皆三朝路朝在庫門外治朝在路門外皆平地無堂無屋無階惟燕朝在路門內有堂有階

辯君所在升見升堂見於君也君近東則升東階君近西則升西階○升堂無一定之階或東或西以近君者爲便亦謂特見圖事若立賓主之燕則君升自阼階賓主人升自西階矣疏以爲兼反見之燕恐亦於事理不合疏蓋太泥前反見註文也

右燕見於君

凡言非對也妥而後傳言凡言謂己爲君言事也妥安坐也傳言猶出言也若君問可對則對不待安坐也古文妥爲綏○此下言進言之法凡進言唯承尊者之問而對則不待安坐苟非對也則必安坐而後出言大傳曰易其心而後語亦此旨也註專指爲君言似泥疏以妥爲君安坐亦不可從與君言言使臣與大人言言事君與老者言言使弟子與幼者言言孝弟於父兄與衆言言忠信慈祥與居官者言言忠信傳陳燕見言語之儀也言使臣者使臣之禮也大人卿大

自言曰言因問曰對

邵二雲之案衆字無忘義宜作終

敖氏云其異於大人者遊目可

夫也言事君者臣事君以忠也祥善也居官謂士以下○所與言之人不同則言亦各有所宜言雖多端大旨所主不離乎此衆謂衆庶居官謂凡有職位者

凡與大人言始視面中視抱卒視面毋改衆皆若是

始視面謂觀其顏色可傳言未也中視抱容其思之且爲敬也卒視面察其納已言否也毋改謂傳言見答應之間當正容體以待之毋自變動爲嫌懈惰不虛心也衆謂諸卿大夫同在此者皆若是其視之儀無異也古文毋作無今文衆爲終○毋音無

若父則遊目毋上於面毋下於帶

子於父主孝不主敬所視廣也因觀安否何如也今文父爲甫古文毋爲無

若不言立則視足坐則視膝

不言則伺其行起而已

右進言之法

凡侍坐於君子君子欠伸問日之早晏以食具告改居則請退可也

君子謂卿大夫及國中賢者也志倦則欠體倦則伸問日晏近於久也具猶辯也改居謂自變動也古文伸作信早

陳校云袍視改上視字皆改削

作蚤○欠引氣伸擿體問日早晚御者以食具告主人自變動其居處皆倦怠厭客之意故請退可也

夜侍坐問夜膳葷請退可也 問夜問其時數也膳葷謂食之葷辛物葱薤之屬食之以止臥古文葷作薰○薤戶界反

右侍坐於君子之法

若君賜之食則君祭先飯徧嘗膳飲而俟君命之食然後食 祭君先飯食其祭食臣先飯示爲君嘗食也此謂君與之禮食膳謂進庶羞既嘗庶羞則飲俟君之徧嘗也今文呫嘗膳○若侍坐而君賜之食則君祭而臣先飯徧嘗庶羞啜飲而俟必待君命之食然後食疏以爲此膳宰不在則侍食者自嘗己前食非嘗君前食與膳宰正嘗食有異故云示爲君嘗食也又云此小小禮食法非正禮食正禮食則公食大夫是也彼君前無食此君臣俱有食故與彼異也○呫音貼他篋反

若有將食者則俟君之食然後食 將食猶進食謂膳宰也膳宰進食則臣不嘗食周禮膳夫授祭品嘗食王乃食

若君賜之爵則下席再拜稽首

臧世佐云以因也言已欲見尊者而無因見則見字指見先生異爵者

儀禮鄭註句讀　六

受爵升席祭卒爵而俟君卒爵然後授虛爵受爵者於尊所至於授爵坐授人耳必俟君卒爵者若欲其釂然也今文曰若賜之爵無君也○此亦燕見賜爵法若大燕飲禮則君卒爵而後飲案燕禮當無算爵後得君賜爵待君卒爵乃飲是也退坐取屨隱辟而後屨君爲之興則曰君無爲興臣不敢辭君若降送之則不敢顧辭遂出謂君若食之飲之而退也隱辟俛而逡巡興起也辭君興而不敢辭其降於已太崇不敢當也○君無爲興臣不敢辭卽臣辭興之語也大夫則辭退下比及門三辭下亦降也○士卑不敢辭降大夫臣中尊者君爲己退而降則辭矣○比毗志反

右臣侍坐賜食賜飲及退去之儀

玉藻侍食於先生異爵者後祭先飯

若先生異爵者請見之則辭辭不得命則曰某無以見辭不得命將走見先見之先生致仕者也異爵謂卿大夫也辭辭其自降而來走猶出也先見之者出先拜也曲禮

曰主人敬賓則先拜賓○某無以見言無故不敢輕見也

右尊爵者來見士

非以君命使則不稱寡大夫士則曰寡君之老

謂擯贊者辭也不稱寡君不言寡君之某言姓名而已大夫卿士其使則皆曰寡君之某檀弓曰仕而未有祿者君有饋焉曰獻使焉曰寡君之老○此經當有脫文註引檀弓亦多之老二字玉藻云大夫私事使私人擯則稱名公士擯則曰寡大夫寡君之老與此經相發明謂非以君命而有事他國則擯辭不得稱曰寡君之某稱名而已若以君命出聘公士為擯下大夫則曰寡大夫上大夫則曰寡君之老

凡執幣者不趨容彌蹙以為儀

不趨主慎也以進而益恭為威儀耳今文無容○疏曰案小行人合六幣玉馬皮圭璧帛皆稱幣下文別云執玉則此幣謂皮馬享幣及禽摯皆是又云不趨者不為疾趨

執玉者則唯舒武舉前曳踵

唯舒者重玉器尤慎也武迹也舉前曳踵備蹙跲也今文無者古文曳作抴

執玉本朝聘鄰國之事因言執贄相見遂兼及之舒武舒徐其足武不敢疾趨也鄭乃於舒字斷句○躧音致跲其業反袒以制反

凡自稱於君士大夫則曰下臣宅者在邦則曰市井之臣在野則曰草茅之臣庶人則曰刺草之臣他國之人則曰外臣宅者謂致仕者去官而居宅或在國中或在野周禮載師之職以宅田任近郊之地今文宅或為託古文茅作苗刺猶剗除也○與君言之時其自稱有此數者之異○刺七亦反

右博記稱謂與執贄之容

（十六）

儀禮　鄭氏註　濟陽張爾岐句讀

鄉飲酒禮第四　鄭目録云諸侯之鄉大夫三年大比獻賢者能者於其君以禮賓之與之飲酒於五禮屬嘉禮大戴此乃第十小戴及別錄此皆第四○疏曰凡鄉飲酒之禮其名有四案此賓賢能謂之鄉飲酒一也又案鄉飲酒義云六十者坐五十者立侍是黨正飲酒亦謂之鄉飲酒二也鄉射州長春秋習射於州序先行鄉飲酒亦謂之鄉飲酒三也案鄉飲酒義又有鄉大夫士飲國中賢者用鄉飲酒四也疏言鄉飲有四此篇所載三年大比賓賢之禮也常以正月行之將射而飲下篇所列是也於春秋行之黨正正齒位於季冬蜡祭鄉大夫飲國中賢者則無常時

鄉飲酒之禮主人就先生而謀賓介　主人謂諸侯之鄉大夫也先生鄉中致仕者賓介處士賢者周禮大司徒之職以鄉三物教萬民而賓興之一曰六德知仁聖義忠和二曰六行孝友睦婣任恤三曰六藝禮樂射御書數鄉大夫以正月之吉受灋于司徒退而頒之于其鄉吏使各以教其所治以考其德行察其道藝及三年大比而興賢

者能者鄉老及鄉大夫帥其吏與其衆寡以禮禮賓之厥明獻賢能之書於王是禮乃三年正月而一行也諸侯之鄉大夫貢士於其君蓋如此云古者年七十而致仕老於鄉里大夫名曰父師士名曰少師而教學焉恒知鄉人之賢者是以大夫就而謀之賢者爲賓其次爲介又其次爲衆賓而與之飲酒是亦將獻之以禮禮賓之也今郡國十月行此飲酒禮以黨正每歲邦索鬼神而祭祀則以禮屬民而飲酒于序以正齒位之說然此篇無正齒位之事焉凡鄉黨飲酒必於民聚之時欲其見化知尚賢尊長也孟子曰天下有達尊三爵也德也齒也○案此飲酒禮有獻賓有樂賓有旅酬有無算爵樂凡四大段而禮成此下至當楣北面答拜則將飲酒之始事初謀賓戒賓次陳設次速賓迎賓拜賓凡三節疏云周禮所言是天子鄉大夫貢士法諸侯鄉大夫貢士法亦如之若據鄉貢一人其介與衆賓不貢但輔賓行禮待後年還以貢之耳大國三鄉次國二鄉小國一鄉鄉送一人至君所其君備荒仍更行飲酒禮賓之於王○索色白反

主人戒賓賓拜辱主人答拜乃請賓賓禮辭許主人再拜賓答拜戒警也告也拜辱出拜其自屈辱至己門也請

胡培翬云凡云拜者皆再拜也此四篇言拜者下篇皆言再拜可證

告以其所爲來之事不固辭者素所有志○主人戒賓言主人往至賓門欲相警告非謂己戒之也至請賓方是發辭相戒耳一辭而許者德業既成欲及時而試也主人再拜拜其許己也**主人退賓拜辱**退猶去也去又拜辱者以送謝之**介亦如之**如戒賓也○如戒賓時拜辱請許諸儀也疏云眾賓必當遣人戒速但畧而不言

右謀賓戒賓

乃席賓主人介席敷席也夙興往戒歸而敷席賓席牖前南面主人席阼階上西面介席西階上東面○註言敷席面位可訂近日鄉飲隅坐之失**眾賓之席皆不屬焉**席眾賓於賓席之西不屬者不相續也皆獨坐明其德各特○疏云雖不屬猶統賓爲位同南面也**尊兩壺于房戶間斯禁有玄酒在西****設篚于禁南東肆加二勺于兩壺**斯禁禁切地無足者玄酒在西上也肆陳也○兩壺酒與玄酒各一也斯禁以承壺玄酒在酒之西設篚貯爵在禁之南向東陳之其首在西壺各有勺以備挹酌疏云士之棜禁大夫

高愈云此時堂上堂下設凡二篚上篚以貯爵觶凡獻酬者於是取之下篚則庫設之凡以虛爵降者則實之於其中也

敖云肉与脊同在鑊故謂之羹

之斯禁名雖異其形同若天子諸侯承尊之物謂之豐上有舟

設洗于阼階東南南北以堂深東西當東榮水在洗東篚在洗西南肆榮屋翼○南北以堂深謂以堂廉北至屋壁之遠近為洗去堂之遠近也疏云假令堂深二丈洗去堂亦二丈以此為度是也堂上設篚此復設篚者上篚所貯三爵每一爵行畢即奠下篚且貯餘觶也

右陳設

羹定肉謂之羹定猶孰也○疏云言羹定者以與速賓時節為限

李氏云以羹定為速賓節

主人速賓賓拜辱主人答拜還賓拜辱速召也還猶退**介亦如之**如速賓也**賓及眾賓皆從之**從猶隨也言及眾賓介亦在其中矣○主人速賓而還賓及眾賓後面隨至非同行相隨也**主人一相迎于門外再拜賓賓答拜拜介介答拜**相主人之吏擯贊傳命者○主人於羣吏中立一人以相禮與之迎賓於

褚寅亮云主賓入門後各向北稍前主西面賓東面是相鄉 [illegible]

庠門外。**揖衆賓**差益卑也。拜介揖衆賓，皆西南面。○疏云：賓介衆賓在門外，位以北為上，主人與賓正東西相當，則介與衆賓差在南，東面；主人正西面，拜賓則側身向西南，拜介揖衆賓矣。**主人揖先入**揖，揖賓也。先，入門而西面。○主人導賓先入，至內霤，西向以待。**賓厭介入門左，介厭衆賓入，衆賓皆入門左，北上。**皆入門西，東面，賓之屬相厭，變於主人也。推手曰揖，引手曰厭。今文皆作揖，又曰衆賓皆入左，無門。○疏云：引手曰厭者，以手向身引之。○厭，一涉反。**主人與賓三揖至于階，三讓，主人升，賓升，主人阼階上當楣北面再拜，賓西階上當楣北面答拜。**○三揖者，將進揖，當陳揖，當碑揖。楣，前梁也。復拜，拜賓至此堂，尊之。○陳，堂塗也，東西兩向堂之塗也。主人與賓三揖至階，介與衆賓亦相隨至西階下。主人升，賓乃升，為賓之道進宜難也。當楣拜，拜至也。

右速賓迎賓拜至

儀禮鄭注句讀　鄉飲第四　三

凌廷堪云凡丈夫之拜坐婦人之拜興丈夫之拜奠爵婦人之拜執爵鄉飲酒鄉射燕禮大射特牲少牢有司徹丈夫之拜皆坐而奠爵蓋丈夫之拜稽首也頓首也空首也皆屈膝故必坐而奠爵然後拜也士昏禮婦見姑特牲奠笲興皆婦人之拜則興也特牲饋食禮主婦有拜左執爵是婦人拜則執爵亦善婦人之拜肅拜也不屈膝故必興無可執爵也

要义華云沃洗者西北面則在洗之東南斜面主人

主人坐取爵于篚降洗。將獻賓也。○此下至以爵降奠於篚。言主人獻賓介衆賓之儀。凡六節。賓降。從主人也。主人坐奠爵于階前辭。重以已事煩賓也。事同曰讓。事異曰辭。賓對。對答也。賓主之辭未聞。主人坐取爵興適洗南面坐奠爵于篚下盥洗。已盥乃洗爵。致絜敬也。今文無奠。○篚下。當篚之下。非於篚也。盥洗者。盥訖。取爵擬洗。亦非謂遽已洗也。下文因賓辭。復置爵而對。對已。乃復取爵成洗。賓進東北面辭洗。必進東行。示情。○賓降立當西序。至主人擬洗爵。乃進而東行。東北向主人辭洗。註云示情者。示謙下主人之情也。主人坐奠爵于篚興對賓復位當西序東面。言復位者。明始降時位在此。主人坐取爵沃洗者西北面。沃洗者。主人之羣吏。○古人盥洗。並用人執器灌沃。下別有器。承其棄水。故有沃洗者。卒洗主人壹揖壹讓升。俱升。古文壹作一。賓拜洗主人坐奠爵遂拜降盥。復盥爲手坋汙。○因事曰遂。言遂拜者。主人坐奠爵。因不起而遂拜。

東西

正義沃洗者

先上盥

也。後凡言遂者，皆因上事。○坋步困反　賓降，主人辭，賓對，復位，當西序。卒盥，揖讓升。賓西階上疑立。疑讀爲仡然從於趙盾之仡。疑，正立自定之貌。○盾徒本反　主人坐取爵，實之賓之席前，西北面獻賓。獻，進也，進酒於賓。○主人取爵實酒獻賓，必西北面者，賓在西階，欲其就席受爵，故西北向之也。　賓西階上拜，主人少退。少退，少避。　賓進受爵以復位。主人阼階上拜送爵，賓少退。復位，復西階上位。○賓進席前受爵，復持此爵還西階上位。　薦脯醢。○薦，進也。進之者，主人有司。○薦之席前。　賓升席自西方。升由下也，升必中席。○疏云：案曲禮云：席南鄉北鄉，以西方爲上。今升席自西方，云升由下者，以賓統於主人，以東方爲上也。　乃設折俎。牲體枝解，節折在俎。　主人阼階東疑立。賓坐，左執爵，祭脯醢。坐，坐於席。祭脯醢者，以右手。　奠爵于薦西，興，右手取肺，卻左手執本，坐，弗繚，右絕末以祭，尚左手嚌胡承珙云案賈疏云內則事佩之中有帨是家家自有帨巾以拭手也據此則注文挩手字本作帨賈疏所依今本作坐挩手古文作坐說手鄭從今文改今古文云帨作說釋文本亦文仍作挩與疏本異帨本鄭以帨巾說文帨佩巾也或作帨帨本所以拭手而挩手而拭手通□云帨手義並通

之興加于俎興起也肺離之本端厚大者繚猶紾也大夫以上威儀多紾絶之尙左手者明垂紾之乃絶其末嚌嘗也○少儀云取俎進俎不坐是以取時奠爵興至加于俎又興也卻左手仰其左手也案鄉射禮取矢于楅卻手與覆手對弗繚者直絶末以祭不必繚也繚祭以手從肺本循之至末乃絶之絶祭不循其本但絶末而已大夫以上威儀多乃繚士則否經文言弗繚以賓固士也他事皆從士禮註疏獨於此處解作繚祭不敢從○繚音了坐挩手遂祭酒挩拭也古文挩作說○坐以帨巾拭手遂執爵祭酒○挩始銳反興席末坐啐酒啐亦嘗也○席末謂席之尾祭薦祭酒嚌肺皆於席中唯啐酒於席末降席坐奠爵拜告旨執爵興主人阼階上答拜降席席西也旨美也賓西階上北面坐卒爵興坐奠爵遂拜執爵興主人阼階上答拜卒盡也於此盡酒者明此席非專爲飲酒起

右主人獻賓

賓降洗將酢主人主人降亦從賓也降立阼階東西面賓坐奠爵興辭西階前也○疏云鄉射云賓西階前東面坐奠爵興辭降此亦然主人對賓坐取爵適洗南北面○擬洗主人阼階東南面辭洗賓坐奠爵于篚興對主人復阼階東西面○前獻賓主人既盥而後辭洗此則賓未盥而已辭洗故主人奠爵初在篚下繼乃於篚以初未聞賓命也賓奠爵卽于篚以已聞主命也賓東北面盥坐取爵卒洗揖讓如初升○如獻賓時一揖一讓主人拜洗賓答拜興降盥如主人禮○如其從降辭對賓實爵主人之席前東南面酢主人○主人在阼階賓自主席前向之故東南面主人阼階上拜賓少退主人進受爵復位賓西階上拜送爵薦脯醢○亦主人有司主人升席自北方設折俎祭如賓禮祭者祭薦俎及酒亦嚌啐不告旨酒已物也自席前

褚寅亮云凡升席由下降席由上正也降亦有而從下由便也

倬案充實之義疏及諸家說皆不確酒正物故云酒惡賓酌而酢己故謝其充實也鄭義蓋如此焉

韋夢協云鄉射禮主人奠觶辭降下有賓對東西立主人坐取觶洗士字當以鄉射為正

適阼階上北面坐卒爵興坐奠爵遂拜執爵興賓西階上答拜自席前者啐酒席末因從北方降由便也○案曲禮席東鄉西鄉以南方爲上南鄉北鄉以西方爲上凡升席由下降席由上今主人當降自南方以啐酒於席末遂因從席北頭降由席前以適阼階是由便也主人坐奠爵于序端阼階上北面再拜崇酒賓西階上答拜東西墻謂之序崇充也言酒惡相充實○疏云奠爵于序端者擬後酬賓訖取此爵以獻介也李之藻云崇重也謝賓崇重己酒不嫌其惡也

繼明案云崇字充也添酒充滿之

右賓酢主人

敖云主人辭不言奠觶又不言賓對者文省禮可知

主人坐取觶于篚降洗賓降主人辭降賓不辭洗立當西序東面

程瑤田云賓[illegible]也

註云不辭洗者以其將自飲○酬酒先自飲乃酬賓故註云將自飲獻用爵酬用觶一升曰爵三升曰觶卒洗揖讓升賓西階上疑立主人實觶酬賓阼階上北面坐奠觶遂拜執

觶，興。賓西階上答拜。酬，勸酒也。酬之言周，忠信爲周。○先自飲，所以勸賓也。拜賓者，通其勸意也。答拜者，答其勸己也。坐祭，遂飲，卒觶，興，坐奠觶，遂拜，執觶興。賓西階上答拜。○主人導飲訖。主人降洗，賓降辭，如獻禮，升，不拜洗。不拜洗，殺於獻。○主人爲賓洗爵，故賓降辭如獻時，但升堂不拜耳。賓西階上立。主人實觶賓之席前，北面。賓西階上拜。主人少退。卒拜，進，坐奠觶于薦西。賓已拜，主人奠其觶。○奠觶西，欲賓舉此觶也。賓辭，坐取觶，復位。主人阼階上拜送。賓北面坐奠觶于薦東，復位。酬酒不舉，君子不盡人之歡，不竭人之忠，以全交也。○賓辭，疏以爲辭主人復親酌己。愚以主人方酌時不辭，殆非辭酌也，仍是辭其親奠，如鄉射二人舉觶時耳。

右主人酬賓

主人揖降賓降立于階西當序東面。主人將與介為禮賓謙不敢居堂上。○揖降者主人揖賓而自降賓亦降辟階西俟其與介為禮也。主人以介揖讓升拜如賓禮主人坐取爵于東序端降洗介降主人辭降介辭洗如賓禮升不拜洗。介禮殺也。○主人與賓三揖至階之時介與眾賓亦相隨至階下今此云以介揖讓升唯有升堂揖讓耳無庭中三揖矣拜如賓禮謂亦拜至如賓也。介西階上立。不言疑者省文。主人實爵介之席前西南面獻介。○介席東面介立西階上在介席南故主人西南面向之。介西階上北面拜主人少退介進北面受爵復位主人介右北面拜送爵介少退。主人拜于介右降尊以就卑也。今文無北面。主人立于西階東。○在介右而又稍東以設薦之時介方升祭主人無事故立於此。薦脯醢介升席自北方設折俎祭如賓禮不嚌肺不啐酒不告自南方降席北面坐卒爵興坐奠爵遂拜執爵興主人介右答拜不嚌啐下賓。○北面坐西階上北面坐也。

右主人獻介

介降洗主人復阼階降辭如初如賓酢之時。○降辭如初者介辭主人從己降主人辭介爲己洗一如賓酢時也。卒洗主人盥盥者當爲介酌。○疏云主人自飲而盥者尊介也。介揖讓升授主人爵于兩楹之間就尊南授之介不自酌下賓酒者賓主共之。○揖讓升一揖一讓升也介但授虛爵不自酌者介卑不敢必主人爲己飲也。介西階上立主人實爵酢于西階上介右坐奠爵遂拜執爵興介答拜主人坐祭遂飲卒爵興坐奠爵遂拜執爵興介答拜主人坐奠爵于西楹南介右再拜崇酒介答

盛世佐云主人與賓行禮之時衆賓同在門西北上之位迨其行禮既畢乃衆賓皆進而立於賓介之南矣無庭中三揖者賤不敢當主人之迎也

方苞云衆賓長而外皆獻于堂下故於堂下徧拜之

拜。與爵西楹南以爵獻衆賓。

右介酢主人

主人復阼階揖降介降立于賓南。○向來主人與介行禮西階上事訖故復阼階揖降者將與衆賓爲禮也。主人西南面三拜衆賓衆賓皆答壹拜。三拜一拜示徧不備禮也不升拜賤也。○主人在阼階下衆賓在賓介之南故主人西南面拜之。註示徧解主人三拜不備禮解衆賓答一拜不升拜賤也言主人不升衆賓於堂而拜之以其賤故畧之與賓介升堂拜至者異也。

數主三拜旅拜之法

主人揖升坐取爵于西楹下降洗升實爵于西階上獻衆賓衆賓之長。升拜受者三人。長其老者言三人則衆賓多矣。○主人揖升主人自升也衆賓尚在堂下至主人于西階上獻爵衆賓始一一升受之耳經文自明疏以揖升爲揖衆賓升非也又記云衆賓之長一人辭洗如賓當亦從堂下東行辭之疏以爲降辭亦未是。主人拜

李如圭云少儀小子舉爵以坐祭立飲下記曰立卒爵者不拜洗爵

方苞云凡行旅獻受之禮於階下

正義堂下立侍不合有席既不言席故位在下

正義云入門云主人揖先入注云揖賓也如此與賓揖讓而主人先升賓從之眾賓以次而升也

送於眾賓右。坐祭立飲不拜既爵授主人爵降復位。既卒也。卒爵不拜，立飲立授，賤者禮簡。○一人飲畢授爵降，次一人乃升拜受也。眾賓獻則不拜受爵坐祭立飲。次三人以下也。不拜，禮彌簡。○亦升受，但不拜耳。每一人獻則薦諸其席。謂三人也。○席次賓介西，前經云眾賓之席皆不屬焉是也。眾賓辯有脯醢。亦每獻薦於其位，位在下。今文辯皆作徧。○疏云：堂下立侍，不合有席，既不言席，知位在下。○辯與遍同。主人以爵降奠于篚。不復用也。

右主人獻眾賓自初獻賓至此爲飲酒第一段

揖讓升賓厭介升介厭眾賓升眾賓序升即席。序，次也。即，就也。今文厭皆爲揖。○此下言一人舉觶，待樂賓後爲旅酬之端也。揖讓升，謂主人蒙上以爵降之文也。眾賓序升，謂三賓堂上有席者。一人洗升舉觶于賓。一人，主人之吏。發酒端曰舉。實觶西階上坐奠觶遂拜執觶

儀禮鄭注句讀 鄉飲第四

褚寅亮云席末下注云末凡言席末者主謂席也言降席者已離席故互文者別

興賓席末答拜坐祭遂飲卒觶興坐奠觶遂拜執觶興賓答拜

降洗升實觶立于西階上賓拜賓拜拜將受觶○疏曰云賓席末答拜者謂於席西南面非謂席上近西謂末以其無席上拜瀝也已下賓拜皆然進坐奠觶于薦西賓辭坐受以興舉觶不授下主人也主坐受者明行事相接若親受謙也○案主人酬賓亦奠觶而不親授似酬法當然註以爲下主人恐宜再議

舉觶者西階上拜送賓坐奠觶于其所所薦西也○作樂後立司正賓取此觶以酬主人以其將舉故奠之於右舉觶者降事已

右一人舉觶

盛世佐云席北向乃東上者示統於主人也

敖云此設席于堂廉言其南北節也鄉射云席工于西階上少東言其東西節也互見耳

設席于堂廉東上為工布席也側邊曰廉燕禮曰席工於西階上少東樂正先升北面此言樂正先升立于西階東則工席在階東○此下作樂樂賓有歌有笙有間有合凡四節疏云註引燕禮欲證工席在西階東據樂正於西階東

而立在工西，則知工席更在階東，此言近堂廉，亦在階東，彼云階東，亦近堂廉也。

工四人，二瑟，瑟先，相者二人，皆左何瑟，後首，挎越，內弦，右手相。四人，大夫制也。二瑟，二人鼓瑟，則二人歌也。瑟先者，將入序在前也。相，扶工也，衆賓之少者爲之，每工一人。鄉射禮曰：「弟子相工如初入。」天子相工使視瞭者。凡工，瞽矇也，故有扶之者。師冕見，及階，子曰：「階也。」及席，子曰：「席也。」固相師之道。後首者，變于君也。挎，持也。相瑟者則爲之持瑟，其相歌者徒相也。越，瑟下孔也。內弦，側擔之者。○燕禮：「小臣左何瑟，面鼓。」謂可鼓者在前，此後首不面鼓，是變於君也。瑟底有孔，以指深入謂之挎。內弦，弦向內也。○何，戶可反。挎，口孤反。瞭，音了。擔，丁甘反。

樂正先升，立于西階東。正，長也。

工入，升自西階，北面坐。相者東面坐，遂授瑟，乃降。降立于西方，近其事。

工歌鹿鳴、四牡、皇皇者華。三者皆小雅篇也。鹿鳴，君與臣下及四方之賓燕，講道修政之樂歌也。此采其己有旨酒，以召嘉賓，嘉賓既來，示我以善道，又樂嘉賓有孔昭之明德，可則傚也。四牡，君勞使臣之來樂歌也。此采其勤苦王

事念將父母懷歸傷悲忠孝之至以勞賓也皇皇者華君遣使臣之樂歌也此采其更是勞苦自以爲不及欲諮謀于賢知而以自光明也

卒歌主人獻工工左瑟一人拜不興受爵主人阼階上拜送爵一人工之長也凡工賤不爲之洗○工左瑟者移瑟于左身在瑟右以便受爵也**薦脯醢使人相祭**使人相者相其祭酒祭薦**工飲不拜既爵授主人爵**坐授之**衆工則不拜受爵祭飲辯有脯醢不祭**祭飲獻酒重無不祭也今文辯爲徧○祭飲祭而後飲也**大師則爲之洗賓介降主人辭降工不辭洗**大夫若君賜之樂謂之大師則爲之洗尊之也賓介降從主人也工大師也上既言獻工矣乃言大師者大師或瑟或歌也其獻之瑟則先歌則後○大師在瑟歌四人之内通謂之工獻之亦依瑟先歌後之序但爲之洗爲不同

右升歌三終及獻工

正義 吳廷華云工北面以西爲左主人實爵自東來在工之右故左瑟以避之

盛世佐云一人謂鼓瑟者亦其長賤而先得獻者以其先就事也

釋官云以賓與賢能工及士卿當是君之樂使襄盛禮者或來或否不定

正義案經不言主人降洗也必降可知也襍降大師者不降

笙入堂下磬南北面立樂南陔白華華黍。笙吹笙者也以笙吹此詩以爲樂也南陔白華華黍小雅篇也今亡其義未聞昔周之興也周公制禮作樂采時世之詩以爲樂歌所以通情相風切也其有此篇明矣後世衰微幽厲尤甚禮樂之書稍稍廢棄孔子曰吾自衛反魯然後樂正雅頌各得其所謂當時在者而復重雜亂者也惡能存其亡者乎且正考父校商之名頌十二篇于周太師歸以祀其先王至孔子二百年之閒五篇而已此其信也○磬縣南面其南當有擊磬者此笙入磬南北面在磬者之南北面也詩序云南陔孝子相戒以養也白華孝子之潔白也華黍時和歲豐宜黍稷也疏謂鄭君註禮時尚未見詩序故云其義未聞先儒又以爲有其義亡其辭朱子則云笙詩有聲無辭古必有譜如魯鼓薛鼓之類而今亡矣爲得之○陔古才反風方鳳反

主人獻之于西階上一人拜盡階不升堂受爵主人拜送爵階前坐祭立飲不拜既爵升授主人爵。一人笙之長者也笙三人和一人凡四人鄉射禮曰笙一人拜于下○一人拜謂在地拜鄉射記云三笙一和而成聲爾

雅云笙小者謂之和前獻歌工在阼階上以工在西階東也此獻笙在西階上以笙在階下也

衆笙則不拜受爵坐祭立飲辯有脯醢不祭

亦受爵于西階上薦之皆於其位磬南今文辯爲徧

右笙奏三終及獻笙

乃閒歌魚麗笙由庚歌南有嘉魚笙崇丘歌南山有臺笙由儀

閒代也謂一歌則一吹六者皆小雅篇也魚麗言太平年豐物多也此采其物多酒旨所以優賓也南有嘉魚言太平君子有酒樂與賢者共之也此采其能以禮下賢者賢者纍蔓而歸之與之燕樂也南山有臺言太平之治以賢者爲本此采其愛友賢者爲邦家之基民之父母既欲其身之壽考又欲其明德之長也由庚崇丘由儀今亡其義未聞。閒者一歌畢一笙繼之也堂上歌魚麗方終堂下笙即吹由庚餘篇皆然詩序云由庚萬物得由其道也崇丘萬物得極其高大也由儀萬物之生各得其宜也。麗力知反

右間歌三終

乃合樂周南關雎葛覃卷耳召南鵲巢采蘩采蘋。合樂謂歌樂與衆聲俱作。周南召南國風篇也王后國君夫人房中之樂歌也關雎言后妃之德葛覃言后妃之職卷耳言后妃之志鵲巢言國君夫人之德采蘩言國君夫人不失職采蘋言卿大夫之妻能循其法度昔大王王季居于岐山之陽躬行召南之教以興王業及文王而行周南之教以受命大雅云刑于寡妻至于兄弟以御于家邦謂此也其始一國耳文王作邑于豐以故地爲卿士之采地乃分爲二國周周公所食召召公所食於時文王三分天下有其二德化被于南土是以其詩有仁賢之風者屬之召南焉有聖人之風者屬之周南焉夫婦之道生民之本王政之端此六篇者其教之原也故國君與其臣下及四方之賓燕用之合樂也鄉樂者風也小雅爲諸侯之樂大雅頌爲天下之樂鄉飲酒升歌小雅禮盛者可以進取也燕合鄉樂禮輕者可以逮下也春秋傳曰肆夏繁遏渠天子所以享元侯也文王大明緜兩君相見之樂也然則諸侯相與燕升歌大雅合小雅天子與次

正義曰歌者以此歌爲樂賓則於無算樂也

國小國之君燕亦如之與大國之君燕升歌頌合大雅其笙間之篇未聞○案此合樂即論語所謂關雎之亂者也○雎七徐反覃大南反卷九轉反召音邵蘋毗人反

工告于樂正曰正歌備樂正告于賓乃降樂正降者以正歌備無事也降立西階東北面○疏云鄭知降立西階東北面者以其在堂上時在西階之東北面知降堂下亦然在笙磬之西亦得監堂下之樂故知位在此也

右合樂及告樂備此作樂樂賓是飲酒禮第二段並上段鄭氏以爲禮樂之正是也

主人降席自南方不由北方由便○此下言旅酬之儀立司正以監酒司正安賓表位於是賓酬主人主人酬介介酬衆賓衆賓以次皆徧焉側降賓介不從○側特也降謂降階主人獨降而賓介不從者禮殺故也作相爲司正司正禮辭許諾主人拜司正答拜作使也禮樂之正既成將留賓爲有懈惰

立司正以監之拜拜其許○相郎前一相迎賓門外者至此復使爲司正也○監古銜反主人升復席司正洗觶升自西階阼階上北面受命于主人主人曰請安于賓司正告于賓賓禮辭許爲賓欲去留之告賓於西階司正告于主人主人阼階上再拜賓西階上荅拜司正立于楹間以相拜皆揖復席再拜拜賓許也司正既以賓許告主人遂立楹間以相拜賓主人既拜揖就席

右司正安賓

司正實觶降自西階階間北面坐奠觶退共少立階間北面東西節也其南北當中庭共拱手也少立自正慎其位也己帥而正孰敢不正燕禮曰右還北面○右還北面謂降自西階至中庭時右還就位○共九勇反坐取觶不祭遂飲卒觶興坐奠觶遂拜執觶興洗北面

坐奠觶于其所退立于觶南。洗觶奠之示潔敬立於其南以察衆○疏云執觶興洗不云盥俗本有盥者誤今案唐石經有此字

右司正表位

賓北面坐取俎西之觶阼階上北面酬主人主人降席立于賓東。初起旅酬也凡旅酬者少長以齒終於沃盥者皆弟長而無遺矣○俎西之觶謂作樂前一人舉觶奠于薦右者也今爲旅酬而舉之前主人酬賓奠于薦東之觶不舉故言俎西以別之主人降席不言自南自北下記云主人介凡升席自北方降席自南方指此文也註云終于沃盥言酬爵之無不偏實連無算爵而言下記云主人之贊者西面北上不與無算爵然後與其實旅酬時尚未及沃洗也 賓坐奠觶遂拜執觶興主人答拜不祭立飲不拜卒觶不洗實觶東南面授主人。賓立飲卒觶因更酌以鄉主人將授 主人阼階

上拜賓少退主人受觶賓拜送于主人之西旅酬同階禮殺○疏曰決上正酬時不同階今同階故云禮殺也賓揖復席酬主人訖

右賓酬主人

主人西階上酬介介降席自南方立于主人之西如賓酬主人之禮主人揖復席其酌實觶西南面授介自此以下旅酬酌者亦如之○主人以所受于賓之觶往酬介亦先拜介自飲實觶授介拜送於其東註自此以下旅酬酌者亦如之謂皆西南面授之也

右主人酬介

司正升相旅曰某子受酬受酬者降席旅序也於是介酬衆賓衆賓又以次序相酬某者衆賓姓也同姓則以伯仲別之又同則以其字別之○顧炎武云鄉射禮某酬某子註某子者氏云古人男子無稱姓者從

鄉射禮註爲得如左傳叔孫穆子子言叔仲子子服子之類**司正退立于序端東面**辟受酬者又使其贊上贊下也始升相西階西北面○疏曰司正初時在堂上西階西北面命受酬者訖退立于西序端東面者一則案此下文衆受酬者受自左即是司正立處故須辟之二則東面時贊上贊下便也**受酬者自介右**由介東也尊介使不失故位**衆受酬者受自左**後將受酬者皆由西變於介也今文無衆酬也○衆賓首一人受介酬自介右受之第二人以下受其前一人酬皆自其左受之也凡授受之法授由其右受由其左以尊介故受由右餘人自如常禮也**拜興飲皆如賓酬主人之禮**嫌賓以下異也**辯卒受者以觶降坐奠于篚**辯辯衆賓之在下者鄉射禮曰辯遂酬在下者皆升受酬于西階上○辯辯衆賓之在下者謂既酬堂上又及堂下無不徧也引鄉射禮證此與彼同**司正降復位**觶南之位

右介酬衆賓衆賓旅酬此飲酒禮之第三段

使二人舉觶于賓介洗升實觶于西階上皆坐奠觶遂拜執觶興賓介席末答拜皆坐祭遂飲卒觶興坐奠觶遂拜執觶興賓介席末答拜二人亦主人之吏若有大夫則舉觶于賓與大夫燕禮曰媵爵者立于洗南西面北上序進盥洗○此下言無算爵初使二人舉觶次徹俎次坐燕飲酒之終禮也賓介席末答拜者賓於席西南面答介於席南東面答也註引燕禮證此二人將舉觶其盥洗亦如之也逆降洗升實觶皆立于西階上賓介皆拜於席末拜○逆降者二人先後之序與升時相反皆進薦西奠之賓辭坐取觶以興介則薦南奠之介坐受以興退皆拜送降賓介奠于其所賓言取介言受尊卑異文今文曰賓受○疏曰言皆進者一人之賓所奠觶于薦西一人之介所奠觶于薦南按此二人所舉之觶待升坐後賓介各舉以酬爲無算爵者即此二觶

右二人舉觶

司正升自西階受命于主人主人曰請坐于賓賓辭以俎至此盛禮俱成酒清肴乾賓主百拜強有力猶倦焉張而不弛弛而不張非文武之道請坐者將以賓燕也俎者肴之貴者辭之者不敢以禮殺當貴者○前此皆立行禮至此乃請坐燕主人請徹俎賓許亦司正傳請告之司正降階前命弟子俟徹俎西階前也弟子賓之少者俎者主人之吏設之使弟子俟徹者明徹俎賓之義司正升立于序端待事賓降席北面主人降席阼階上北面介降席西階上北面遵者降席席東南面皆立相須徹俎也遵者謂此鄉之人仕至大夫者也今來助主人樂賓主人所榮而遵灋者也因以爲名或有無來不來用時事耳今文遵爲僎或爲全賓取俎還授司正司正以降賓從之主人取俎還授弟子弟子以降自西階主

入降自作階介取俎還授弟子弟子以降介從之若有諸公大夫則使人受俎如賓禮衆賓皆降取俎者皆鄉其席既授弟子皆降復初入之位○還音旋向席取俎轉身以授人註云復初入之位者東階西階相讓之位也

右徹俎

說屨揖讓如初升坐說屨者爲安燕當坐也必說於下者屨賤不空居堂說屨主人先左賓先右今文說爲稅乃羞羞進也所進者狗胾醢也鄉設骨體所以致敬也今進羞所以盡愛也敬之愛之所以厚賢也○胾壯吏反無算爵算數也賓主燕飲爵行無數醉而止也鄉射禮曰使二人舉觶于賓與大夫又曰執觶者洗升實觶反奠於賓與大夫皆是○疏曰引鄉射禮者證此無算爵從首至末更從上至下唯醉乃止無算樂燕樂亦無數或間或合盡歡而止也春秋襄二十九年吳公子札來聘請觀于周樂此國君之無算

右坐燕此飲酒第四段飲禮始畢

賓出奏陔陔陔夏也陔之言戒也終日燕飲酒罷以陔爲節明無失禮也周禮鍾師以鍾鼓奏九夏是奏陔夏則有鍾鼓矣鍾鼓者天子諸侯備用之大夫士鼓而已蓋建於阼階之西南鼓鄉射禮曰賓興樂正命奏陔賓降及階陔作賓出衆賓皆出主人送于門外再拜門東西面拜也賓介不答拜禮有終也

右賓出

賓若有遵者諸公大夫則既一人舉觶乃入不干主人正禮也遵者諸公大夫也謂之賓者同從外來耳大國有孤四命謂之公○此下言諸公大夫來助主人樂賓主人與爲禮之儀遵不必至故曰若有當一人舉觶畢瑟笙將入之時乃入註云不干主人正禮謂主人獻酢之禮也樂作後又後樂賓故此時乃入席于賓東公三重大夫再重席此二者於賓東尊之不與鄉人齒也天子之國三命者不齒於諸侯之國爵爲大

夫則不齒矣不言遵者遵者亦卿大夫○云席于賓東者賓在戶牖之間酒尊在房戶間正在賓東不容置席則席遵者當又在其東但繼賓而言耳其實在酒尊東也不與鄉人齒者衆賓之席繼賓而西是與相齒此特爲位於酒尊東不在衆人行列中故云不與齒也○重直龍反

公如大夫入主人降賓介降衆賓皆降復初位

主人迎揖讓升公升如賓禮辭一席使一人去之如讀若今之若主人迎之於門內也辭一席謙自同於大夫○公若大夫入言或公入或大夫入其降迎皆如下文所云也如賓禮謂拜至獻爵酢爵並如之也○去起呂反

大夫則如介禮有諸公則辭加席委于席端主人不徹無諸公則大夫辭加席主人對不去加席加席上席也大夫席再重○如介禮其入門升堂獻酢等皆如介之殺於賓也

右遵者入之禮

明日賓服鄉服以拜賜。拜賜，謝恩惠。鄉服，昨日與鄉大夫飲酒之朝服也。不言朝服，未服以朝也。今文曰賓服鄉服。○此下至篇末，言鄉飲明日拜謝勞息諸事。主人如賓服以拜辱。拜賓復自屈辱也。鄉射禮曰：賓朝服以拜賜于門外，主人不見，如賓服遂從之，拜辱於門外，乃退。○引鄉射禮者，明此亦彼此賓主皆不相見，造門外拜謝而已。主人釋服。釋朝服，更服玄端也。古文釋作舍。乃息司正。息，勞也。勞賜昨日贊執事者，獨云司正，司正，庭長也。無介。勞禮畧也。司正為賓。不殺。市買若因所有可也。不殺則無俎。○殺，所八反。薦脯醢。羞同也。羞唯所有。在有何物。徵唯所欲。徵，召也。以告于先生君子可也。告，請也。先生不以筋力為禮，於是可以來。君子，國中有盛德者。可者召，不召唯所欲。賓介不與。禮瀆則褻。古文與為預。○與音預。鄉樂唯欲。鄉樂，周南召南六篇之中，唯所欲作，不從次也。不歌鹿鳴魚麗者，辟國君也。

右拜賜拜辱息司正節

記

鄉朝服而謀賓介皆使能不宿戒鄉鄉人謂鄉大夫也朝服冠玄端緇帶素鞸白屨今郡國行鄉飲酒之禮玄冠而衣皮弁服與禮異再戒爲宿戒禮將有事先戒而後宿戒○鄉謂鄉飲酒之禮註指人恐義不盡謀卽經文就先生而謀之也宿戒之者恐其容有不能令得肄習今鄉飲賓介皆使賢而能爲禮者故不煩宿戒也

記鄉服及解不宿戒

蒲筵緇布純筵席也純緣也○純章允反又之門反尊綌冪賓至徹之綌葛也冪覆尊巾其牲狗也狗取擇人亨于堂東北祖陽氣之所始也陽氣主養易曰天地養萬物聖人養賢以及萬民○亨普庚反獻用爵其他用觶爵尊不褻用之其他謂酬及旅酬○薦脯五挺橫祭于其上出自左房挺猶膱也鄉射禮曰祭半膱膱長尺有二寸在東陽也陽主養房饌陳處也冠禮之饌脯醢南上曲禮曰以脯脩置者左朐右末○薦脯用籩其挺五別有半挺橫於上以待祭脯本橫設人前橫祭者於脯爲橫於人爲縮

鄭音通之今印本與唐石經胳上有脠字案疏亦有在胳又云或有脠胳兩言者亦是釋文此處無脠音但下乃音之今據釋文無疏之前說則胳上固無脠字之說疏之後說則作疏之時或本已有兩言脠胳者要不得與印本皆據或本而誤也

陳之左房。至薦時。乃出之。○挺大頰反。本亦作脡。同。胸其于反。

俎由東壁。自西階升。亨狗既孰。載之俎。饌於東方。○及其設之。由東壁適西階。升設筵前。不由阼階也。

賓俎脊脅肩肺。主人俎脊脅臂肺。介俎脊脅脠胳肺。肺皆離。皆右體。進腠。凡牲前脛骨三。肩臂臑也。後脛骨二。膞胳也。尊者俎尊骨。卑者俎卑骨。祭統曰。凡爲俎者。以骨爲上。骨有貴賤。凡前貴後賤。離猶挃也。腠理也。進理。謂前其本也。今文胳作骼。○脠胳。卽註膞胳。後脛二骨也。賓主俎各三體。而介俎脠胳並言者。以肩臂之下。留其貴者爲大夫俎。若有一大夫。則大夫用臑。而介用脠。若有二大夫。則大夫用臑與脠。而介用胳。用體無常。故脠胳兩見也。○胳音格。腠千豆反。脛戶定反。臑乃報反。又奴刀反。音猱。挃苦圭反。音奎。

記器具牲羞之屬

以爵拜者不徒作。作。起也。言拜既爵者不徒起。起必酢主人。○不拜既爵者。則不酢也。**坐卒爵者。**

劉台拱云：案遵者有無不定，鄭并獻大夫以解三作，殆非也。

拜既爵。立卒爵者不拜既爵。隆殺各從其宜。不使相錯。唯工不從此禮。○工無目。故不使立卒爵。雖坐卒爵不拜既爵。與立卒爵者同也。凡奠者於左。不飲者。不欲其妨。○主人酬賓之觶是也。將舉於右。便也。○一人舉觶爲旅酬使二人舉觶爲無算爵是也。衆賓之長一人辭洗。如賓禮。於三人之中復差有尊者。餘二人雖爲之洗。不敢辭其下。不洗。○主人統爲衆賓三長一洗。一人進與爲禮。餘二人不敢往參。非又爲二人各一洗也。又按經文洗升賓爵後。始言衆賓之長升拜受者三人。此時三人尚未升堂。其辭洗亦自階下東行辭之。疏於前經。以主人揖升爲揖衆賓升。以此辭洗爲降辭。皆誤。立者東面北上。若有北面者則東上。賢者衆寡無常也。或統於堂。或統於門。○立者堂下衆賓也。東面北上。統於堂也。賓多。東面立不盡。即門西北面東上。統於門也。樂正與立者皆薦以齒。謂其飲之次也。尊樂正。同於賓黨。不言飲而言薦。以明飲也。既飲皆薦於其位。樂正位西階東北面。○樂正本主人官屬。故以齒於賓黨爲尊之。○與音預凡舉爵三作而不徒爵謂獻賓獻大夫獻工皆有薦樂作大夫不入後樂賢者○大夫本爲助主人樂賢來時既後則不入矣獻工與笙取爵于上篚既獻奠于下篚明其異器敬也如是則獻大夫亦然上篚三爵○獻賓介衆賓一爵獻大夫一爵獻工與笙又一爵以異器示敬其笙則獻諸西階上謂主人拜送爵也於工拜于阼階上者以其坐於西階東也古文無上磬階間縮霤北面鼓之縮從也霤以東西爲從鼓猶擊也大夫而特縣方賓鄉人之賢者從士禮也射則磬在東古文縮爲蹙○周禮春官小胥掌正樂縣之位王宮縣諸侯軒縣卿大夫判縣士特縣凡縣鍾磬半爲堵全爲肆宮縣四面皆縣如宮有牆也軒縣去其南面判縣又去其北面特縣又去其西面特立一面而已鍾磬編縣之十六枚在一簴謂之堵鍾一堵磬一堵謂之肆諸侯之卿大夫半天子之卿大夫西縣鍾東縣磬士亦半天子之士縣磬而已此鄉飲酒本諸侯卿大夫合鍾磬俱有而直有磬者以方賓賢俯從士禮也○縮所六反霤力又反從子容反主人介凡升席自北方降自南方席南上升由下降由上由

便

司正既舉觶而薦諸其位司正主人之屬也無獻因其舉觶而薦之凡旅不洗敬禮殺也不洗者不祭不甚潔也既旅士不入後正禮也既旅則將燕矣○士本爲觀禮來徹俎賓介遵者之俎受者以降遂出授從者送之○從者從賓介遵者來者也○從才用反主人之俎以東藏於東方樂正命奏陔賓出至于階陔作○命命擊鼓者賓出至階其節也若有諸公則大夫於主人之北西面其西面者北上統於公○疏曰若無諸公則大夫南面西上統於尊也主人之贊者西面北上不與贊佐也謂主人之屬佐助主人禮事徹冪沃盥設薦俎者西面北上統於堂也與及也不及謂不獻酒○與音預無算爵然後與燕乃及之○以其主人之屬故不與獻至燕乃得酒也

記禮樂儀節隆殺面位次序

校釋云鄉飲亦拜迎拜送而言拜辱此但言迎送者彼爲賓之禮主於大夫其義隆故重之而曰拜辱此習民禮樂禮不主於一人其義殺故但言迎送而已

儀禮

鄭氏註　濟陽張爾岐句讀

鄉射禮第五

鄭目錄云州長春秋以禮會民而射於州序之禮謂之鄉者州鄉之屬鄉大夫或在焉不改其禮射禮於五禮屬嘉禮大戴十一小戴及別錄皆第五○據註此州長射禮而云鄉射者周禮五州爲鄉一鄉管五州鄉大夫或宅居一州之內來臨此射禮又鄉大夫大比興賢能訖而以鄉射之禮五物詢衆庶亦行此禮故名鄉射禮也

鄉射之禮主人戒賓賓出迎再拜主人荅再拜乃請主人州長也鄉大夫若在焉則稱鄉大夫也戒猶警也語也出迎出門也請告也告賓以射事不言拜辱此爲習民以禮樂不主爲賓已也不謀賓者時不獻賢能事輕也今郡國行此禮以季春周禮鄉老及鄉大夫三年正月獻賢能之書於王退而以鄉射之禮五物詢衆庶諸侯之鄉大夫既貢士於其君亦用此禮射而詢衆庶乎○案此射禮先與賓飲酒如鄉飲酒之儀及立司正將旅酬乃暫止不旅而射射已更旅酬坐燕並如鄉飲凡賓至之前賓退之後其儀節並不殊也此下言將射戒賓陳設速賓凡三節皆禮

敖繼公云鄉飲酒獻介介酢之禮其繁亞於賓故此主於射則略之不略三賓者三賓之禮與衆賓相去無幾殺於介遠矣無介者略之而飲酒禮盛有介鄉射賓禮略無介蓋大射賓即在位諸公卿大夫士也無所謂賓黨之故并無三賓燕四方之賓亦無介者以上介為賓禮輕因其禮也必食如食禮果於饗食雖燕禮無介饗之有介行旅禮凡此皆因其禮之而非有介以於其間也

劉台拱云素尊不於房戶間者亦以序故

初事。註云鄉大夫若在，則稱鄉大夫者，謂鄉大夫來臨此禮，則州長戒賓之時，不自稱，而稱鄉大夫以戒之也。賓以州中處士賢者爲之，若大夫來爲遵，則易以公士。五物者，詢衆庶，周禮鄉大夫職文。五物者，一曰和，六德之一也。二曰容，即六行之孝也。容爲孝者，人有孝行，則性行含容。三曰主皮，貫革也。四曰和容，行禮有容儀也。五曰興舞，比於樂節也。**賓禮辭，許。主人再拜，賓答再拜，主人退，賓送再拜。**退，還射宮。省錄射事。**無介。**雖先飲酒，主於射也，其序賓之禮畧。

右戒賓。

曹君云鄉射之賓不必在西北故不於牖前而於戶西正賓位在戶牖之間

乃席賓，南面東上。不言於戶牖之間者，此射於序。○鄉飲酒於庠，庠有室，故言於戶牖之間。此射於序，序無室，無戶牖可言，約其席處亦當戶牖耳。**衆賓之席繼而西。**言繼者，甫欲習衆庶，未有所殊別。○鄉飲酒則衆賓之席不屬。**席主人於阼階上，西面。**阼階，東階。**尊於賓席之東，兩壺，斯禁**

左玄酒皆加勺篚在其南東肆斯禁禁切地無足者也設尊者北面西曰左尙之也肆陳也○兩壺酒與玄酒篚以貯爵觶尊南東向陳之首在西設洗於阼階東南南北以堂深東西當東榮水在洗東篚在洗西南肆榮屋翼也○下篚亦以貯觶○深申鴆反縣於洗東北西面此縣謂磬也縣於東方辟射位也但縣磬者半天子之士無鍾○鍾磬編縣之十六枚在一虡謂之堵鍾一堵磬一堵謂之肆天子之卿大夫判縣東西各一肆士特縣唯東一肆諸侯之卿大夫士半天子之卿大夫士卿大夫判縣者分一肆於兩廂東縣磬西縣鍾士特縣分取磬而已州長諸侯之士故但磬無鍾也○縣音玄乃張侯下綱不及地武侯謂所射布也綱持舌繩也武迹也中人之迹尺二寸侯象人綱即其足也是以取數焉○侯制有中有躬有舌有綱有縜中其身也方一丈倍中以爲躬中之上下橫接一幅各二丈謂之躬倍躬爲左右舌用布四丈接於躬上左右各出一丈爲舌下舌半上舌用布三丈接躬下左右各出五尺也其持舌之繩謂之綱維其綱於榦者又謂之縜上下各有

校釋云乏字句言設乏也

綱下綱去地之節則尺二寸**不繫左下綱中掩束之**事未至也○侯向堂爲面以西爲左射事未至故且不繫左下綱並綱與舌向東掩束之待司馬命張侯乃脫束繫綱也○中丁仲反**乏參侯道居侯黨之一西五步**容謂之乏所以爲獲者御矢也侯道五十步此乏去侯北十丈西三丈○乏狀類曲屏以革爲之唱獲者於此容身故謂之容矢力不及故謂之乏黨旁也三分侯道而居旁之一偏西者五步此設乏之節也侯道五十步步六尺計三十丈乏居三之一西五步故云北十丈西三丈必於此者取可察中否唱獲聲達堂上也

右陳設

羹定肉謂之羹定猶熟也謂狗熟可食○定多佞反**主人朝服乃速賓賓朝服出迎再拜主人答再拜退賓送再拜**速召也射賓輕也戒時玄端今郡國行此鄉射禮皮弁服與禮爲異**賓及衆賓遂從之**

右速賓

及門主人一相出迎于門外再拜賓答再拜相主人家臣擯贊傳命者○此下言飲賓之事迎賓拜至主人獻賓賓酢主人主人酬賓主人獻衆賓一人舉觶爲旅酬之端遵入主人獻遵自酢工笙合樂樂賓主人獻工與笙乃立司正以安賓察衆凡十節皆與鄉飲酒禮同此爲射而飲其後卽詳射事○相息亮反揖衆賓差卑禮宜異○同是鄉人無爵者唯據立爲賓者尊故於衆賓云差卑主人以賓揖先入以猶與也先入入門右西面賓厭衆賓衆賓皆入門左東面北上賓少進引手曰厭少進差在前也今文皆曰揖衆賓主人以賓三揖皆行及階三讓主人升一等賓升三讓而主人先升者是主人先讓於賓不俱升者賓客之道進宜難也○疏云言皆行者賓主既行衆賓亦行主人阼階上當楣北面再拜賓西階上當楣北面答再拜主人拜賓至此堂

右迎賓拜至

主人坐取爵于上篚以降將獻賓也賓降從主人也主人阼階前西面坐奠爵興辭降重以主人事煩賓也今文無阼階賓對對答主人坐取爵興適洗南面坐奠爵于篚下盥洗盥手又洗爵飲潔敬也古文盥皆作浣賓進東北面辭洗必進者方辭洗宜違位也言東北面則位南於洗矣○鄉飲酒此處註異彼於東字句此於進字句主人坐奠爵于篚興對賓反位反從降之位也鄉飲酒曰當西序東面主人卒洗壹揖壹讓以賓升賓西階上北面拜洗主人阼階上北面奠爵遂答拜乃降乃降將更盥也古文壹皆作一賓降主人辭降賓對主人卒盥壹揖壹讓升賓升西階上疑立疑止也有矜莊之色○疑魚乙反主人坐取爵實之賓席之前

西北面獻賓進於賓也凡進物曰獻賓西階上北面拜主人少退少退猶少辟也賓進受爵于席前復位復位西階上位主人阼階上拜送爵賓少退薦脯醢薦進賓升席自西方賓升降由下也○疏云以主人在東又於席西拜便故升降由下乃設折俎牲體枝解節折以實俎也主人阼階東疑立賓坐左執爵右祭脯醢奠爵于薦西興取肺坐絕祭御左手執本右手絕末以祭也肺離上爲本下爲末○註御左手執本用鄉飲酒交尙左手嚌之嚌嘗也右手在下絕以授口嘗之興加于俎坐挩手執爵遂祭酒興席末坐啐酒挩拭也啐嘗也古文挩作說降席坐奠爵拜告旨降席席西也旨美也○告主人曰旨酒執爵興主人阼階上荅拜賓西階上北面坐卒爵興坐奠爵遂拜執爵興卒盡主人阼階上荅拜

右主人獻賓

賓以虛爵降將洗以酢主人主人降從賓也降立阼階東西面當東序賓西階前東面坐奠爵興辭降主人對賓坐取爵適洗北面坐奠爵于篚下興盥洗賓北面盥洗自外來主人阼階之東南面辭洗賓坐奠爵于篚興對主人反位反位從降之位也主人辭洗進也賓卒洗揖讓如初升○如初者一揖一讓如獻賓時主人拜洗賓答拜興降盥如主人之禮賓升實爵主人之席前東南面酢主人酢報主人阼階上拜賓少退主人進受爵復位賓西階上拜送爵薦脯醢主人升席自北方乃設折俎祭如賓禮祭薦俎及酒亦嚌啐不告旨酒己物自席前適阼階上北面坐卒爵興坐

奠爵遂拜執爵興賓西階上北面答拜自由也啐酒於席末由前降便也主人坐奠爵于序端阼階上再拜崇酒賓西階上答再拜序端東序頭也崇充也謝酒惡相充滿也○奠爵序端擬獻衆賓用之

右賓酢主人

主人坐取觶于篚以降將酬賓賓降主人奠觶辭降賓對東面立主人坐取觶洗賓不辭洗不辭洗以其將自飲卒洗揖讓升賓西階上疑立主人實觶酬之阼階上北面坐奠觶遂拜執觶興酬勸酒賓西階上北面答拜主人坐祭遂飲卒觶興坐奠觶遂拜執觶興賓西階上北面答拜○主人先自飲所以爲勸也主人降洗賓降辭如獻禮以將

酢已升不拜洗酬禮殺也賓西階上立主人實觶賓之席前北面酬賓賓西階上拜主人坐奠觶于薦西賓辭坐取觶以興反位賓辭辭主人復親酌已主人阼階上拜送賓北面坐奠觶于薦東反位酬酒不舉

右主人酬賓

主人揖降賓降東面立于西階西當西序主人將與衆賓為禮賓謙不敢獨居堂主人西南面三拜衆賓衆賓皆答壹拜三拜示徧也壹拜不備禮也獻賓畢乃與衆賓拜敬不能並主人揖升坐取爵于序端降洗升實爵西階上獻衆賓衆賓之長升拜受者三人長其老者言三人則衆賓多矣國以多德行道藝為榮何常數之有乎主人拜送拜送爵於衆賓右坐祭立飲不拜既爵授主人爵降復位既盡

○降復賓南東面位。衆賓皆不拜受爵坐祭立飲自第四以下又不拜受爵禮彌畧○亦升受但不拜。每一人獻則薦諸其席諸，於。○此堂上三人有席者。衆賓辯有脯醢薦於其位。○堂下之位。主人以虛爵降奠于篚不復用。

右主人獻衆賓。

揖讓升賓厭衆賓升衆賓皆升就席一人洗舉觶于賓一人主人之吏升實觶西階上坐奠觶拜執觶興賓席末答拜舉觶者坐祭遂飲卒觶興坐奠觶拜執觶興賓答拜降洗升實之西階上北面將進奠觶。賓拜拜受觶。舉觶者進坐奠觶于薦西不授賤不敢也。賓辭坐取以興○若親受然。舉觶者西階上拜送賓反奠于其所舉觶者降○射後賓將舉劉台拱云案鄉飲酒禮云有諸公則大夫辭加席委於席端主人不徹無諸公則大夫辭加席主人對不去加席據此經不去加席乃無諸公之禮矣此下記云無諸公

之爲旅酬故奠于薦西

右一人舉觶

大夫若有遵者則入門左謂此鄉之人爲大夫者也謂之遵者方以禮樂化民欲其遵法之也其士也於旅乃入鄉大夫士非鄉人禮亦然主於鄉人耳今文遵爲僎○言若有者或有或無不定也按鄉飲酒於篇末畧言遵者之禮此經乃著其詳正所云如介禮者也主人降迎大夫於門內也不出門別於賓賓及衆賓皆降復初位不敢居堂俟大夫入也初位門內東面主人揖讓以大夫升拜至大夫答拜主人以爵降大夫降主人辭降大夫辭洗如賓禮席於尊東尊東明與賓夾尊也不言東上統於尊也○遵席西上升不拜洗主人實爵席前獻于大夫大夫西階上拜進受爵反位主人大夫之右拜送大夫辭加

席主人對不去加席辭之者謙不以己尊加賢者也不去者大夫再重席正也賓一重席○疏云公士爲賓亦一重乃薦脯醢大夫升席設折俎祭如賓禮不嚌肺不啐酒不告旨西階上卒爵拜主人答拜凡所不者殺於賓也大夫升席由東方大夫降洗將酢主人也大夫若衆則辯獻長乃酢主人復阼階降辭如初卒洗主人盥盥者雖將酌自飲尊大夫不敢褻揖讓升大夫授主人爵于兩楹間復位主人實爵以酢于西階上坐奠爵拜大夫答拜坐祭卒爵拜大夫答拜主人坐奠爵于西楹南再拜崇酒大夫答拜主人復阼階揖降將升賓○奠爵楹南擬旅時獻士用之大夫降立于賓南雖尊不奪人之正禮○賓及衆賓自大夫升堂時已立西階下主人揖讓以賓升大夫及衆賓皆升就席

右遵入獻酢之禮

席工于西階上少東樂正先升北面立于其西言少東者明樂正西側階不欲大東辟射位○按鄉飲酒不射席工亦與此同此註云辟射位恐非經意或是欲其當賓席耳工四人二瑟瑟先相者皆左何瑟面鼓執越內弦右手相入升自西階北面東上工坐相者坐授瑟乃降瑟先賤者先就事也相扶工也面前也鼓在前變於君也執越內弦右手相由便也越瑟下孔所以發越其聲也前越言執者內有弦結手入之淺也相者降立西方○面鼓者瑟首在前也鼓謂可鼓處與鄉飲酒不同者在鄉飲酒欲其異於燕在鄉射欲其異於大射皆爲變於君也笙入立于縣中西面堂下樂相從也縣中磬東立西面○縣音玄乃合樂周南關雎葛覃卷耳召南鵲巢采蘩采蘋不歌不笙不間志在射畧於樂也不畧合樂者周南召南之風鄉樂也不可畧其正也昔大王王季文王

校譯曰不降謂不從賓降尊謂尊於眾賓蓋以樂賓本為賓非為大夫也眾賓但以賓與洗亦賓故賓降亦降大夫尊亦賓故不洗亦賓故不從賓而降又曰有主人降賓亦從賓降而大夫不降者此又其也有主人降而賓介不降者主司正其也

始居岐山之陽躬行以成王業至三分天下乃宣周南召南之化本其德之初刑于寡妻至于兄弟以御于家邦故謂之鄉樂用之房中以及朝廷饗燕鄉射飲酒此六篇其風化之原也是以合金石絲竹而歌之

工不興告于樂正曰正歌備不興者瞽矇禮畧也

樂正告于賓乃降樂正降者堂上正樂畢也降立西階東北面○疏云云正樂者對後無算樂非正樂也下射雖歌騶虞亦是堂下非堂上故以堂上決之也

右合樂樂賓

主人取爵于上篚獻工大師則為之洗尊之也君賜大夫樂又從之以其人謂之大師也

賓降主人辭降大夫不降尊也

工不辭洗卒洗升實爵工不興左瑟一人拜受爵左瑟辭主人授爵也一人無大師則工之長者○左瑟者身在瑟右向主人也

主人阼階上拜送爵薦脯醢使人相祭人相者

工飲不拜既爵授主人爵衆

工不拜受爵祭飲辯有脯醢不祭祭飲不興受爵坐祭坐飲不洗遂獻笙于西階上不洗者賤也衆工而不洗矣而衆笙不洗者笙賤於衆工正君賜之猶不洗也笙一人拜于下盡階不升堂受爵主人拜送爵階前坐祭立飲不拜既爵升授主人爵衆笙不拜受爵坐祭立飲辯有脯醢不祭主人以爵降奠于篚反升就席亦揖讓以賓升衆賓皆升

曹君曰賓於此始升也注云謂於卒洗時升則主人尚有事不得就席賓將獨就未揖讓升而不就席乎注言主人升就席而不言賓之升與就席者以上賓降見之且例在獻賓後之升故因略之也

右獻工與笙

主人降席自南方禮殺由便側降賓不從降作相爲司正司正禮辭許諾主人再拜司正答拜爵備樂畢將留賓以事爲有懈倦失禮立司正以監之察儀法也詩云既立之監或佐之史主人升就席司正洗觶升自西階由楹內適阼階上北面

受命于主人洗觶者當酌以表其位顯其事也楹內楹北○受命受請安于賓之命西階上北面請安于賓傳主人之命賓禮辭許司正告于主人遂立于楹間以相拜相謂贊主人及賓相拜之辭主人阼階上再拜賓西階上答再拜皆揖就席爲已安也今文揖爲升司正實觶降自西階中庭北面坐奠觶興退少立奠觶表其位也少立自修正愼其位也古文曰少退立進坐取觶興反坐不祭遂卒觶興坐奠觶拜執觶興洗北面坐奠于其所今文坐取觶無進又曰坐奠之拜興少退北面立于觶南立觶南亦其故擯位未旅旅序也未以次序相酬以將射也旅則禮終也○鄉飲酒立司正卽行旅酬今此禮主於射故且未旅急在射也

右立司正

校釋云吏謂屬吏亦舉屬吏言司射與司馬同職司馬司正為之司正相為之上注云相主人家臣此云司射主人之吏蓋互文明相與司射亦有司私臣皆得為之如周私臣與相其亡者司射其士取

三耦俟于堂西南面東上司正既立司射選弟子之中德行道藝之高者以爲三耦使俟事於此○自此以下始言射事射凡三番第一番三耦之射獲而不釋獲第二番賓主大夫衆賓耦射釋獲升飲第三番以樂節射此下至乃復求矢加于楅言三耦之射司射請射于賓命弟子納射器比三耦司馬命張侯又命倚旌樂正遷樂器三耦取弓矢司射誘射乃作三耦射司馬命設楅取矢凡九節射之第一番也司射適堂西袒決遂取弓于階西兼挾乘矢升自西階階上北面告于賓曰弓矢既具有司請射司射主人之吏也於堂西袒決遂者主人無次隱蔽而已袒左免衣也決猶闓也以象骨爲之著右大擘指以鉤弦闓體也遂射韝也以韋爲之所以遂弦者也其非射時則謂之拾拾斂也所以蔽膚斂衣也方持弦矢曰挾乘矢四矢也大射曰挾乘矢於弓外見鏃於弣南巨指鉤弦古文挾皆作接○袒徒旱反挾音協乘繩證反闓音開擘補革反韝古侯反鏃七木反弣芳甫反賓對曰某不能爲二三子許諾言某不能謙也二三子謂衆賓已下○爲于爲反

校釋云鄉飲鄉射士例衆賓為賓黨主人之贊者為主黨蓋既主黨士最賢者一人為賓以凡黨士皆以為賓黨宜身

司射適阼階上東北面告于主人曰請射于賓賓許

右司射請射

司射降自西階階前西面命弟子納射器弟子賓黨之年少者也納內也射器弓矢決拾旌中籌楅豐也賓黨東面主人之吏西面○楅音福乃納射器皆在堂西賓與大夫之弓倚于西序矢在弓下北括衆弓倚于堂西矢在其上上堂西廉矢亦北括○倚於綺反括古活反主人之弓矢在東序東亦倚于東序也矢在其下北括

右弟子納射器

司射不釋弓矢遂以比三耦于堂西三耦之南北面命上射曰某御於子命下射曰子與某子射比選次其才相近者也古文曰某從於子○御進也侍也

曹君云凡納射器皆在堂西惟弓矢有西序西堂西廉或上或下位置不同故別言之

進而侍射於子尊辭也○比毗志反

右司射比三耦

司正爲司馬兼官由便也立司正爲蒞酒爾今射司正無事司馬命張侯弟子說束遂繫左下綱事至也今文說皆作稅○說土活反司馬又命獲者倚旌于侯中爲當負侯也獲者亦弟子也謂之獲者以事名之獲者由西方坐取旌倚于侯中乃退

右司馬命張侯倚旌

樂正適西方命弟子贊工遷樂于下當辟射也贊佐也遷徙也弟子相工如初入降自西階阼階下之東南堂前三笴西面北上坐笴矢幹也今文無南○相工如初入者亦左何瑟右手相也矢幹長三尺三笴者去堂九尺也○笴古可反樂正北面立于

其南北面鄉堂，不與工序也。

右樂正遷樂

司射猶挾乘矢以命三耦各與其耦讓取弓矢拾猶有故之辭。拾，更也。○各與其耦讓取弓矢拾，即司射之所以命三耦者。拾，其劫反。更迭也。○拾其劫反，除決拾之外皆同。三耦皆袒決遂有司左執弣右執弦而授弓有司，弟子納射器者也。凡納射器者，皆執以俟事。遂授矢受於納矢而授之。三耦皆執弓搢三而挾一个未違俟處也。搢，插也。插於帶右。司射先立于所設中之西南東面○中，謂鹿中，以釋獲者。其設之之處，南當楅，西當西序。此時尚未設中，云所設中之西南者，擬將來設中之處也。三耦皆進由司射之西立于其西南東面北上而俟

邵晉涵云案記以序與堂對言宜從今文
校釋云鄭於周禮從序而以此今文作序爲非者蓋周以夏后氏之序爲州學而去其室爲謝制故參其名明曰序總其制而曰謝此經言別序序之制以稱對室必經謝而不義則作序則不顯故以今文爲非周禮及他經淨參其名而者作序以對庠言之有當也

右三耦取弓矢俟射

司射東面立于三耦之北搢三而挾一个爲當誘射也。固東面矣。復言之者，明卻時還。○據註及疏，言司射本立于中之西南。今命三耦已，復還立此。經上文先字，非先後之先，乃舊先之先。愚詳經文，似當仍作先後字爲妥。此復言之者，欲言其將誘射，故復從立處說起耳。揖進當階北面揖及階揖升堂揖豫則鉤楹內堂則由楹外當左物北面揖鉤楹，繞楹而東也。序無室，可以深也。周立四代之學於國，而又以有虞氏之庠爲鄉學。鄉飲酒義曰：主人迎賓於庠門外是也。庠之制，有堂有室也。今言豫者，謂州學也。讀如成周宣榭災之榭。周禮作序。凡屋無室曰榭，宜從榭。州立榭者，下鄉也。左物，下物也。今文豫爲序，序乃夏后氏之學，亦非也。○射者升堂揖訖，東行向物。豫無室，物近北，故鉤楹北而東。庠之堂有室，物近南，故由楹南而東也。物者，以丹若墨畫地作十字形，射者履之以射。左物，下物，射所履，故云下物也。○豫音榭，出註。及物揖左足履物不方足還視侯中俯正足方猶併也志在於射左足至右足還併足則是立也南面視侯之中乃俯視併正其足○左足履物不及併足右足初旋已南面視侯乃俯正足而立是其志在於射也不去旋以其不獲誘射誘猶教也將乘矢將行也行四矢象有事於四方執弓不挾右執弦不挾矢盡南面揖揖如升射降出于其位南適堂西改取一个挾之改更也不射而挾之示有事也今文曰適序西○司射位在所設中之西南東面今乃出其位南北迴適堂西者疏以爲教衆耦威儀之法故也衆耦射畢皆當自此適堂西釋弓脫決拾也遂適階西取扑搢之以反位扑所以撻犯教者書云扑作教刑○反位所設中之西南東面也

右司射誘射

司馬命獲者執旌以負侯欲令射者見侯與旌深有志於中○上文命張侯倚旌疏云同是西階前

至此未有他事當亦西階前命之也獲者適侯執旌負侯而俟俟待也今文俟爲立司射還當上耦西面作上耦射還左還也作使也○三耦在司射之西南東面今欲西面命射故知左還司射反位上耦揖進上射在左並行當階北面揖及階揖上射先升三等下射從之中等中猶間也上射升堂少左下射升上射揖並行並併也併東行○升堂少左辟下射升階也皆當其物北面揖及物揖皆左足履物還視侯中合足而俟○當物上射當右物下射當左物履物還視侯中皆儆誘射之儀司馬適堂西不決遂袒執弓不決遂因不射不備出于司射之南升自西階鉤楹由上射之後西南面立于物間右執簫南揚弓命去侯鉤楹以當由上射者之後也簫弓末也大射曰左執弣揚猶舉也獲者執旌許諾聲不絕以至于乏

師

坐東面偃旌興而俟聲不絕不以宮商不絕而已鄉射威儀省偃猶仆也○仆音赴司馬出于
下射之南還其後降自西階反由司射之南適堂西釋弓襲反
位立于司射之南圍下射者明爲二人命去侯司射進與司馬交于階前相
左由堂下西階之東北面視上射命曰無射獲無獵獲上射揖
司射退反位射獲謂矢中人也獵矢從傍○疏云相左之時在西階之西司馬由北而西行司射由南而東行各
以左相近故云相左也○無射之射食亦反乃射上射既發挾弓矢而后下射射拾
發以將乘矢后後也當從后○上射發第一矢復挾二矢下射乃發矢如是更發以至四矢畢獲者坐
而獲射者中則大言獲獲得也射講武田之類是以中爲獲也舉旌以宮偃旌以商宮爲君商爲臣
聲和律呂相生獲而未釋獲但大言獲未釋其筭○釋筭所以識中之多寡註上下文皆言大言獲疏乃以宮爲

（大言獲商爲小言獲是一矢而再言獲恐未是或一聲漸殺各有所合歟）卒射皆執弓不挾南面揖揖如升射（不挾亦右執弦如司射）上射降三等下射少右從之中等並行上射於左（降下○並行既降階而並行）與升射者相左交于階前相揖（○相左者降者由西升者由東也）由司馬之南適堂西釋弓說決拾襲而俟于堂西南面東上三耦卒射亦如之司射去扑倚于西階之西升堂北面告于賓曰三耦卒射（去扑乃升不敢佩刑器即尊者之側）賓揖（以揖然之）

右三耦射

司射降搢扑反位司馬適堂西袒執弓由其位南進與司射交于階前相左升自西階鉤楹自右物之後立于物間西南面揖

弓命取矢揖推之也獲者執旌許諾聲不絶以旌負侯而俟俟弟子取矢以旌指教之司馬出于左物之南還其後降自西階遂適堂前北面立于所設楅之南命弟子設楅楅猶幅也所以承笴齊矢者○所設楅謂所擬以設楅之處乃設楅于中庭南當洗東肆東肆統於尊○疏云弟子設楅司馬教之司馬由司射之南退釋弓于堂西襲反位弟子取矢北面坐委于楅北括乃退司馬襲進當楅南北面坐左右撫矢而乘之撫拊之也就委矢左右手撫而四四數分之也上既言襲矣復言之者嫌有事即袒也凡事升堂乃袒○疏云若司射不問堂上堂下有事即袒○拊芳甫反數所主反若矢不備則司馬又袒執弓如初升命曰取矢不索索猶盡也弟子自西方應曰諾乃復求矢加于楅增故曰加鄉獲者許諾至此弟子曰諾事同互相明

校釋云大射君禮辨尊卑故大夫與大夫爲耦臣在君所者位不同不敢僭替也此主人禮尚賢故大夫皆與士爲耦明助主人樂賢也主人亦順其意而耦之

右取矢委福第一番射事竟

司射倚扑于階西升請射于賓如初賓許諸賓主人大夫若皆與射則遂告于賓適阼階上告于主人主人與賓爲耦言若者或射或否在時欲耳射者繹己之志君子務焉大夫遵者也告賓曰主人御于子告主人曰子與賓射○自此至釋獲者少西辟薦反位言賓主大夫衆賓耦射釋獲升飲之儀射之第二番也司射請射比耦三耦取矢于福衆耦受弓矢序立乃設中爲釋獲之射三耦射賓主人射大夫射衆賓射司馬取矢乘矢司射視釋獲者數獲設豐飲不勝者獻獲者獻釋獲者凡十三節遂告于大夫大夫雖衆皆與士爲耦以耦告于大夫曰某御于子大夫皆與士爲耦謙也來觀禮同爵自相與耦則嫌自尊別也大夫爲下射而云御于子尊大夫也士謂衆賓之在下者及羣士來觀禮者也禮一命已下齒於鄉里西階上北面作衆賓射作使司射降搢扑由

校釋云既齒於鄉里而自以齒序不以有爵無爵分矣大夫之耦衆賓羣士皆可爲之

司馬之南適堂西立比衆耦衆耦大夫耦及衆賓也命大夫之耦曰子與某子射其命衆耦如三耦

衆賓將與射者皆降由司馬之南適堂西繼三耦而立東上大夫之耦爲上若有東面者則北上言若有者大夫士來觀禮及衆賓多無數也○司馬位在司射之南若有東面者或賓多南面列不盡也

賓主人與大夫皆未降言未降者見其志在射○三耦卒射乃降就其耦俱升射也

司射乃比衆耦辯辯衆賓射者降比之耦乃偏○

校釋云謂衆賓降比之乃得以次比衆衆耦以至於辯也

右司射請射比耦

遂命三耦拾取矢司射反位反位者俟其袒決遂來○命者承上比耦畢遂命之也

遂三耦拾取矢皆袒決遂執弓進立于司馬之西南必袒決遂者明將有射事

司射作上耦取矢作之者還當上耦如作射

司射反位上耦揖進當福北面揖及

楅揖當楅楅正南之東西。○上耦發位東行時一南一北並行，及至楅南，北面向楅，亦一東一西相並也。上射東面，下射西面。上射揖進坐，橫弓卻手自弓下取一个，兼諸弣，順羽且興，執弦而左還，退反位，東面揖。橫弓者，南踣弓也。卻手由弓下取矢者，以左手在弓表，右手從裏取之，便也。兼，并矢於弣，當順羽，既又當執弦也。順羽者，手放而下，備不整理也。不言毋周，在阼非君，周可也。○疏曰：言順羽且興者，謂以右手順羽之時則興，故云且興也。言左還者，以左手向外而西回，東面揖者，揖下射使取矢也。註云不言毋周，對大射禮而言，彼有君在阼，周則背君故也。○弣，芳甫反。踣，蒲北反。下射進坐，橫弓覆手自弓上取一个，興，其他如上射。覆手由弓上取矢者，以左手在弓裏，右手從表取之，亦便。○亦南踣弓，左手執弓，仰而向上，故右手覆搭矢爲便也。既拾取乘矢，揖，皆左還，南面揖，皆少進，當楅南，皆左還，北面搢三挾一个。楅南，鄉當楅之位。○拾取乘矢，更遞而取，各得四矢也。楅

南前者進時北面搢之位也今退至此皆左還北面搢三矢而挾一矢

揖皆左還上射於右上射轉居右便其反位也下射左還少南行乃西面○搢挾已而揖皆左還西面並行前者進時上射在北是在左今仍在北是於右取其反位北上爲便也

與進者相左相揖退反位相左皆由進者之北○進者自南東行反位者自北西行故得相左

三耦拾取矢亦如之後者遂取誘射之矢兼乘矢而取之以授有司于西方而后反位取誘射之矢挾五个弟子逆受於東面位之後○以授者以誘射之矢授也

右三耦拾取矢

衆賓未拾取矢皆袒決遂執弓搢三挾一个由堂西進繼三耦之南而立東面北上大夫之耦爲上未猶不也衆賓不拾者未射無楅上矢也言此者嫌

衆賓三耦同倫初時有射者後乃射有拾取矢禮也○衆賓初射當於堂西受弓矢於有司故不拾取矢案三耦初射時亦云各與其耦讓取弓矢拾則衆賓不拾取矢又不僅以未射也

右衆賓受弓矢序立

司射作射如初一耦揖升如初司馬命去侯獲者許諾司馬降釋弓反位司射猶挾一个去扑與司馬交于階前升請釋獲于賓猶有故之辭司射既誘射恒執弓挾矢以掌射事備尚未知當敎之也今三耦卒射衆足以知之矣猶挾之者君子不必也賓許降搢扑西面立于所設中之東北面命釋獲者設中遂視之視之當敎之○疏云敎之謂敎其釋筭安置左右及數筭告勝負之事釋獲者執鹿中一人執筭以從之鹿中謂射於榭也於庠當兕中○中形如伏獸鑿其背以受八筭筭射籌也釋獲者坐

校釋云凡射皆一中大射三侯亦祇一中此一侯自一中無疑注鹿中即一中云明多也記所謂士鹿中大夫兕中者自謂射於庠榭不同非二中並設

設中南當福西當西序東面興受算坐實八算于中橫委其餘于中西南末興共而俟興還北面受算反東面實之○共九勇反司射遂進由堂下北面命曰不貫不釋貫猶中也不中正不釋算也古文貫作關○貫古亂反上射揖司射退反位釋獲者坐取中之八算改實八算于中興執而俟執所取算○八算者人四矢一耦八矢一矢則一算實八算擬後來者用之

右司射作射請釋獲

乃射若中則釋獲者坐而釋獲每一个釋一算上射於右下射於左若有餘算則反委之委餘算禮尚異也委之合於中西○釋猶舍也以所執之算坐而舍于地中首東鄉其南爲右其北爲左中西則其後也○中丁仲反又取中之八算改實八算于中

興執而俟三耦卒射

右三耦釋獲而射

賓主人大夫揖皆由其階降揖主人堂東袒決遂執弓搢三挾一个賓於堂西亦如之皆由其階階下揖升堂揖主人爲下射皆當其物北面揖及物揖乃射卒南面揖皆由其階階上揖降階揖賓序西主人序東皆釋弓說決拾襲反位升及階揖升堂揖皆就席或言堂或言序亦爲庠榭互言也賓主人射大夫止於堂西

右賓主人射

大夫袒決遂執弓搢三挾一个由堂西出于司射之西就其耦

大夫爲下射揖進耦少退揖如三耦及階耦先升卒射揖如升射耦先降降階耦少退皆釋弓于堂西襲耦遂止于堂西大夫升就席耦於庭下不並行尊大夫也在堂如上射之儀近其事得申

右大夫與耦射

衆賓繼射釋獲皆如初司射所作唯上耦於是言唯上耦者嫌賓主人射亦作之大射三耦卒射司射請于公與賓○疏云記云賓主人射則司射擯升降是雖不作猶爲擯相之但不請也卒射釋獲者遂以所執餘獲升自西階盡階不升堂告于賓曰左右卒射降反位坐委餘獲于中西興共而俟司射不告卒射者釋獲者於是有事宜終之也餘獲餘算也無餘算則空手耳俟俟數也

右衆賓繼射釋獲告卒射

司馬袒決執弓升命取矢如初獲者許諾以旌負侯如初司馬降釋弓反位弟子委矢如初大夫之矢則兼束之以茅上握焉兼束大夫矢優之是以不拾也束於握上則兼取之順羽便也握謂中央也不束主人矢不可以殊於賓也言大夫之矢則矢有題識也肅慎氏貢楛矢銘其括今文上作尚○楛音戸司馬乘矢如初

右司馬命取矢乘矢

司射遂適西階西釋弓去扑襲進由中東立于中南北面視筭釋弓去扑射事已釋獲者東面于中西坐先數右獲固東面矣復言之者爲其少南就右獲○右獲上射之獲二筭爲純純猶全也耦陰陽一純以取實于左手十純則縮

而委之縮從也於數者東西爲從古文縮皆爲蹙每委異之易校數有餘純則橫於下又異之也自近爲下一筭爲奇奇則又縮諸純下奇猶虧也又從之興自前適左東面起由中東就左獲少北於故東面鄉之坐兼斂筭實于左手一純以委十則異之變於右○於右獲則自地而實於左手數至十純則委之於左獲則自左手而委於地數至十純則異之是其變也其餘如右獲謂所縮所橫其從橫之法則同司射復位釋獲者遂進取賢獲執以升自西階盡階不升堂告于賓賢獲勝黨之筭也齊之而取其餘○賢猶多也賢獲所多之筭若右勝則曰右賢於左若左勝則曰左賢於右以純數告若有奇者亦曰奇賢猶勝也言賢者射之以中爲儁也假如右勝告曰右賢於左若干純若干奇若左右鈞則左右皆執一筭以告曰左右鈞降復位坐兼斂筭實八

校釋云凡平敵相飲皆授爵此不授而使飲者自取者賤之也

算于中委其餘于中西興共而俟○斂算或實或委爲後射豫設也

右數獲

司射適堂西命弟子設豐將飲不勝者設豐所以承其爵也豐形蓋似豆而卑弟子奉豐升設于西楹之西乃降勝者之弟子洗觶升酌南面坐奠于豐上降袒執弓反位勝者之弟子其少者也耦不酌下無能也酌者不授爵略之也執弓反射位不俟其黨已酌有事司射遂袒執弓挾一个搢扑北面于三耦之南命三耦及眾賓勝者皆袒決遂執張弓執張弓言能用之也右手執弦如卒射曹君曰以以兩字也不勝者皆襲說決拾卻左手右加弛弓于其上遂以執弣固襲說決拾矣復言之者起勝者也執弛弓言不能用之也兩手執弣又不得執弦○弛尸紙反司射先反位居前俟所命來○所命謂三耦眾賓

三耦及眾射者皆與其耦進立于射位北上司射作升飲者如作射一耦進揖如升射及階勝者先升堂少右先升尊賢也少右辟飲者也亦相飲之位○疏云相飲者皆北面於西階授者在東飲者在西不勝者進北面坐取豐上之觶興少退立卒觶進坐奠于豐下興揖立卒觶不祭不拜受罰爵不備禮也右手執觶左手執弓不勝者先降後升先降略之不由次與升飲者相左交于階前相揖出于司馬之南遂適堂西釋弓襲而俟俟復射有執爵者主人使贊者代弟子酌也於既升飲而升自西階立于序端執爵者坐取觶實之反奠于豐上升飲者如初每者輒酌以至於徧三耦卒飲賓主人大夫不勝則不執弓執爵者取觶降洗升實之以授于席前優尊也受觶以適西階上北面立

曾君云此執爵者與奉觶者相類主人之吏非賓黨也

儀禮鄭註句讀

飲受罰爵者不宜自尊別卒觶授執爵者反就席大夫飲則耦不升以賓主人飲耦在上嫌其升若大夫之耦不勝則亦執弛弓特升飲尊者可以衆孤無能對賓繼飲射爵者辯乃徹豐與觶徹猶除也設豐者反豐於堂西執爵者反觶於篚

右飲不勝者

司馬洗爵升實之以降獻獲者于侯鄉人獲者賤明其主以侯爲功得獻也薦脯醢設折俎俎與薦皆三祭皆三祭爲其將祭侯也祭侯三處也○皆三祭脯之半脡俎之離肺皆三也獲者負侯北面拜受爵司馬西面拜送爵負侯負侯中也拜送爵不同面者辟正主也其設薦俎西面錯以南爲上爲受爵于侯薦之於位古文曰再拜受爵○負侯北面拜受爵是受爵於侯下云左个之西北三步東面設薦是薦之於位經言東面註云西面錯者據設人而言獲者執爵使人執其薦與

校釋云面字句大射東面下有注上注云其設薦俎西面錯錯亦向其位也則此東面非指設薦俎者明甚又獲者位本不在此因獻而有位所謂祭侯即為位也

俎從之，適右个，設薦俎。獲者以侯爲功，是以獻焉。人謂主人贊者上設薦俎者也。爲設籩在東，豆在西，俎當其北也。言使設，新之。○侯東方幹爲右个，以北面爲正也。○个音幹。獲者南面坐，左執爵，祭脯醢，執爵興，取肺坐祭，遂祭酒。爲侯祭也。亦二手祭酒，反注，如大射。興，適左个，中亦如之。○先祭左个，後中者，以外之卽之至中，若神在中也。左个之西北三步，東面設薦俎，獲者薦右東面立飲，不拜既爵。不就乏者，明其享侯之餘也。立飲薦右，近司馬，於是司馬北面。司馬受爵，奠于篚，復位。獲者執其薦，使人執俎從之，辟設于乏南。遷設薦俎就乏，明己所得禮也。言辟之者，不使當位，辟舉旌偃旌也。設于南，右之也。凡他薦俎，皆當其位之前。○辟扶益反。獲者負侯而俟。○侯後復射也。

右司馬獻獲者

儀禮鄭註句讀　卷　鄉射第五　三

司射適階西釋弓矢去扑說決拾襲適洗洗爵升實之以降獻釋獲者于其位少南薦脯醢折俎有祭不當其位辟中釋獲者薦右東面拜受爵司射北面拜送爵釋獲者就其薦坐左執爵祭脯醢興取肺坐祭遂祭酒興司射之西北面立飲不拜既爵司射受爵奠于篚釋獲者少西辟薦反位辟薦少西之者爲復射妨司射視算也亦辟俎

右司射獻釋獲者第二番射事竟

司射適堂西袒決遂取弓于階西挾一个搢扑以反位爲將復射○司射獻釋獲者事畢反位自此下至退中與算而俟言以樂節射之儀司射又請射命耦三耦賓主人大夫衆賓皆拾取矢司射作上射升射請以樂爲節三耦賓主人大夫衆賓卒射又命取矢乘矢又視算數獲又設豐飲不勝者又拾取矢授有司乃說

校釋云上經云三耦皆進由司射之西立于其西南此三耦初射位也再射將拾取矢云三耦進立于司馬之西南去司馬之西南不言反位以此司馬之西南之位非即上司射西南之位明矣三耦非反位故司射反位不不言先自此之後至卒射位無所易故飲射者云三耦及衆射者皆与其耦進立于射位此三耦皆拾取矢云三耦及衆賓反于射位而其上皆云司射先反位注於三耦衆言反位者司射之反位言先其不言反位者司射之反位即不言先之文之例精密如此

侯綱退旌退福退中與算共九節射之第三番也司射去扑倚于階西升請射于賓如初賓許司射降搢扑由司馬之南適堂西命三耦及衆賓皆袒決遂執弓就位位射位也不言射者以當序取矢○位司馬之西南東面位也司射先反位言先三耦及衆賓也既命之郎反位不俟之也纍不言先三耦未有拾取矢位無所先○初三耦在司射西南及司馬立司射之南三耦拾取矢移位於司馬之西南是拾取矢時射位始定故註云未有拾取矢位無所先也又射者堂下凡三位堂西南面比耦之位司射西南東面三耦初射之位司馬西南東面則拾取矢以後至終射之位也○先悉薦反下同三耦及衆賓皆袒決遂執弓各以其耦進反于射位以猶與也今文以爲與

右司射又請射命耦反射位

司射作拾取矢三耦拾取矢如初反位賓主人大夫降揖如初

校釋云謂堂之東西偏即序之序東西也於榭亦然

主人堂東賓堂西皆袒決遂執弓皆進階前揖南面相俟而揖行也及楅揖拾取矢如三耦及楅當楅東西也主人西面賓東面相揖拾取矢不北面揖由便也卒北面搢三挾一个亦於三耦爲之位○與三耦搢三挾一之處同也揖退皆已揖左還各由其塗反位賓堂西主人堂東皆釋弓矢襲及階揖升堂揖就席將袒先言主人將襲先言賓尊賓也大夫袒決遂執弓就其耦降袒決遂於堂西就其耦於射位與之拾取矢揖皆進如三耦耦東面大夫西面大夫進坐說矢束說矢束者下耦以將拾取興反位而后耦揖進坐兼取乘矢順羽而興反位揖兼取乘矢者尊大夫不敢與之拾也相下相尊君子之所以相接也大夫進坐亦兼取乘矢如其耦北面搢三挾一个亦於三耦爲之位揖退耦反位大夫遂適序西釋弓矢襲升即席大夫

曹君云如者大分言之耳

校釋云此賓在堂南面要正北面相向故不還西面大射君西面要正与君不相向也無此義故還西面受君命于司射也

不序於下尊也衆賓繼拾取矢皆如三耦以反位

右三耦賓主人大夫衆賓皆拾取矢

司正猶挾一个以進作上射如初一耦揖升如初進前也纔言還當上耦西面是言進終始互相明也今文或言作升射司馬升命去侯獲者許諾司馬降釋弓反位司射與司馬交于階前去扑襲升請以樂樂于賓賓許諾司射降搢扑東面命樂正曰請以樂樂于賓賓許東面於西階之前也不就樂正命之者傳尊者之命於賤者遙號命之可也樂正亦許諾猶北面不還以賓在堂○樂樂下字音洛司射遂適階間堂下北面命曰不鼓不釋不與鼓節相應不釋算也鄉射之鼓五節歌五終所以將八矢一節之間當拾發四節四拾其一節先以聽也上射揖司射退反位樂正東面命大師

曰奏騶虞間若一東面者進還鄉大師也騶虞國風召南之詩篇也射義曰騶虞者樂官備也其詩有一發五豝五豵于嗟騶虞之言樂得賢者衆多歎思至仁之人以充其官此天子之射節也而用之者方有樂賢之志取其宜也其他賓客鄉大夫則歌采蘋間若一者重節○疏云云間若一者重節者謂五節之間長短希數皆如一則是重樂節也大師不興許諾樂正退反位

校釋云賓主人大夫降說決拾即升降者惟衆賓前衆賓皆降乃共卒射

右司射請以樂節射

乃奏騶虞以射三耦卒射賓主人大夫衆賓繼射釋獲如初卒射降皆應鼓與歌之節乃釋算降者衆賓○賓主人大夫卒射皆升堂釋獲者執餘獲升告左右卒射如初卒已也今文曰告于賓

右三耦賓主人大夫衆賓以樂射

司馬升命取矢獲者許諾司馬降釋弓反位弟子委矢司馬乘之皆如初

右樂射取矢數矢

司射釋弓視算如初算獲算也今文曰視數也釋獲者以賢獲與鈞告如初降復位

右樂射視算告獲

司射命設豐設豐實觶如初遂命勝者執張弓不勝者執弛弓升飲如初

右樂射飲不勝者

司射猶袒決遂左執弓右執一个兼諸弦面鏃適堂西以命拾取矢如初側持弦矢曰執面猶偭也并矢於弦偭其鏃將止變於射也○方持弦矢曰挾者矢横弦上而持之側持弦矢曰執者矢順并於弦而持之偭其鏃者鏃向上也司射反位三耦及賓主人大夫衆賓皆袒決遂拾取矢如初矢不挾兼諸弦弣以退不反位遂授有司于堂西不挾亦皆執之如司射也不以反射位授有司者射禮畢○兼諸弦弣疏以爲一矢并於弦三矢并於弣辯拾取矢揖皆升就席謂賓大夫及衆賓也相俟堂西進立于西階之前主人以賓揖升大夫及衆賓從升立時少退于大夫三耦及弟子自若留下○衆賓謂堂上三賓

右拾取矢授有司

司射乃適堂西釋弓去扑說決拾襲反位○司射扑在階西今於堂西釋弓亦去扑

校釋云釋之二字申逗字義耳非不藏束也不掩束而綱繩委地非敬事之道故注據上經謂此注也

校釋云反字逗言樂正反自當在西階東北面故位也

以不復射也。司馬命弟子說侯之左下綱而釋之。說解也釋之不復射奄束之命獲者以旌退命弟子退福司射命釋獲者退中與筭而俟。諸所退皆俟堂西備復射也旌言以者旌恒執也獲者釋獲者亦退其薦俎○註云備復射者旅酬後容欲燕射也

右退諸射器射事竟

司馬反爲司正退復觶南而立。當監旅酬○此下言射訖飲酒之事旅酬二人舉觶徹俎坐燕送賓以至明日拜賜息司正諸儀並同鄉飲酒禮觶南者司正北面監衆之位樂正命弟子贊工卽位。弟子相工如其降也升自西階反坐。贊工遷樂也降時如初入樂正反自西階東北面○西階東北面樂正告樂備後降立之位遷樂于下則立阼階東南北面今當命弟子又復來此也遷工反位爲旅酬後將有無算樂也

賓北面坐取俎西之觶興阼階上北面酬主人主人降席。

立于賓東賓坐奠觶拜執觶興主人荅拜賓不祭卒觶不拜不洗賓之進東南面所不者酬而禮殺也賓立飲○俎西之觶將射前一人舉觶于賓賓奠于薦西者也主人阼階上北面拜賓少退少退少逡遁也主人進受觶賓主人之西北面拜送旅酬而同階禮殺也賓揖就席主人以觶適西階上酬大夫大夫降席立于主人之西如賓酬主人之禮其既實觶進西南面立鄉所酬主人揖就席若無大夫則長受酬亦如之長謂以長幼之次酬衆賓○註衆賓謂堂上三賓司正升自西階相旅作受酬者曰某酬某子某者字也某子者氏也稱酬者之字受酬者曰某子旅酬下爲上尊之也春秋傳曰字不若子此言某酬某子者射禮略於飲酒飲酒言某子受酬以飲酒爲主受酬者降席司正退立于西序端東面退立俟後酬者也始升相立階西北面衆受

酬者拜興飲皆如賓酬主人之禮辯遂酬在下者皆升受酬于西階上（在下謂賓黨也鄉飲酒記曰主人之贊者西面北上不與無算爵然後與此異於賓○疏云引鄉飲酒記者欲見主黨不與酬之義）卒受者以觶降奠于篚

右旅酬

司正降復位使二人舉觶于賓與大夫（二人主人之贊者○以起無算爵）舉觶者皆洗觶升實之西階上北面皆坐奠觶拜執觶興賓與大夫皆席末答拜舉觶者皆坐祭遂飲卒觶興坐奠觶拜執觶興賓與大夫皆答拜舉觶者逆降洗升實觶皆立于西階上北面東上賓與大夫拜舉觶者皆進坐奠于薦右（坐奠之不敢授）賓與大夫辭

敖繼云賓與大夫不即舉此觶者以盛禮已崇當俟徹俎後坐行之禮有盛必有殺也

坐受觶以興辭辭其坐奠觶舉觶者退反位皆拜送乃降賓與大夫坐反奠于其所興不舉者盛禮已崇古文曰反坐○退反位反西階上北面飲酬之位若無大夫則唯賓長一人舉觶如燕禮媵爵之爲

右司正使二人舉觶

司正升自西階阼階上受命于主人適西階上北面請坐于賓請坐欲與賓燕盡殷勤也至此盛禮已成酒清肴乾强有力者猶倦焉賓辭以俎俎者肴之貴者辭之者不敢以燕坐褻貴肴反命于主人主人曰請徹俎賓許司正降自西階階前命弟子俟徹俎弟子賓黨也俎者主人贊者設之今賓辭之使其黨俟徹順賓意也上言請坐于賓此言主人曰互相備耳司正升立于序端賓降席北面主人降席自南方阼階

校釋云賓大夫俎徹者歸者各異人賓主人云俎亦不使徹者歸於內矣

上北面。大夫降席，席東南面。俟弟子升受俎。賓取俎，還授司正。司正以降自西階，賓從之降，遂立于階西，東面。司正以俎出，授從者。授賓家從來者也。古者與人飲食，必歸其盛者，所以厚禮之。主人取俎，還授弟子。弟子受俎，降自西階以東。主人降自阼階，西面立。以東授主人侍者。大夫取俎，還授弟子。弟子以降自西階，遂出授從者。大夫從之降，立于賓南。凡言還者，明取俎各自鄉其席。衆賓皆降，立于大夫之南，少退，北上。從降亦為將燕。

右請坐燕因徹俎

主人以賓揖讓，說屨，乃升。大夫及衆賓皆說屨，升，坐。說屨者，將坐，空屨褻賤，不宜在堂也。說屨則摳衣，為其被地。○疏云：尊卑在室，則尊者說屨在戶內，其餘說屨於戶外。尊卑在堂，則亦尊者一人說屨在堂其餘說堂下是以燕禮大射臣皆說屨階下公不見說屨之文明公烏在堂此鄉射酒賓主人行敵禮故皆說屨堂下也乃羞羞進也所進者狗胾醢也燕設啗具所以案酒○啗徒覽反無筭爵使二人舉觶賓與大夫不興取奠觶飲卒觶不拜二人謂曏者二人也使之升立于西階上賓與大夫將旅當執觶也卒觶者固不拜矣著之者嫌坐卒爵者拜既爵此坐于席禮既殺不復崇執觶者受觶遂實之賓觶以之主人大夫之觶長受長衆賓長而錯皆不拜錯者實主人之觶以之次賓也實賓長之觶以之次大夫其或多者迭飲於坐而已皆不拜受禮又殺也○大夫與衆賓等則得交相酬或大夫多於賓或賓多於大夫則多者無所酬自與其黨迭飲也辯卒受者興以旅在下者于西階上衆賓之末飲而酬主人之贊者大夫之末飲而酬賓黨亦錯焉不使執觶者酌以其將旅酬不以己尊於人也其末若皆衆賓則先酬主人之贊者若皆大夫則先酬賓黨而已執觶者酌在上辯降復位長受酬酬者不拜乃飲

卒觶以實之言酬者不拜者嫌酬堂下異位當拜也古文曰受酬者不拜受酬者不拜受禮殺雖受尊者之酬猶不拜辯旅皆不拜主人之贊者於此始旅嫌有拜執觶者皆與旅嫌已飲不復飲也上使之勸人耳非逮下之惠也亦自以齒與於旅也卒受者以虛觶降奠于篚執觶者洗升實觶反奠于賓與大夫復奠之者燕以飲酒爲歡醉乃止主人之意也今文無執觶及賓觶大夫之觶皆爲爵實觶觶爲之○旅於西階上故卒受者降奠觶復奠于賓大夫者當復相酬以徧所謂無算爵也無算樂合鄉樂無次數

右坐燕無算爵無算樂射後飲酒禮竟

賓興樂正命奏陔陔陔夏其詩亡周禮賓醉而出奏陔夏陔夏者天子諸侯以鍾鼓大夫士鼓而已賓降及階陔作賓出衆賓皆出主人送于門外再拜拜送賓于門東西面賓不

答拜禮有終

右賓出送賓

明日賓朝服以拜賜于門外拜賜謝恩惠也主人不見如賓服遂從之拜辱于門外乃退不見不褻禮也拜辱謝其自屈辱

右明日拜賜

主人釋服乃息司正釋服說朝服服玄端也息猶勞也勞司正謂賓之與之飲酒以其昨日尤勞倦也月令曰勞農以休息之無介勞禮略貶於飲酒也此已下皆記禮之異者不殺無俎故也使人速速召賓迎于門外不拜入升不拜至不拜洗薦脯醢無俎賓酢主人主人不崇酒不拜衆賓既獻衆賓一人舉觶遂無筭爵言遂者明其間闕也

校釋云大夫不與仍以處士爲賓，三卿十五州大夫止五人，合孤與三卿止九人，又或以其事不得與則賓，不用公士者固多

賓坐奠觶于其所擯者遂受命于主人請坐于賓賓降說屨升坐矣不言遂請坐者請坐主于無算爵**無司正**使擯者而已不立之**賓不與**昨日至尊不可褻也古文與作豫**徵唯所欲**徵召也謂所欲請呼**以告于鄉先生君子可也**告請也鄉先生鄉大夫致仕者也君子有大德行不仕者**羞唯所有**用時見物**鄉樂唯欲**不歌雅頌取周召之詩在所好

右息司正

記

大夫與則公士爲賓不敢使鄉人加尊於大夫也公士在官之士鄉賓主用處士**使能不宿戒**能者敏於事不待宿戒而習之

校釋云凡鄉射並食之禮不宿戒謂賓非謂衆賓也此從鄉飲戒宿者將賓方氏說非

其牲狗也狗取擇人**亨于堂東北**鄉飲酒義曰祖陽氣之所發也

[校釋云鄉飲酒記云若有諸公則大夫於主人北西面故有主人北席如無西序席序此有西序席如無主人北序而以西若彼所圖之席遵東北故大夫必在主人北此經無諸公所以遵者多尊東不容皆席于賓西而三賓移於西序之北其宜也]

尊綌冪賓至徹之以綌爲冪取其堅潔

蒲筵緇布純筵席也純緣西序之席北上衆賓統於賓○堂上自正賓外衆賓三人而已今乃有西序東面之席豈三人非定法歟疏以爲大夫多尊東不受則於尊西賓近於西則三賓東面未知然否要之爲地狹不容者擬設耳

[黄先云疏大政不誤此篇近於西之說未妥]

獻用爵其他用觶爵尊不褻也以爵拜者不徒作以爵拜謂拜既爵徒猶空也作起也不空起言起必酢主人

薦脯用籩五膱祭半膱橫于上醢以豆出自東房膱長尺二寸脯用籩籩宜乾物也醢以豆豆宜濡物也膱猶脡也爲記者異耳祭橫于上殊之也於人爲縮膱廣狹未聞也古文膱爲胾今文或作植○曲禮云以脯脩置者左朐右末是橫設人前祭半脡橫其上於脯爲橫於人則爲縮也○膱音職

俎由東壁自西階升。狗既亨載于東方。賓俎脊脅肩肺主人俎脊脅臂肺肺皆離皆右體也進腠以骨名肉貴骨也賓俎用肩主人用臂尊賓也離猶捾也腠膚理也進理謂前其本右體周所貴也若有尊者則俎其餘體也○註尊者當作遵者經云大夫若有遵者此所指正大夫也餘體謂臑若膞若胳也

凡舉爵三作而不徒爵。謂獻賓獻大夫獻工皆有薦。

凡奠者於左。不飲不欲其妨。將舉者於右。便其舉也。

衆賓之長一人辭洗如賓禮。尊之於其黨。○疏云獻三賓之時主人唯爲長者一人洗爵愚謂此爲衆賓統一洗但辭之者一人耳。

若有諸公則如賓禮大夫如介禮無諸公則大夫如賓禮。尊卑之差。

諸公大國之孤也○鄉射無介此以飲酒禮中之賓介明其差等也

樂作大夫不入後樂賢也

樂正與立者齒謂其飲之次也尊樂正同於賓黨鄉飲酒記曰與立者皆薦以齒

三笙一和而成聲三人吹笙一人吹和凡四人也爾雅曰笙小者謂之和○和戶臥反

獻工與笙取爵于上篚既獻奠于下篚其笙則獻諸西階上奠爵于下篚不復用也今文無與笙

立者東面北上賓黨○疏云此謂來觀禮者與堂下衆賓齒

司正既舉觶而薦諸其位薦於觶南

三耦者使弟子司射前戒之弟子賓黨之少者也前戒謂先射請戒之○請射于賓之前即戒之也

司射之弓矢與扑倚于西階之西便其事也○扑普卜反

司射既袒決遂而升司馬階前命張侯遂命倚旌著並行也古文曰遂命獲者倚旌○司射升堂告賓請射之時司馬階前即命張侯倚旌經文序司射事訖乃及司馬故記著其行事相並也

凡侯天子熊侯白質諸侯麋侯赤質大夫布侯畫以虎豹士布侯畫以鹿豕此所謂獸侯也燕射則張之鄉射及賓射當張采侯二正而記此者天子諸侯之燕射各以其鄉射之禮而張此侯則經獸侯是也由是云焉白質赤質皆謂采其地其地不采者白布也熊麋虎豹鹿豕皆正面畫其頭象於正鵠之處耳君畫一臣畫二陽奇陰耦之數也燕射射熊虎豹不忘上下相犯射麋鹿豕志在君臣相養其畫之皆毛物之○侯制有三大射賓射燕射大射之侯用皮王三等虎熊豹諸侯二等熊豹卿大夫用麋所謂棲皮之鵠梓人云張皮侯而棲鵠則春以功是也賓射之侯用布畫以爲正王五正中朱次白次蒼次黃而玄在外諸侯三正損玄黃大夫士二正去白蒼畫朱綠

所謂畫布曰正。梓人云，張五采之侯則遠國屬，是也。燕射之侯畫獸以象正鵠。此記所言是也。梓人亦云，張獸侯以息燕也。此鄉射當張采侯二正，而記燕射之侯者，以燕射亦用此鄉射之禮，但張侯爲異耳。疏云據大射之侯，若賓射之侯，則三分其侯，正居一焉。若燕射之侯，則獸居一焉。故云象其正鵠之處。**凡畫者丹質。**皆畫雲氣於側以爲飾，必先以丹采其地，丹淺於赤。

射自楹間，物長如笴，其間容弓，距隨長武。自楹間者，謂射於庠也。楹間，中央東西之節也。物謂射時所立處也，謂之物者，物猶事也，君子所有事也。長如笴者，謂從畫之長短也。笴，矢幹也，長三尺，與跬相應，射者進退之節也。間容弓者，上下射相去六尺也。距隨者，物橫畫也。始前足至東頭爲距，後足來合而南面爲隨。武，跡也。尺二寸。○榭鉤楹內，堂由楹外，雖不同，皆當以楹中央爲東西之節。註云謂射於庠，恐未是。

序則物當棟，堂則物當楣。是制五架之屋也。正中曰棟，次曰楣，前曰庪。○序無室，堂有室，故物深淺異，設此物南北之節也。

命負侯者由其位於賤者禮略○司馬自在己位遥命之

凡適堂西皆出入于司馬之南唯賓與大夫降階遂西取弓矢尊者宜逸由便也

旌各以其物旌總名也雜帛爲物大夫士之所建也言各者鄉射或於庠或於榭○疏云周禮司常云九旗通帛爲旜雜帛爲物全羽爲旞析羽爲旌各別今名物爲旌者散文通故云旌總名也通帛者通體並是絳帛雜帛者中絳緣邊白也大夫士同建物而云各者大夫五仞士三仞不同也旌射時獲者所執各用平時所建故云各以其物也

無物則以白羽與朱羽糅杠長三仞以鴻脰韜上二尋無物者謂小國之州長也其鄉大夫一命其州長士不命不命者無物此翿旌也翿亦所以進退衆者糅者雜也杠橦也七尺曰仞鴻鳥之長脰者也八尺曰尋今文糅爲縮韜爲翿○不命之士不得用物則以赤白雜羽爲翿旌以射其杠三仞又以鴻脰韜杠之上長二尋鴻脰之制

盛氏云楅承矢架也長三尺博三寸厚寸半謂其乘矢之橫木蓋楅身屈曲如蛇必有所以木橫設於上乃可安矢楅後之兩端爲龍首所以限矢其中爲蛇身兩兩相交相對如置於地而安也

註疏皆不言疑亦縫帛爲之其圓長若鴻項然也○糅女又反杠音江脰音豆韜吐刀反翿徒刀反橦直江反

凡挾矢於二指之間橫之二指謂左右手之第二指此以食指將指挾之○將子匠反

司射在司馬之北司馬無事不執弓以不主射故也

始射獲而未釋獲復釋獲復用樂行之君子取人以漸

上射於右於右物射

楅長如笴博三寸厚寸有半龍首其中蛇交韋當博廣也兩端爲龍首中央爲蛇身相交也蛇龍君子之類也交者象君子取矢於楅上也直心背之衣曰當以丹韋爲之司馬左右撫矢而乘之分委於當○韋當者以韋束楅之中央如人心背之衣也

楅髤橫而奉之南面坐而奠之南北當洗髤赤黑漆也○楅用漆爲飾設之者橫而奉之南面坐奠中庭其南北與洗相直○髤虛求反

射者有過則撻之過謂矢揚中人凡射時矢中人當刑之今鄉會衆賢以禮樂勸民而射者中人本意在侯去傷害之心遠是以輕之以扑撻於中庭而已書曰扑作教刑

衆賓不與射者不降不以無事亂有事古文與爲豫

取誘射之矢者既拾取矢而后兼誘射之乘矢而取之謂反位已禮成乃更進取之不相因也○疏曰云不相因者既自拾取已之乘矢反位東西望訖上射乃更向前兼取誘射之矢禮以變爲敬故不相因註所謂反位已者非司馬西南東面之位乃楅東西取矢之位前經所云上射東面下射西面者也但彼處疏云是下射取之此乃云上射未審何者爲是

賓主人射則司射擯升降卒射即席而反位卒事擯賓主人升降者皆尊之也不使司馬擯其升降主於射○司馬本是司正不主射事

孔正義云其中之形刻木爲之狀如鹿而伏鑿背容算
云長之中長尺二寸高七寸背上四寸容
之容算長尺二寸

鹿中髤前足跪鑿背容八算釋獲者奉之先首 前足跪者象教擾之獸受負也○先首首向前也

大夫降立于堂西以俟射 尊大夫不使久列於射位○賓主人大夫同時降賓主先射大夫且立于堂西其耦在射位俟當射大夫乃就其耦升射

大夫與士射袒纁襦 不肉袒殊於耦○襦如朱反

耦少退于物 下大夫也既發則然

司射釋弓矢視算與獻釋獲者釋弓矢 惟此二事休武主文釋弓矢耳然則擯升降不釋

禮射不主皮主皮之射者勝者又射不勝者降 禮射謂以禮樂射也大射賓射燕射是矣不主皮者貴其容體比於禮其節比於樂不得中爲雋也言不勝者降則不復升射也主皮者無侯張獸皮而射之

鄉音經云業臑在膊下此其次且與折文不合蓋傳寫者因注言臑而衍也大射注引此無臑字

主於獲也。尚書傳曰：戰鬬不可不習，故於蒐狩以閑之也。閑之者，貫之也。貫之者，習之也。凡祭，取餘獲陳於澤，然後卿大夫相與射也。中者雖不中也取，不中者雖中也不取。何以然？所以貴揖讓之取也，而賤勇力之取。嚮之取也於囿中，勇力之取；今之取也於澤宮，揖讓之取也。澤，習禮之處，非所於行禮。其射又主中，此主皮之射與天子大射張皮侯，賓射張五采之侯，燕射張獸侯。○不主皮，當依論語作主於中，而不主於貫革，爲礶貫革之射，習戰之射也。其射當亦三番，故勝者又射，不勝者則不復射也。

主人亦飲于西階上。就射爵而飲也。已無俊才，不可以辭罰。○疏云：此謂主人在不勝之黨，受罰爵之時也。

獲者之俎，折脊、脅、肺、臑。臑若膊胳觳之折，以大夫之餘體。○註言臑若膊胳觳之折者，見科取其一，不定，有臑則用臑，無臑則三者皆可用之，唯視大夫之有無多寡，取其餘體而已。○臑，奴報反東方謂之右个。侯以鄉堂為面也。

釋獲者之俎折脊脅肺皆有祭。皆，皆獲者也。祭，祭肺也。以言肺，謂刌肺不離。㨿無祭肺。○獲者釋獲者之俎，切肺之外，皆別有祭肺。○刌，寸本反。寸，上聲，割也。

大夫說矢束坐說之。明不自尊別也。○謂拾取矢時。

歌騶虞若采蘋皆五終射無算。謂衆賓繼射者，衆賓無數也。每一耦射，歌五終也。

古者於旅也語。禮成樂備，乃可以言語先王禮樂之道也。疾今人慢於禮樂之盛，言語無節，故追道古也。

凡旅不洗。敬殺。不洗者不祭。不盛。既旅士不入。從正禮也。既旅則將燕矣，士入齒於鄉人。○從正禮當是後正禮。

大夫後出。下鄉人不干其賓主之禮。主人送于門外再拜。拜送大夫，尊之也。主人送賓還入門

賈疏云中五幅幅一丈用布五丈上下躬總用布四丈上个四丈下个三丈是通用布十六丈也
又云道七十弓之侯中七幅幅丈四尺用布九丈八尺上下躬總用布五丈六尺上个五丈六尺下个四丈二尺通用布二十五丈二尺也
又云道九十弓之侯中九幅幅丈八尺用布十六丈二尺上下躬總用布七丈二尺上个亦七丈二尺下个五丈四尺通用布三十六丈也

揖大夫乃出拜送之。

鄉侯上个五尋。上个，爲最上幅也。八尺曰尋。上幅用布四丈。○橫長之數。中十尺。方者也。用布五丈。今官布幅廣二尺二寸，旁削一寸。考工記曰：梓人爲侯，廣與崇方。謂中也。○中，卽正也。廣崇皆十尺，布幅廣二尺，故用布五丈。

侯道五十弓，弓二寸以爲侯中。言侯中所取數也。量侯道以貍步，而云弓者，侯之所取數宜用射器也。正二寸者，骹中之博也。今文改弓爲肱也。○侯之遠近五十弓，每弓取二寸，以爲侯中之數，故中十尺也。骹中之博謂弓弣把中側骨之處。博二寸。○骹，苦交反。倍中以爲躬。躬，身也。謂中之上下幅也。用布各二丈。○中，上中下。各橫接一幅，長二丈。倍躬以爲左右舌。謂上个也。居兩旁謂之个，左右出謂之舌。○卽最上四丈之橫幅，隨所目而異名。左右出各一丈。下舌半上舌。半者，半其出於躬者也。用布三丈。所以半上舌者，侯人之形類也。上个象臂，下个象足。中人張臂八尺，張足六尺，五八四十，五六三十，以此爲衰也。凡鄉侯用布十六丈，數起侯道五十弓，以計道七十

敖氏云尺有握猶言尺有四寸也握者亦見其所握之處

郝氏云握素謂手握處刋削使素外加髹飾也　郝說本而是不漆

盛世佐云長如笴亦如笴三尺也刋如尺亦刋之使白也

胡肇昕云學記有夏楚二物收其威也扑與楚是蓋其物相同故扑亦稱楚扑也

弓之侯用布二十五丈二尺道九十弓之侯用布三十六丈○用布三丈横綴下躬之下左右出於躬各五尺

箭籌八十。箭篠也籌算也籌八十者略以十耦爲正貴全數其時衆寡從賓○箭竹也以竹爲籌釋獲者所執之算也八四矢耦八籌○篠息小反

長尺有握握素握本所持處也素謂刋之也握本一作膚○握四指卽四寸算長尺四寸其四寸則刋之使白也

楚扑長如笴刋本尺。刋其可持處○刋削之也○刋苦干反

上文射者有過則撻之　注迻矢揚觸人

君射則爲下射上射退于物一笴既發則答君而俟。答對也此以下雜記也今文君射則爲下

君樂作而后就物君袒朱襦以射。君尊

小臣以巾執矢以授。君尊不搢矢不挾矢授之稍屬

若飲君如燕則夾爵。謂君在不勝之黨也賓飲君如燕賓媵觚于公之禮則夾爵夾爵者君既卒爵復自酌

君國中射則皮樹中以翿旌獲白羽與

三禮圖引張鎰圖云皮樹人面獸形

朱羽糅國中城中也謂燕射也皮樹獸名以翿旌獲尚文德也今文皮樹爲繁豎糅爲縚古文無以○知城中是燕射者燕在寢故也賓射大射則不在國中以其燕主歡心故旌從不命之士**於郊則閭中以旌獲**於郊謂大射也大射於大學王制曰小學在公宮之左大學在郊閭獸名如驢一角或曰如閭岐蹄周書曰北唐以閭析羽爲旌○疏云大射於大學者據諸侯而言也天子大射則虞庠小學以天子大學在國中小學在郊**於竟則虎中龍旜**於竟謂與鄰國君射也畫龍於旜尚文章也通帛爲旜○與鄰國君射則賓射也**大夫兕中各以其物獲**兕獸名似牛一角○大國小國大夫命數不同故云各以其物**士鹿中翿旌以獲唯君有射于國中其餘否**臣不習武事於君側也古文有作又今文無其餘否**君在大夫射則肉袒**不袒纁襦厭於君也今文無射

儀禮
燕 大射 聘 公食
沈文倬

儀禮　鄭氏註　濟陽張爾岐句讀

燕禮第六 鄭目錄云諸侯無事若卿大夫有勤勞之功與羣臣燕飲以樂之燕禮於五禮屬嘉禮大戴第十二小戴及別錄皆第六○疏曰案上下經註燕有四等目錄云諸侯無事而燕一也卿大夫有王事之勞二也卿大夫有聘而來還與之燕三也四方聘客與之燕四也

燕禮小臣戒與者 小臣相君燕飲之法戒與者謂留羣臣也君以燕禮勞使臣若臣有功故與羣臣樂之小臣則警戒告語焉飲酒以合會為歡也○自此至公升就席皆燕初戒備之事有戒與設具有納諸臣立於其位有命大夫為賓有請命執役有納賓凡五節疏云周禮大僕職云王燕飲則相其法小臣職云凡大事佐大僕則王燕飲大僕相小臣佐之此諸侯禮降於天子故宜使小臣相下文小臣師一人在東堂下師長也諸侯小臣之長猶天子之有太僕正君之服位者也

膳宰具官饌于寢東 膳宰天子曰膳夫掌君飲食膳羞者也具官饌具其官之所饌謂酒也牲也脯醢也

寢。路寢。樂人縣。縣鐘磬也。國君無故不撤縣，言縣者，爲燕新之。設洗篚于阼階東南，當東霤。罍水在東，篚在洗西，南肆。設膳篚在其北，西面。設此不言其官，賤也。當東霤者，人君爲殿屋也，亦南北以堂深。肆，陳也。膳篚者，君象觚所饌也。亦南陳，言西面，尊之，異其文。○疏云：漢時殿屋四向流水，故舉漢以況周。言東霤，明亦有西霤。司宮尊于東楹之西，兩方壺，左玄酒，南上。公尊瓦大兩，有豐，冪用綌若錫，在尊南，南上。尊士旅食于門西，兩圜壺。司宮，天子曰小宰，聽酒人之成要者也。尊方壺，爲卿大夫士也，臣道直方。於東楹之西，予君專此酒也。玉藻曰：唯君面尊。玄酒在南，順君之面也。瓦大，有虞氏之尊也。禮器曰：君尊瓦甒。豐，形似豆，卑而大。冪用綌若錫，冬夏異也。在尊南，在方壺之南也。尊士旅食者用圜壺，變於卿大夫也。旅，衆也。士衆食，謂未得正祿，所謂庶人在官者也。今文錫爲緆。○諸侯之司宮與天子之小宰所掌同。公席阼階上西向，尊在東楹之西，南北並列，尊面向君設之，與鄉飲酒賓主共之者不同，故註云予君專此酒也。在尊南。註云在方壺之南。謂瓦大在方壺南。疏以爲其冪末是南上亦玄酒在左也。圜壺無玄酒。○大音泰綌去逆反錫悉歷反圜音圓甒亡甫反緆悉歷反

司宮筵賓于戶西東上無加席也筵席也席用蒲筵緇布純無加席燕私禮臣屈也諸侯之官無司几筵也○諸侯兼官使司宮設尊茢設席○純之閏反又章允反

射人告具告事具於君射人主此禮以其或射也○周禮射人掌三公孤卿大夫之位又以射法治射儀

右告戒設具

小臣設公席于阼階上西鄉設加席公升即位于席西鄉周禮諸侯昨席莞筵紛純加繅席畫純後設公席者凡禮卑者先即事尊者後也○註引周禮司几筵文昨音義如酢酢席祭祀受酢之席也引之者欲見燕席與酢席同○莞音官

小臣納卿大夫卿大夫皆入門右北面東上士立于西方東面北上祝史立于門東北面東上小臣師

一人在東堂下南面士旅食者立于門西東上納者以公命引而入也自士以下從而入即位耳師長也小臣之長一人猶天子大僕正君之服位者也凡入門而右由闑東左則由闑西○疏云卿大夫入門右北面東上此是擬君揖位君爾之始就庭位士立于西方東面北上此士之定位士賤不待君揖即就定位也又云註凡入門而右由闑東者臣朝君之法左則由闑西者聘賓入門之法公降立于阼階之東南南鄉爾卿卿西面北上爾大夫大夫皆少進爾近也移也揖而移之近之也大夫猶北面少前

右君臣各就位次

射人請賓命當由君出也○疏云其君南面射人北面請可知公曰命某爲賓某大夫也射人命賓賓少進禮辭命賓者東面南顧禮辭辭不敏也反命射人以賓之辭告於君又命之

賓再拜稽首許諾又復射人反命告賓許賓出立于門外東面當更以賓禮入公揖卿大夫乃升就席揖之人之也

右命賓

小臣自阼階下北面請執冪者與羞膳者執冪者執瓦大之冪也方圜壺無冪羞膳羞於公謂庶羞乃命執冪者執冪者升自西階立于尊南北面東上公命於西階前命之也東上玄酒之冪為上也羞膳者從而東由堂東升自北階房中西面南上不言之者不升堂略之也膳宰請羞于諸公卿者小臣不請而使膳宰於卑者彌略也禮以異為敬

右請命執役者

射人納賓射人為擯者也今文曰擯者賓入及庭公降一等揖之及至也至庭謂既入

儀禮鄭注 燕禮第六 三

而左北面時。**公升就席**以其與主人爲禮不參之也

右納賓

賓升自西階主人亦升自西階賓右北面至再拜賓答再拜主人宰夫也宰夫太宰之屬掌賓客之獻飲食者也其位在洗北西面君於其臣雖爲賓不親獻以其尊莫敢伉禮也至再拜者拜賓來至也天子膳夫爲獻主○主人亦升自西階者代君爲獻主不敢由阼階也自此至以虛爵降奠于篚主人獻賓賓酢主人主人獻公主人受公酢主人酬賓二人媵觶于公公取媵觶酬賓遂旅酬凡七節此初燕之盛禮也

主人降洗洗南西北面賓將從降鄉之**賓降階西東面主人辭降賓對**對答**主人北面盥坐取觚洗賓少進辭洗主人坐奠觚于篚興對賓反位**賓少進者又辭宜違其位也獻不以爵辟正主也古文觚皆爲觶○凡觴一升曰爵二升曰觚三升曰觶四升曰角五升曰散**主**

人卒洗賓揖乃升賓每先升尊也主人升賓拜洗主人賓右奠觚答拜降盥主人復盥爲拜手坋塵也○坋步困反賓降主人辭賓對卒盥賓揖升主人升坐取觚取觚將就瓦大酌膳執冪者舉冪主人酌膳執冪者反冪君物曰膳膳之言善也酌君尊者尊賓也主人筵前獻賓賓西階上拜筵前受爵反位主人賓右拜送爵賓既拜前受觚退復位膳宰薦脯醢賓升筵膳宰設折俎折俎牲體骨也鄉飲酒記曰賓俎脊脅肩肺○引鄉飲酒記明此亦同也賓坐左執爵右祭脯醢奠爵于薦右興取肺坐絶祭嚌之興加于俎坐挩手執爵遂祭酒興席末坐啐酒降席坐奠爵拜告旨執爵興主人答拜降席席西也旨美也○疏云降席坐奠爵拜鄭云降席席西不言面案前例降席席西拜者皆南面拜訖則告旨賓西階上北

劉台拱云案初奠觚而辭降也再奠而盥也主人既盥之後無復取觚於篚故無此兩辭奠

李如圭云凡獻而薦至獻大夫後乃薦於其位

校釋云受賓酢時不即薦者不其位者以主人臣也臣代君獻不得徑主神又臣在君所薦宜從次數此時未薦獻大夫後乃薦宜也

儀禮鄭註句讀　四

面坐卒爵興坐奠爵遂拜主人答拜遂拜拜既爵也

右主人獻賓

賓以虛爵降將酢主人主人降賓洗南坐奠觚少進辭降主人東面對上既言爵矣復言觚者嫌易之也大射禮曰主人西階西東面少進對今文從此以下觚皆爲爵賓坐取觚奠于篚下盥洗篚下篚南主人辭洗謙也今文無洗賓坐奠觚于篚興對卒洗及階揖升主人升拜洗如賓禮賓降盥主人降賓辭降卒盥揖升酌膳執冪如初以酢主人于西階上主人北面拜受爵賓主人之左拜送爵賓既南面授爵乃之左主人坐祭不啐酒辟正主也未薦者臣也正主人皆有啐酒唯不告旨賓獻訖卽薦脯醢此主人是臣故酢時不薦至獻大夫後乃薦于洗北不拜酒不告

陳校云此句錢石三十五字其十二字漫漶

旨主人之義遂卒爵興坐奠爵拜執爵興賓答拜主人不崇酒以虛爵降奠于篚崇充也不以酒惡謝賓甘美君物也

右賓酢主人

賓降立于西階西既受獻矣不敢安盛射人升賓賓升立于序內東面東西牆謂之序大射禮曰擯者以命升賓主人盥洗象觚升實之東北面獻于公象觚有象骨飾也取象觚者東面公拜受爵主人降自西階阼階下北面拜送爵士薦脯醢膳宰設折俎升自西階薦進也大射禮曰宰胥薦脯醢由左房○疏云凡此篇內公應先拜者皆後拜之尊公故也此公先拜受爵者受獻禮重也又云引大射禮者證此脯醢從左房來天子諸侯有左右房故言左房大夫士無右房故言東房公祭如賓禮膳宰贊授肺不拜酒立卒爵坐奠

爵拜執爵興凡異者君尊變於賓也主人答拜升受爵以降奠于膳篚

右主人獻公

更爵洗升酌膳酒以降酢于阼階下北面坐奠爵再拜稽首公答再拜更爵者不敢襲至尊也古文更爲受○疏云獻君自酢同用觚必更之者不敢因君之爵主人坐祭遂卒爵再拜稽首公答再拜主人奠爵于篚

右主人自酢于公

主人盥洗升媵觚于賓酌散西階上坐奠爵拜賓賓降筵北面答拜媵送也讀或爲揚揚舉也酌散者酌方壺酒也於膳爲散今文媵皆作騰○疏云案賓前受獻訖立于序內以來未有升筵之事且鄉飲酒大射酬前賓皆無逆在席者此言降筵蓋誤○媵以證反散思旦反主人坐祭遂飲

賓辭卒爵拜賓答拜辭者辭其代君行酒不立飲也此降於正主酬也主人降洗賓降主人辭降賓辭洗卒洗揖升不拜洗不拜洗酬而禮殺主人酌膳賓西階上拜拜者拜其酌也受爵于筵前反位主人拜送爵賓升席坐祭酒遂奠于薦東遂者因坐而奠不北面也奠之者酬不舉也○疏曰案鄉飲酒鄉射主人酬賓皆主人實觶席前北面賓始西階上拜此及大射主人始酌膳時賓已西階上拜者以其燕禮大射皆是主人代君勸酒其賓是臣急承君勸不敢安暇故先拜也主人降復位賓降筵西東南面立賓不立於序內位彌尊也位彌尊者其禮彌卑記所謂一張一弛者是之類與○疏云賓初得獻立序內此酬訖立席西漸近賓筵是位彌尊酬禮漸殺故云禮彌卑也

右主人酬賓

小臣自阼階下請媵爵者公命長命長使選卿大夫之中長幼可使者○媵爵者舉爵于公

以爲旅酬之端也。長幼可使，當云年長而可使者。小臣作下大夫二人媵爵。作使也。卿爲上大夫，不使之者，爲其尊。媵爵者阼階下皆北面再拜稽首，公答再拜。再拜稽首，拜君命也。媵爵者立于洗南，西面北上，序進盥洗角觶，升自西階，序進酌散，交于楹北，降阼階下，皆奠觶再拜稽首，執觶興，公答再拜。序，次第也。猶代也。楹北，西楹之北也。交而相待於西階上。既酌，右還而反，往來以右爲上。○疏云：西面北上，未盥相待之位。序進盥，則北面向洗。又云：二大夫先升者，由西楹之北向散尊酌訖，右還復由西楹之北，向西階上北面相待。後升者亦由西楹之北進向尊所，酌訖右還而反。二人往來相遇于楹之北。先媵酌者待後酌者至，乃次第而降。故註云交而相待於西階上。媵爵者皆坐祭，遂卒觶，興，坐奠觶，再拜稽首，執觶興，公答再拜。媵爵者執觶待于洗南。待君命也。小臣請致者。請使一人與，二人與，優君也。○或皆致，或一人致，取君進止。

若君命皆致，則序進，奠觶于篚，阼階下皆再拜稽首，公答再拜。媵爵者洗象觶，升，實之，序進，坐奠于薦南，北上，降，阼階下皆再拜稽首，送觶，公答再拜。序進，往來由尊北，交於東楹之北。奠于薦南，不敢必君舉也。大射禮曰：媵爵者皆退反位。○疏云，前二人酌酒，降自西階，故交於西楹之北。此酌酒奠於君所，故交於東楹之北。先酌者東面酌訖，由尊北，又楹北，往君所奠訖，右還而反。後酌者亦於尊北，又於楹北，與反者相交。先者於南西過，後者於北東行，奠訖，亦右還而反，相隨降自西階。凡奠爵，將舉者於右，今媵爵於公，爲將舉旅，當奠薦右，而奠於薦左，是不敢必君之舉也。引大射禮者，見此二人阼階下拜訖，亦反門右北面位也。

右二人媵爵於公

公坐取大夫所媵觶，興以酬賓，賓降西階下，再拜稽首，公命小臣辭，賓升成拜。興以酬賓，就其階而酬之也。升成拜，復再拜稽首也。先時君辭之，於禮若未成然。公坐奠觶，答再拜，執觶興，立卒觶。賓下拜，小臣辭，賓升再拜稽首。不言成拜者，為拜故下，實未拜也。下不輒拜，禮殺也。此賓拜于君之左，不言之者，不敢敵偶於君。公坐奠觶，答再拜，執觶興。賓進受虛爵，降奠于篚，易觶洗。君尊不酌故也。凡爵不相襲者，於尊者言更，自敵以下言易。更作新，易有故之辭。進受虛爵，尊君也。不言公酬賓於西階上及公反位者，亦尊君，空其文也。○愚謂易猶更也，不敢襲用君爵，尊君也。註於更易二義太生分別，疏家援証雖多，亦未見確據。公有命，則不易不洗。反升酌膳觶，下拜。小臣辭，賓升再拜稽首。下拜，下亦未拜。凡下未拜有二，或禮殺，或君親辭。君親辭，則聞命即升，升乃拜，是以不言成拜。公答再拜。拜於阼階上也。是賓請旅侍臣。於賓以旅酬於西階上。旅，序也。以次序勸卿大夫飲酒。射人作大夫長升受旅。言作大夫，則卿存矣。

長者尊先而卑後○卿稱上大夫旅三卿徧次至五大夫**賓大夫之右坐奠觶拜執觶興大夫答拜**賓在右者相飲之位○疏云賓在西階上酬卿賓與卿並北面賓在東卿在西是賓在大夫之右賓位合在西而今在東者相飲之位也**賓坐祭立飲卒觶不拜**酬而禮殺○對酢之時坐卒爵拜既爵是禮盛也**若膳觶也則降更觶洗升實散大夫拜受賓拜送**言更觶卿尊也○膳觶本非臣所可襲以君命故得一用至酌他人則必更矣註釋更字義亦未可信**大夫辯受酬如受賓酬之禮不祭卒受者以虛觶降奠于篚**卒猶後也大射禮曰奠于篚復位今文辯皆作徧○辯受酬皆拜受拜送但賓初酬有坐祭後酬者則不祭為異云大夫辯受酬不及於士也註引大射禮奠觶復位復門右北面之位

右公舉媵爵酬賓遂旅酬初燕盛禮成

主人洗升實散獻卿于西階上。酬而後獻卿，別尊卑也。飲酒成於酬也。○成於酬謂成於旅酬。自此至降奠于篚，主人獻卿，又二大夫媵觶於公，公又舉媵酬賓若長，遂旅酬，凡三節。此獻卿而酬，燕禮之稍殺也。

司宮兼卷重席設于賓左東上。言兼卷，則每卿異席也。重席，重蒲筵緇布純也。卿坐東上，統於君也。席自房來。○重席但一種席重設之，故註云重蒲筵緇布純也。加席則於席上設異席，如公食大夫記云司宮具几與蒲筵常緇布純，加萑席尋玄帛純是也。○卷，居遠反。重，直容反。

卿升拜受觚，主人拜送觚，卿辭重席，司宮徹之。徹猶去也。重席雖非加，猶為其重累去之，辟君也。○以君有加席兩重，此雖蒲筵一種重設，嫌其兩重與君同也。

乃薦脯醢。卿升席坐，左執爵，右祭脯醢，遂祭酒，不啐酒，降席西階上北面坐卒爵，興，坐奠爵，拜，執爵興。主人答拜，受爵。卿降復位。不酢，辟君也。卿無俎者，燕主於羞。○獻公，主人酢于阼階下，此不酢者，嫌與獻公同也。

辯獻卿。主

入以虛爵降，奠于篚。今文無奠于篚。射人乃升卿，卿皆升就席。若有諸公，則先卿獻之，如獻卿之禮。諸公者，謂大國之孤也。孤一人，言諸者，容牧有三監。○鄭司農註典命云：上公得置孤卿一人。後鄭從之，是孤卿本一人也。王制云：天子使其大夫爲三監，監於方伯之國，國三人。是方伯之國或有三公，故云諸公也。疏又云：立三監是殷法，周使伯佐牧，不置監。其有監者，因殷不改者也。故鄭云容，容有異代之法也。席于阼階西，北面東上，無加席。席孤北面，爲其大尊，屈之也。亦因阼階西位近君，近君則屈，親寵苟敬私昵之坐。

右主人獻卿或獻孤

小臣又請媵爵者，二大夫媵爵如初。又，復。○二大夫媵爵，自阼階下皆北面再拜稽首，至執觶待于洗南，皆與前二人媵爵者同也。請致者。若命長致，則媵爵者奠觶于篚，一入待于洗南。長致，致者阼階下再拜稽首，公答再拜。命長致者，公或時未能舉，自優暇也。○前媵爵云若命皆致，此媵爵云若命長致，皆不定之辭，非謂前必二人，後必一人也，欲互見其儀耳。洗象觶，升實之，坐奠于薦南，降，與立于洗南者二人皆再拜稽首送觶，公答再拜。奠于薦南者，於公所用酬賓觶之處。二人俱拜，以其共勸君。○前二人媵觶，奠二觶於薦南，公取上觶爲賓舉旅，下觶仍在，今又媵一觶，奠于薦南，知其在公所用酬賓觶之空處也。

右再請二大夫媵觶

公又行一爵，若賓若長，唯公所酬。一爵，先媵者之下觶也。若賓若長，則賓禮殺矣。長，公卿之尊者也。賓則以酬長，長則以酬賓。以旅于西階上，如初。大夫卒受者以虛觶降，奠于篚。○疏曰：言如初者，一如上爲賓舉旅之節。

右公又行爵爲卿舉旅燕禮之再成

主人洗升獻大夫于西階上大夫升拜受觚主人拜送觚大夫坐祭立卒爵不拜既爵主人受爵大夫降復位既盡也不拜之者禮又殺○前獻卿不酢已是禮殺今獻大夫不但不酢又不拜既爵故云禮又殺自此下至樂正告公主人獻大夫未及旅而樂作獻工後乃舉旅旅已奏笙間歌合樂爵樂更作以成三旅禮又殺而樂大備所以致和樂之情也胥薦主人于洗北西面脯醢無脀胥膳宰之吏也主人大夫之下先大夫薦之尊之也不於上者上無其位也脀俎實○此主人是宰夫代君爲獻主君在阼階上則己不得于正主之位而薦之堂下故註云上無其位也○脀之承反辯獻大夫遂薦之繼賓以西東上徧獻之乃薦略賤也亦獻而后布席也卒射人乃升大夫大夫皆升就席

校釋云此小臣納工四人並上獻與者之小臣在東堂下之小臣師左內正合周禮小臣四人之數作引周禮者以此小臣相工大射用僕人故引之明同官其職也疏解注本不誤臧氏讀注自不審耳

右主人獻大夫兼有胥薦主人之事

席工于西階上少東樂正先升北面立于其西工瞽矇歌諷誦詩者也凡執技藝者稱工少牢饋食禮曰皇尸命工祝樂記師乙曰乙賤工也樂正于天子樂師也凡樂掌其序事樂成則告備小臣納工工四人二瑟小臣左何瑟面鼓執越内弦右手相入升自西階北面東上坐小臣坐授瑟乃降工四人者燕禮輕從大夫制也面鼓者燕尚樂可鼓者在前也越瑟下孔也内弦弦爲主也相扶工也後二人徒相天子大僕二人也小臣四人祭僕六人御僕十二人皆同官

工歌鹿鳴四牡皇皇者華三者皆小雅篇也鹿鳴君與臣下及四方之賓宴講道修政之樂歌也此采其已有旨酒以召嘉賓嘉賓既來示我以善道又樂嘉賓有孔昭之明德可則傚也四牡君勞使臣之來樂歌也此采其勤苦王事念將父母懷歸傷悲忠孝之至以勞賓也皇皇者華君遣使臣之樂歌也此采其更是勞苦自以爲不及欲諮謀於賢

陳校云此間上下缺失三十五字

倬案左何瑟与右手相對佐爲誤字又左手何瑟何而何于若所以不但用手既用手相則以手扶之以胡手可

知而以自光明也

右升歌

卒歌主人洗升獻工工不興左瑟一人拜受爵主人西階上拜送爵工歌乃獻之賤者先就事也左瑟便其右一人工之長者也工拜於席薦脯醢輒薦之變於大夫也○大夫偏獻乃薦此獻一人卽薦禮尙異故變於大夫也使人相祭使扶工者相其祭薦祭酒卒爵不拜賤不備禮主人受爵將復獻衆工也衆工不拜受爵坐祭遂卒爵辯有脯醢不祭主人受爵降奠于篚遂猶因也古文曰卒爵不拜

右獻工

公又舉奠觶唯公所賜以旅于西階上如初言賜者君又彌尊賓長彌卑○奠觶

媵爵者奠於薦南之觶也公舉之爲大夫旅酬也如初如爲賓爲卿舉旅之節也

右公三舉旅以成獻大夫之禮卒也

旅畢笙入立于縣中奏南陔白華華黍以笙播此三篇之詩縣中縣中央也鄉飲酒禮曰磬南北面奏南陔白華華黍皆小雅篇也今亡其義未聞昔周之興也周公制禮作樂采時世之詩以爲樂歌所以通情相風切也其有此篇明矣後世衰微幽厲尤甚禮樂之書稍稍廢棄孔子曰吾自衛反魯然後樂正雅頌各得其所謂當時在者而復重雜亂者也惡能存其亡者乎宜正考父校商之名頌十二篇于周大師歸以祀其先王至孔子二百年之間五篇而已此其信也諸侯軒縣故笙入奏縣中軒縣止闕南面

右奏笙

主人洗升獻笙于西階上一人拜盡階不升堂受爵降主人拜

陳校之同文笙作生人人不皆形

倬案兄獻

送爵階前坐祭立卒爵不拜既爵升授主人一人笙之長者也鄉射禮曰笙一人拜于下

衆笙不拜受爵降坐祭立卒爵辯有脯醢不祭

右獻笙

乃間歌魚麗笙由庚歌南有嘉魚笙崇丘歌南山有臺笙由儀間代也謂一歌則一吹也六者皆小雅篇也魚麗言太平年豐物多也此采其物多酒旨所以優賓也南有嘉魚言太平君子有酒樂與賢者共之也此采其能以禮下賢者賢者纍蔓而歸之與之宴樂也南山有臺言太平之治以賢者爲本也此采其愛友賢者爲邦家之基民之父母既欲其身之壽考又欲其名德之長也由庚崇丘由儀今亡其義未聞

遂歌鄉樂周南關雎葛覃卷耳召南鵲巢采蘩采蘋周南召南國風篇也王后國君夫人房中之樂歌也關雎言后妃之德葛覃言后妃之職卷耳言后妃之志鵲巢言國君夫人之德采蘩言國君夫人不失職也采蘋言

卿大夫之妻能修其法度也昔太王王季居於岐山之陽躬行召南之教以興王業及文王而行周南之教以受命大雅云刑于寡妻至于兄弟以御于家邦謂此也其始一國爾文王作邑于豐以故地爲卿士之采地乃分爲二國周周公所食也召召公所食也於時文王三分天下有其二德化被于西土是以其詩有仁賢之風者屬之召南焉有聖人之風者屬之周南焉夫婦之道者生民之本王政之端此六篇者其教之原也故國君與其臣下及四方之賓燕用之合樂也鄉樂者風也小雅爲諸侯之樂大雅頌爲天子之樂鄉飲酒升歌小雅禮盛者可以進取燕合鄉樂者禮輕者可以逮下也春秋傳曰肆夏繁遏渠天子所以享元侯也文王大明緜兩君相見之樂也然則諸侯之相與燕升歌大雅合小雅也天子與次國小國之君燕亦如之與大國之君燕升歌頌合大雅其笙閒之篇未聞○鄉樂者大夫士所用之樂也鄉飲酒禮云合樂周南召南謂歌與衆聲俱作此歌鄉樂當亦然也

大師告于樂正曰正歌備

大師上工也掌合陰陽之聲教六師以六律爲之音者也子貢問師乙曰吾聞聲歌各有宜也如賜者宜何歌也是明其掌而知之也正歌者升歌及笙各三終閒歌三終合

陳校云閒文正字形似之故說文乏下引春秋傳曰反正爲乏下閒樂正之正作乏司正之正作正

樂三終爲一備。備亦成也。○六師，周禮磬、鍾、笙、鎛、韎、籥等六師也。樂正由楹內、東楹之東，告于公，乃降復位。言由楹內者，以其立於堂廉也。復位，位在東縣之北。○初樂正與工俱在堂廉，今告樂備，復降在東縣北北面也。

右歌笙間作遂合鄉樂而告樂備

射人自阼階下，請立司正。公許。射人遂爲司正。君許其請，因命用爲司正。君三舉爵，樂備作矣，將留賓飲酒，更立司正以監之，察儀法也。射人俱相禮，其事同。○自此至無算樂，皆坐燕盡歡之事。既立司正安賓，次主人獻士及旅食，次或射以樂賓，次賓媵觶于公爲士舉旅酬，次主人獻庶子以下諸臣，乃行無算爵、無算樂，凡六節，而燕禮備。司正洗角觶，南面坐奠于中庭，升，東楹之東受命，西階上北面命卿大夫：「君曰以我安卿大夫。」皆對曰：「諾，敢不安。」洗奠角觶于中庭明其事以自表威儀多也君意殷勤欲留賓飲酒命卿大夫以我故安或亦其實不主意於賓也○司正述君之言以命卿大夫我者君自我也言我欲留賓當爲我安坐以留之也司正降自西階南面坐取觶升酌散降南面坐奠觶右還北面少立坐取觶興坐不祭卒觶奠之興再拜稽首右還將適觶南先西面也必從觶西爲君之在東也少立者自嚴正慎其位也左還南面坐取觶洗南面反奠于其所反奠虛觶不空位也○司正奠觶取觶皆南面明將監堂下酒儀也北面拜者明監酒出君命也升自西階東楹之東請徹俎降公許告于賓賓北面取俎以出膳宰徹公俎降自阼階以東膳宰降自阼階以賓親徹若君親徹然卿大夫皆降東面北上以將坐降待賓反也賓反入及卿大夫皆說屨升就席公以賓及卿大夫皆坐乃安凡燕坐必說屨屨賤不在堂也禮者尚敬敬多則不

陳校簡首二字從德 著大夫命君等字二字從德

親燕安坐相親之心也羞庶羞謂膴肝膋狗胾醢也骨體所以致敬也庶羞所以盡愛也敬之愛之厚賢之道大夫祭薦燕乃祭薦不敢於盛成禮也司正升受命皆命君曰無不醉賓及卿大夫皆興對曰諾敢不醉皆反坐皆命者命賓命卿大夫也起對必降席司正退立西序端

右立司正命安賓

主人洗升獻士于西階上士長升拜受觶主人拜送觶獻士用觶士賤也今文觶作觚士坐祭立飲不拜既爵其他不拜坐祭立飲他謂衆士也亦升受爵不拜乃薦司正與射人一人司士一人執冪二人立于觶南東上天子射人司士皆下大夫二人諸侯則上士其人數亦如之司正爲上○疏云此等皆士而先薦者以其皆有事故先薦司士掌羣士爵祿廢置之事士中之尊故亦先薦又云士位在西有事者别在觶南北面東上也四者皆士意亦於此時獻之

而後薦。辯獻士。士既獻者立于東方，西面北上。乃薦士。每已獻而卽位于東方，蓋尊之。畢獻，薦於其位。○疏云：庭中之位，卿東方西面，大夫北面，士西方東面，是東方尊。今卿大夫得獻升堂，位空，士得獻卽東方卿位，是尊之也。祝史、小臣師亦就其位而薦之。次士獻之，已不變位，位自在東方。○上設位之時，祝史在門東，小臣在東堂下，是在東方也。主人就旅食之尊而獻之。旅食不拜，受爵，坐祭，立飲。北面酌，南鄉獻於尊南。不洗者，以其賤略之也。亦畢獻乃薦之。主人執虛爵奠于篚，復位。

右主人辯獻士及旅食

若射，則大射正爲司射，如鄉射之禮。大射正，射人之長者也。如鄉射之禮者，燕爲樂，卿大夫宜從其禮也。如者，如其告弓矢既具至退中與算也。納射器而張侯，其告請先于君，乃以命賓及卿大夫，其爲司正者亦爲司馬，君與賓爲耦。鄉射記曰：自君射至龍㯰，亦其異者也。薦旅食乃射者，是燕射主於飲酒。○經云若射，不定之辭，或射或否。

唯君所命。若不射，則主人獻旅食後，賓卽媵觶舉酬。註云薦旅食乃射，是燕射主於飲酒。以大射主於射，末爲大夫舉旅卽射也。

右因燕而射以樂賓

賓降洗，升媵觚于公，酌散，下拜。公降一等，小臣辭。賓升，再拜稽首。公答再拜。此當言媵觶。酬之禮，皆用觶。言觚者，字之誤也。古者觶字或作角旁氏，由此誤爾。○陸氏觚依註音觶。

賓坐祭，卒爵，再拜稽首。公答再拜。賓降洗象觶，升酌膳，坐奠于薦南，降拜。小臣辭。賓升成拜，公答再拜。賓反位。反位，反席也。今文曰洗象觚。

公坐取賓所媵觶，興。唯公所賜。至此又言興者，明公崇禮不倦也。今文觶又爲觚。受者如初受酬之禮。○如其自賓降至進受虛爵也。

降更爵洗，升酌膳，下拜。小臣

辭升成拜公答拜乃就席坐行之（坐行之若今坐相勸酒）有執爵者（士有盥升主酌授之者○前三舉旅皆酬者自酌授人至此乃有代酌授之者）唯受于公者拜（公所賜者也其餘則否）司正命執爵者爵辯卒受者興以酬士（欲令惠均○前三舉旅皆止於大夫今爲士舉旅故命之相旅固司正職也執爵者爵辯卒受者興以酬士即其命之之辭）大夫卒受者以爵興西階上酬士士升大夫奠爵拜士答拜（興酬士者士立堂下無坐位）大夫立卒爵不拜實之士拜受大夫拜送士旅于西階上辯（祝史小臣旅食皆及焉）士旅酌（旅序也士以次序自酌相酬無執爵者）卒

右賓媵觶于公公爲士舉旅酬

主人洗升自西階獻庶子于阼階上如獻士之禮辯降洗遂獻

左右正與內小臣皆于阼階上如獻庶子之禮庶子掌正六牲之體及舞位使國子修德學道世子之官也而與膳宰樂正聯事樂正亦教國子以舞左右正謂樂正僕人正也小樂正立于西縣之北僕人正僕人師僕人士立于其北北上大樂正立于東縣之北若射則僕人正僕人士陪于工後內小臣奄人掌君陰事陰令后夫人之官也皆獻于阼階上別於外內臣也獻正下及內小臣則磬人鍾人鑮人鼓人僕人之屬盡獻可知也凡獻皆薦也○諸侯之庶子即天子之諸子皆世子之官也左右正據庭中之位而言大樂正在東縣北故曰左正僕人正在西縣北故曰右正別於外內臣者在鄉遂采地者為外臣在朝廷者為內臣庶子以下皆人君近習故云別於外內臣也

右主人獻庶子以下于阼階

無筭爵筭數也爵行無次無數唯意所勸醉而止士也有執膳爵者有執散爵者執膳爵者酌以進公公不拜受執散爵者酌以之公命所賜所賜

者興受爵降席下奠爵再拜稽首公答拜席下席西也古文曰公答再拜○疏云旅酬以前受公爵皆降階下拜至此不復降拜者禮殺故也又云賓與卿大夫席皆南面統於君皆以東爲上故知席下爲席西也受賜爵者以爵就席坐公卒爵然後飲不敢先虛爵明此勸惠從尊者來也執膳爵者受公爵酌反奠之宴歡在於飲酒成其意受賜爵者興授執散爵執散爵者乃酌行之予其所勸者○坐而勸坐而受唯受爵於公者拜卒受爵者興以酬士于西階上士升大夫不拜乃飲實爵乃猶而也○此實爵當是大夫自酌與之不使人代士不拜受爵大夫就席士旅酌亦如之○亦旅於階上而不拜也公有命徹冪則卿大夫皆降西階下北面東上再拜稽首公命小臣辭公答再拜大夫皆辟命徹冪者公意殷勤必盡酒也小臣辭不升成拜明雖醉正臣

校釋云此与鄉射反尊于賓与大夫同定成之當禮不復之遠膳爵不以酬故之卒飲即反奠之

陳校云祭店今本作此后祭或是誤寫

陳校云本三臣缺尖六字

禮也。不言賓，賓彌臣也。君答拜於上，示不虛受也。**遂升反坐。士終旅於上，如初。**卿大夫降而爵止，於其反席卒之。○士方酬旅，以卿大夫降而遂止，及其拜訖反席，士復終旅於西階上。**無算樂。**升歌間合無數也，取歡而已，其樂章亦然。

右燕末無算爵無算樂

宵，則庶子執燭於阼階上，司宮執燭於西階上，甸人執大燭於庭，閽人爲大燭於門外。宵，夜也。燭，燋也。甸人，掌共薪蒸者。庭大燭，爲位廣也。閽人，門人也。爲，作也。作大燭以俟賓客出。**賓醉，北面坐取其薦脯以降。**取脯，重得君賜。**奏陔。**陔，陔夏，樂章也。賓出奏陔夏，以爲行節也。凡夏以鍾鼓奏之。**賓所執脯以賜鍾人於門內霤，遂出。**必賜鍾人，鍾人掌以鍾鼓奏九夏，今奏陔以節已，用賜脯以報之，明雖醉不忘禮。古文賜作錫。**卿大夫皆出。**隨賓出也。**公不**

送。賓禮訖是臣也。

右燕畢賓出

公與客燕。謂四方之使者○此下言國君將與異國臣燕使卿大夫就館戒客及客應對之辭其儀節與燕本國諸臣同唯戒賓爲異故於禮末見之。曰。寡君有不腆之酒以請吾子之與寡君須臾焉使某也以請。君使人戒客辭也禮使人各以其爵寡鮮也猶言少德謙也腆善也上介出請入告古文腆皆作殄今文皆曰不腆酒無之。對曰。寡君君之私也君無所辱賜于使臣臣敢辭。上介出答主國使者辭也私謂獨受恩厚也君無所爲辱賜於使臣謙不敢當也敢者怖懼用勢決之辭。寡君固曰不腆使某固以請。寡君君之私也君無所辱賜于使臣臣敢固辭。重傳命固如故○使者重傳命戒客客重使上介致辭。寡君固曰不腆使某固以請某固辭不得命敢不從許之也於是出見主國使者辭以見許爲得命今文無使某○使者三請而客許之致命曰寡君使某有不腆之酒以請吾子之與寡君須臾焉親相見致君命辭也君貺寡君多矣又辱賜于使臣臣敢拜賜命貺賜也猶愛也敢拜賜命從使者拜君之賜命猶謙不必辭也

記

燕朝服於寢朝服者諸侯與其羣臣日視朝之服也謂冠玄端緇帶素韠白屨也燕於路寢相親昵也今辟雍十月行此燕禮玄冠而衣皮弁服與禮異也

其牲狗也狗取擇人也明非其人不與爲禮也亨于門外東方亨於門外臣所掌也

若與四方之賓燕則公迎之于大門內揖讓升四方之賓謂來聘者也自戒至

校釋云不以所與燕者爲賓尚敬敬敬也與卿燕不以他卿爲賓者爲疑也故大夫爲賓與大夫燕但自取其同列與所嫌故亦大夫爲賓注云淺浮

於拜至皆如公食亦告饌具而後公卽席小臣請執冪請羞者乃迎賓也○告饌具請執冪等又公食所無

賓爲苟敬席于阼階之西北面有脀不嚌肺不啐酒其介爲賓苟且也假也主國君饗時親進醴于賓今燕又且獻焉人臣不敢褻煩尊者至此升堂而辭讓欲以臣禮燕爲恭敬也於是席之如獻諸公之位言苟敬者賓實主國所宜敬也脀折俎也不嚌啐似若尊者然也介門西北面西上公降迎上介以爲賓揖讓升如初禮主人獻賓獻公既獻苟敬乃媵觚羣臣卽位如燕也○苟敬者坐近君側而簡於禮儀疑於苟矣賓則敬之故立以爲名

無膳尊無膳爵降尊以就卑也○欲敬異國之賓故不自殊異也

與卿燕則大夫爲賓與大夫燕亦大夫爲賓不以所與燕者爲賓者燕爲序歡心賓主敬也公父文伯飲南宮敬叔酒以路堵父爲客此之謂也君但以大夫爲賓者大夫卑雖尊之猶遠于君今文無則下無燕○此謂與己臣子燕法也

沈文倬批注儀禮鄭注句讀

校釋云此經著歌詩之例歌三篇者並舉三篇歌一篇者則舉一篇此鹿鳴新宮但著一篇則亦只歌一篇而已

羞膳者與執冪者皆士也尊君也膳宰卑於士羞卿者小膳宰也膳宰之佐也○以經不辨其人故記者指言之

若以樂納賓則賓及庭奏肆夏賓拜酒主人答拜而樂闋公拜受爵而奏肆夏公卒爵主人升受爵以下而樂闋肆夏樂章也今亡以鍾鎛播之鼓磬應之所謂金奏也記曰入門而縣興示易以敬也卿大夫有王事之勞則奏此樂焉○闋苦穴反升歌鹿鳴下管新宮笙入三成新宮小雅逸篇也管之入三成謂三終也遂合鄉樂鄉樂周南召南六篇言遂者不間也若舞則勺勺頌篇告成大武之樂歌也其詩曰於鑠王師遵養時晦又曰實維爾公允師既合鄉樂萬舞而奏之所以美王侯勸有功也○升歌不盡鹿鳴以下三篇而但歌鹿鳴下管不奏南陔白華華黍而管新宮不用間歌笙入三終而遂合鄉樂又或為之舞而歌勺以為節皆與常燕異初既以樂納之及作正樂又有此異節以其有王事之

陳校云受字上闕一十五字恐非句讀

校釋云別乎經注以分別之膳宰而言

勞故特異之也○勺音灼

唯公與賓有俎主於燕其餘可以無俎

獻公曰臣敢奏爵以聽命授公釋此辭不敢必受之○謂主人獻公及賓媵爵皆釋此辭

凡公所辭皆栗階栗蹙也謂越等急趨君命也○辭者辭其拜下命之升也**凡栗階不過二等**其始升猶聚足連步越二等左右足各一發而升堂○疏云栗階不過二等據上等而言故鄭云其始升猶聚足連步也聚足謂前足躡一等後足從之併連步謂足相隨不相過卽聚足也至近上二等左右足各一發而升堂也

凡公所酬既拜請旅侍臣既拜謂自酌升拜時也擯者阼階下告于公還西階下告公許旅行也請行酒于羣臣必請者不專惠也○賓受公虛爵自酌升拜公答拜於是時請之

凡薦與羞者小膳宰也謂於卿大夫以下也上特言羞卿者小膳宰欲絕於賓羞賓者亦士

有內羞謂羞豆之實酏食糝食羞籩之實糗餌粉餈○酏以支反糝素感反餌音二餈才私反君與射則爲下射袒朱襦樂作而后就物君尊小臣以巾授矢稍屬君尊不搢矢○發一矢復授一矢不以樂志辟不敏也○不以樂爲節也既發則小臣受弓以授弓人侯復發也不使大射正燕射輕上射退于物一笴既發則答君而俟○答對也面鄉君也○笴工但反又弓老反若飲君燕則夾爵謂君在不勝之黨賓飲之如燕媵觚則又夾爵○夾爵者將飲君先自飲及君飲訖又自飲也君在大夫射則肉袒不纏襦厭於君○鄉射大夫與士射則袒纏襦○厭一涉反若與四方之賓燕媵爵曰臣受賜矣臣請贊執爵者受賜謂公鄉者酌之至燕主人事賓之禮殺賓降洗升媵觶于公答恩惠也○賓媵爵在坐燕之後故註云事賓之禮殺相者對曰吾

子無自辱焉。辭之也。對、答也。亦告公。以公命答之也。

有房中之樂。弦歌周南召南之詩、而不用鐘磬之節也。謂之房中者、后夫人之所諷誦、以事其君子。○疏云承上文與四方之賓燕、乃有之。愚謂常燕有無算樂、恐亦未必不有也。

・記三百三文 L （五十三）

陳校云見存五十一簡此兩未去土時在棺側下土中，故簡多有由土段多掩土餘下段常缺失且甚腐朽，收編前數簡折斷不少，以前多篇完整，因在泥土中浸潮過久，木色黯黑字亦有不易辨識者。第一簡背面題燕禮，第十三異形完篇之背面有篇題，次序于兩簡之背者，由此知完篇皆背面題名，皆自右向背（第二簡背）向背（第一）順讀完篇題次第也。又云此篇每簡大率為六十字上下，第四十七簡經文完，後記字數凡三千六十六字，第五十三簡記文完，後記三百三文。此篇存經二五八字，記三百五字，共存二四六三字，殘缺七〇四字，之篇應為三一六七字，寫文脫去二十字。簡記三〇六六字乃包括記文，而三千六十六或作三千百六十六字。簡遺一百字實應云經三千三百二十三字，鄭注本作三千二百二十三字，亦作包括經文並其所計較，簡記經文記文合計者多出一百七十三字，疑實際依據者乃三〇六六與三〇三相加之數也。

儀禮　鄭氏註　濟陽張爾岐句讀

大射儀第七

鄭目錄云名曰大射者諸侯將有祭祀之事與其羣臣射以觀其禮數中者得與於祭不數中者不得與於祭射義於五禮屬嘉禮大戴此第十三小戴及別錄皆第七

大射之儀君有命戒射將有祭祀之事當射宰告於君君乃命之言君有命政敎宜由尊者○自此至羹定皆射前戒備之事戒諸官張射侯設樂縣陳燕具凡四節

宰戒百官有事於射者宰於天子冢宰治官卿也作大事則掌以君命戒於百官○諸侯無冢宰立司徒以兼之此言宰卽司徒也其掌誓戒百官與天子冢宰同

射人戒諸公卿大夫射司士戒士射與贊者射人掌以射法治射儀司士掌國中之士治凡其戒令皆司馬之屬也殊戒公卿大夫與士辨貴賤也贊佐也謂士佐執事不射者○上文宰承君命旣總戒之此射人司士又分別戒之也

右戒百官

前射三日宰夫戒宰及司馬射人宿視滌宰夫冢宰之屬掌百官之徵令者司馬於天子政官之卿凡大射則合其六耦滌謂溉器掃除射宮○前者宰已戒百官至此宰夫又以射期將至來告于宰上下交飭也又及司馬者此日量道張侯司馬職也射人宿視滌掃除濯溉又在前射三日之前一夕故云宿

司馬命量人量侯道與所設乏以貍步大侯九十參七十干五十設乏各去其侯西十北十量人司馬之屬掌量道巷塗數者侯謂所射布也尊者射之以威不寧侯卑者射之以求為侯量侯道謂去堂遠近也容謂之乏所以為獲者之禦矢貍之伺物每舉足者止視遠近為發必中也是以量侯道取象焉鄉射記曰侯道五十弓考工記曰弓之下制六尺則此貍步六尺明矣大侯熊侯謂之大者與天子熊侯同參讀為糝糝雜也雜侯者豹鵠而麋飾下天子大夫也干讀為豻豻侯者豻鵠豻飾也大夫將祭於己射麋侯士無臣祭不射○三侯皆以布為之而

以皮爲鵠旁叉飾以皮王大射用虎侯熊侯豹侯畿內諸侯二侯以熊侯爲首畿外諸侯得用三侯熊侯糝侯豻侯以熊侯同於天子故云大侯三侯其道遞近以二十步爲率尊者射遠卑者射近侯遠則鵠大侯近則鵠小○參依註音糝素感反干依註音豻五旦反

遂命量人巾車張三侯大侯之崇見鵠於參參見鵠於干干不及地武不繫左下綱設乏西十北十凡乏用革

巾車於天子宗伯之屬掌裝衣車者亦使張侯侯巾類崇高也高必見鵠鵠所射之主射義曰爲人君者以爲君鵠爲人臣者以爲臣鵠爲人父者以爲父鵠爲人子者以爲子鵠言射中此乃能任已位也鵠之言較較直也射者所以直己志或曰鵠鳥名射之難中中之爲儁是以所射於侯取名也淮南子曰鳱鵠知來然則所云正者正也亦鳥名齊魯之間名題肩爲正正鵠皆鳥之捷黠者考工記曰梓人爲侯廣與崇方參分其廣而鵠居一焉則大侯之鵠方六尺糝侯之鵠方四尺六寸大半寸豻侯之鵠方三尺三寸少半寸及至也武迹也中人之足長尺二寸以豻侯計之糝侯去地一丈五寸少半寸大侯去地二丈二尺五寸少半寸

凡侯北面，西方謂之左。前射三日張侯，設乏，欲使有事者豫志焉。○大侯之鵠，見參侯之上，參侯之鵠，見干侯之上，干侯下綱則去地一尺二寸。此三侯高下之法也。註知三侯之鵠廣狹之數者，以侯之廣狹，取則於侯道之遠近，每弓取二寸。九十弓者十八尺，七十弓者十四尺，五十弓者十尺，每侯之鵠又各取其侯三分之一，故推知之也。設乏西十北十，西與北各去侯六丈也。云凡乏之三侯各有乏也。

右前射三日戒宰視滌量道張侯

樂人宿縣于阼階東，笙磬西面，其南笙鐘，其南鑮，皆南陳。笙猶生也。東爲陽中，萬物以生。春秋傳曰：太蔟所以金奏贊陽出滯，姑洗所以修絜百物，考神納賓。是以東方鐘磬謂之笙，皆編而縣之。周禮曰：凡縣鐘磬，半爲堵，全爲肆。有鐘有磬爲全。鑮如鐘而大。奏樂以鼓鑮爲節。○諸侯軒縣，三面各有一肆，此其東一肆也。笙磬笙鐘，先儒以爲聲與笙協應，故名笙。○鑮音博 **建鼓在阼階西南鼓，應鼙在其東南**

鼓建猶樹也以木貫而載之樹之跗也南鼓謂所伐面也應鼙應朔鼙也先擊朔鼙應鼙應之鼙小鼓也在東便其先擊小後擊大也鼓不在東縣南爲君也○此鼓本在東縣之南與磬鐘鑮共爲一肆移來在此者鄭以爲爲君以君在阼階上近君設之故云爲君也下建鼓言一此不一言因移並言之

西階之西頌磬東面其南鐘其南鑮皆南陳一建鼓在其南東鼓朔鼙在其北

言成功曰頌西爲陰中萬物之所成春秋傳曰夷則所以詠歌九則平民無忒無射所以宣布哲人之令德示民軌義是以西方鐘磬謂之頌○朔始也奏樂先擊西鼙樂爲賓所由來也鐘不言頌鼙不言東鼓義同省文也古文頌爲庸○此西一肆也頌鐘頌磬先儒以爲歌頌則奏之故名頌○頌音容

一建鼓在西階之東南面

言面者國君於其羣臣備三面爾無鐘磬有鼓而已其爲諸侯則軒縣○軒縣三面皆縣北面合有一肆以其與羣臣射故闕之以辟射位猶設一建鼓者姑備三面耳故言南面與笙磬頌磬同例而與上文建鼓之自東縣移來者異文也

簜在建鼓之間

簜竹也謂笙簫之屬倚於堂

儀禮鄭注句讀　卷七　大射第七　三

倚于頌磬西紘。鞉如鼓而小，有柄，賓至搖之以奏樂也。紘，編磬繩也。設鞉在磬西，倚于紘也。王制曰：天子賜諸侯樂，則以柷將之；賜伯子男樂，則以鞉將之。○紘音宏

右射前一日設樂縣

厥明，司宮尊于東楹之西，兩方壺，膳尊兩甒在南，有豐，冪用錫若絺，綴諸箭，蓋冪加勺，又反之，皆玄尊，酒在北。膳尊，君尊也。後陳之，尊之也。豐以承尊也。說者以爲若井鹿盧，其爲字從豆𠁩聲，近似豆，大而卑矣。冪，覆尊巾也。錫，細布也。絺，細葛也。箭，篠也。爲冪蓋卷辟，綴於篠，橫之也。又反之，爲覆勺也。皆玄尊，二者皆有玄酒之尊，重本也。酒在北，尊統於君，南爲上也。唯君面尊，言專惠也。今文錫或作緆，絺或作綌，古文箭作晉。○諸侯將射，先行燕禮，故此下皆陳燕具。綴諸箭者，綴錫若絺於箭而張之以覆也。蓋冪加勺又反之，此覆尊之法。勺加冪上，復撩冪之垂者以覆勺。尊士旅食于西鑮之南，北面，兩圜

壺旅衆也士衆食未得正祿謂庶人在官者圓壺變於方也賤無玄酒又尊于大侯之乏東北兩壺獻酒爲隷僕人巾車糝侯豻侯之獲者獻讀爲沙沙酒濁特泲之必摩沙者也兩壺皆沙酒郊特牲曰汁獻涚于醆酒服不之尊侯時而陳于南統于侯皆東面○註引郊特牲以証沙酒之義涚泲也泲沙酒者和以醆酒而摩挲之以出鬱鬯之汁也以其祭侯故用鬱鬯設服不之尊在歆不勝者以後故註云侯時明此尊不爲服不氏設也○獻素何反泲子禮反涚始銳反設洗于阼階東南罍水在東篚在洗西南陳設膳篚在其北西面或言南陳或言西面異其文也又設洗于獲者之尊西北水在洗北篚在南東陳亦統於侯也無爵因服不也有篚爲奠虛爵也服不之洗亦侯時而陳於其南○此篚中不設爵將因獻服不之爵而用之也小臣設公席于阼階上西鄉司宮設賓席于戶西南面有加席卿席賓東東上小卿賓西東上大夫繼而東上若有

儀禮鄭注句讀　大射第七　四

東面者則北上。席工于西階之東，東上。諸公阼階西，北面東上。雖賓及公席布之也。其餘樹之於位後耳。小卿，命於其君者也。席于賓西，射禮辨貴賤也。諸公，大國有孤卿一人，與君論道，亦不典職，如公矣。官饌。百官各饌其所當共之物。羹定。烹肉熟也。射義曰：諸侯之射也，必先行燕禮。燕禮牲用狗。

右射日陳燕具席位

射人告具于公，公升，即位于席，西鄉。小臣師納諸公卿大夫，諸公卿大夫皆入門右，北面東上，士西方東面北上，大史在干侯之東北，北面東上，士旅食者在士南，北面東上，小臣師從者在東堂下，南面西上。大史在干侯東北，士旅食者在士南，爲有侯故，入庭深也。小臣師，正之佐也。正相君，出入君之大命。○自此至南面反奠于其所北面立，皆將射先燕之事。公命賓，納賓以來，主人獻賓，賓酢主人，主人獻公，主人受公

酢主人酬賓二人舉觶公取觶酬賓遂旅酬主人獻卿二人再舉觶公爲卿舉旅酬主人獻大夫工入奏樂凡十二節皆與燕禮同容有小異主於射故也

公降立于阼階之東南南鄉小臣師詔揖諸公卿大夫諸公卿大夫西面北上揖大夫大夫皆少進詔告也變爾言揖亦以其入庭深也上言大夫誤衍耳

大射正擯大射正射人之長

擯者請賓公曰命某爲賓某大夫名

擯者命賓賓少進禮辭命賓者東面南顧辭辭以不敏

反命以賓之辭告於君

又命之賓再拜稽首受命又復

擯者反命賓出立于門外北面公揖卿大夫升就席小臣自阼階下北面請執冪者與羞膳者請士可使執君兩甒之冪及羞脯醢庶羞於君者方圜壺獻無冪

乃命執冪者執冪者升自西階立于尊南北面東上命者於西階前以公命命之東上執玄尊之冪爲上羞膳者從而東由堂東升自北

階立于房中西面南上不言命者不升堂畧之膳宰請羞于諸公卿者膳宰請者異於君也擯者納賓賓及庭公降一等揖賓賓辟及至也辟逡遁不敢當盛公升卽席以賓將與主人爲禮不參之

右命賓納賓

奏肆夏肆夏樂章名今亡呂叔玉云肆夏時邁也時邁者太平巡守祭山川之樂歌其詩曰明昭有周式序在位又曰我求懿德肆于時夏奏此以延賓其著宣王德勸賢與周禮曰賓出入奏肆夏賓升自西階主人從之賓右北面至再拜賓荅再拜主人宰夫也又掌賓客之獻飲食君於臣雖爲賓不親獻以其莫敢亢禮主人降洗洗南西北面賓將從降鄉之不於洗北辟正主賓降階西東面主人辭降賓對對荅主人北面盥坐取觚洗賓少進辭洗主人坐奠

觚于篚興對賓反位（賓少進者所辭異宜違其位也獻不用爵辟正主）主人卒洗賓揖乃升（賓每先升揖之）主人升賓拜洗主人賓右奠觚答拜降盥賓降主人辭降賓對卒盥賓揖升主人升坐取觚（取觚將就瓦甒酌膳）執冪者舉冪主人酌膳執冪者蓋冪酌者加勺又反之（反之覆勺）筵前獻賓賓西階上拜受爵于筵前反位主人賓右拜送爵（賓既拜於筵前受爵退復位）宰胥薦脯醢（宰胥宰官之吏也不使膳宰薦不主於飲酒變於燕）賓升筵庶子設折俎（庶子司馬之屬掌正六牲之體者也鄉射記曰賓俎脊脅肩肺不使膳宰設俎爲射變於燕）賓坐左執觚右祭脯醢奠爵于薦右興取肺坐絕祭嚌之興加于俎坐捝手執爵遂祭酒興席末坐啐酒降席坐奠爵拜告旨執爵興主人答拜

降席席西也旨美也。樂闋。闋止也。樂止者尊賓之禮盛於上也。○唯盛得有樂也。燕禮記云賓及庭而奏肆夏。賓拜酒主人答拜而樂闋。亦謂卒酒告旨時。此燕已臣子法。郊特牲云賓入大門而奏肆夏。卒爵而樂闋。彼燕朝聘之賓法也。賓西階上北面坐卒爵興坐奠爵拜執爵興主人答拜。

右主人獻賓

賓以虛爵降。既卒爵將酢也。主人降賓洗南西北面坐奠觚少進辭降。主人西階西東面少進對賓坐取觚奠于篚下盥洗。篚下篚南。主人辭洗賓坐奠觚于篚興對卒洗及階揖升主人升拜洗如賓禮。賓降盥主人降賓辭降卒盥揖升酌膳執冪如初以酢主人于西階上主人北面拜受爵賓主人之左拜送爵。賓南面授爵乃於左拜。凡授爵鄉所受者主人坐祭不啐酒辟正主也未薦者臣也不拜酒主人之義燕禮曰不拜酒不告旨遂卒爵興坐奠爵拜執爵興賓答拜主人不崇酒以虛爵降奠于篚不崇酒辟正君也崇充也謂謝酒惡相充實賓降立于西階西東面既受獻矣不敢安盛擯者以命升賓賓升立于西序東面命公命也東西墻謂之序

右賓酢主人

主人盥洗象觚升酌膳東北面獻于公象觚觚有象骨飾也取象觚東面不言實之變於燕公拜受爵乃奏肆夏言乃者其節異於賓○賓及庭奏君受爵乃奏也主人降自西階阼階下北面拜送爵宰胥薦脯醢由左房庶子設折俎升自西階自由也左房東房也人君左右房鄉射記曰主人俎脊脅臂肺也公祭如賓禮庶子贊授

肺不拜酒立卒爵坐奠爵拜執爵興。（凡異者，君尊，變於賓。）主人荅拜。樂闋。升受爵，降奠于篚。

右主人獻公

更爵洗，升酌散以降，酢于阼階下，北面坐奠爵，再拜稽首。公荅拜。（更，易也。易爵，不敢襲至尊。古文更爲受。）主人坐祭，遂卒爵，興，坐奠爵，再拜稽首。公荅拜。主人奠爵于篚。

右主人受公酢

主人盥洗，升，媵觚于賓，酌散，西階上坐奠爵，拜。賓西階上北面荅拜。（媵，送也。散，方壺之酒也。古文媵皆作騰。）主人坐祭，遂飲，賓辭。卒爵，興，坐奠爵拜。執爵興。賓答拜。辭者，辭其代君行酒不立飲也。比於正主酬也。主人降洗，賓降，主人辭降。賓辭洗。卒洗，賓揖，升。不拜洗。不拜洗，酬而禮殺也。主人酌膳，賓西階上拜，受爵于筵前，反位。主人拜送爵。賓升席，坐祭酒，遂奠于薦東。遂者，因坐而奠之，不北面也。奠之者，酬不舉也。主人降復位。賓降筵西，東南面立。賓不立於序內，位彌尊。

右主人酬賓

小臣自阼階下請媵爵者，公命長。命之使選於長幼之中也。卿則尊，士則卑。小臣作下大夫二人媵爵。作，使。媵爵者阼階下皆北面再拜稽首，公答拜。再拜稽首，拜君命。媵爵者立于洗南，西面北上，序進，盥，洗角觶，升自西階序進酌散交于楹北降適阼階下皆奠觶再拜稽首執觶興公答拜序次第也猶代也先者既酌右還而反與後酌者交於西楹北相左俟於西階上乃降往來以右爲上古文曰降造阼階下媵爵者皆坐祭遂卒觶興坐奠觶再拜稽首執觶興公答再拜媵爵者執觶待于洗南待待君命小臣請致者請君使一人與二人與不必君命若命皆致則序進奠觶于篚阼階下皆北面再拜稽首公答拜媵爵者洗象觶升實之序進坐奠于薦南北上降適阼階下皆再拜稽首送觶公答拜既酌而代進往來由尊北交於東楹北亦相左奠於薦南不敢必君舉媵爵者皆退反位反門右北面位

右二人媵觶將爲賓舉旅酬

公坐取大夫所媵觶興以酬賓賓降西階下再拜稽首小臣正辭賓升成拜公起酬賓於西階降尊以就卑也正長也小臣長辭變於燕升成拜復再拜稽首先時君辭之於禮若未成然公坐奠觶答拜執觶興公卒觶賓下拜小臣正辭賓升再拜稽首不言成拜者爲拜故下賓未拜也下不就拜禮也下亦降也發端言降拜因上事言下拜公坐奠觶答拜執觶興賓進受虛觶降奠于篚易觶興洗賓進以臣道就君受虛爵君不親酌凡爵不相襲者於尊者言更自敵以下言易更作新易有故之辭也不言公酬賓於西階上及公反位者尊君空其文也○公授賓爵卽反位公有命則不易不洗反升酌膳下拜小臣正辭賓升再拜稽首公答拜不易君義也不洗臣禮也○公答拜於阼階上賓告于擯者請旅諸臣擯者告于公公許旅序也賓欲以次序勸諸臣酒賓以旅大夫于西階上擯

者作大夫長升受旅。作，使也。使之以長幼之次，先孤。賓大夫之右坐奠觶拜執觶興大夫答拜賓坐祭立卒觶不拜若膳觶也則降更觶洗升實散大夫拜受賓拜送遂就席大夫辯受酬如受賓酬之禮不祭酒卒受者以虛觶降奠于篚復位

右公取媵觶酬賓遂旅酬

主人洗觚升實散獻卿于西階上司宮兼卷重席設于賓左東上卿升拜受觚主人拜送觚卿辭重席司宮徹之。徹猶去也。重席雖非加，猶為其重累，辭之，辟君。乃薦脯醢卿升席庶子設折俎。卿折俎未聞，蓋用脊脅臑折肺。卿有俎者，射禮尊。卿坐左執爵右祭脯醢奠爵于薦右興取肺坐絕祭不嚌

肺興加于俎坐挩手取爵遂祭酒執爵興降席西階上北面坐卒爵興坐奠爵拜執爵興陳酒肴君之惠也不嚌肺亦自賤於君主人答拜受爵卿降復位復西面位不酢辟君辯獻卿主人以虛爵降奠于篚擯者升卿卿皆升就席若有諸公則先卿獻之如獻卿之禮席于阼階西北面東上無加席公孤也席之北面為大尊屈之也亦因阼階上近君近君則親寵苟敬私昵之坐

右主人獻卿

小臣又請媵爵者二大夫媵爵如初請致者若命長致則媵爵者奠觶于篚命長致者使長者一人致也公或時未能舉自優暇一人待于洗南不致者長致者阼階下再拜稽首公答拜再拜稽首拜君命洗象觶升實之坐奠

敖云若先二人觶則此一觶乃先媵者之觶若先一人觶則此乃後媵者之上觶也

倬案為賓為卿各于卿大夫酬之不必以賓也受酬為嫌也

敖云在堂者酬訖大夫乃升受旅以辯言大夫卒受則見士不與也

不言酌散可知也大夫升拜位亦如賓

鄭氏云不祭脯醢至於燕脫屨升坐而後祭也降復位復堂下北面位

于薦南降與立于洗南者二人皆再拜稽首送觶公答拜奠於薦南先媵者上觶之處也二人皆拜如初共勸君飲之

右二人再媵觶

公又行一爵若賓若長唯公所賜一爵先媵者之下觶也若賓若長禮殺也長孤卿之尊者也於是言賜射禮明尊卑以旅于西階上如初賜賓則以酬長賜長則以酬賓大夫長升受旅以辯大夫卒受者以虛觶降奠于篚

右公又行一觶為卿舉旅

主人洗觚升獻大夫于西階上大夫升拜受觚主人拜送觚大夫坐祭立卒爵不拜既爵主人受爵大夫降復位既盡也大夫卒爵不拜賤

不備禮。

胥薦主人于洗北，西面。脯醢，無脀。胥，宰官之吏。主人下大夫也。先大夫薦之，尊之也。不薦于上，辟正主。脀，俎實。辯獻大夫，遂薦之，繼賓以西，東上。若有東面者，則北上。卒，擯者升大夫，大夫皆升就席。辯獻乃薦，略賤也。亦獻後布席也。○每獻一人訖，降階，獻徧，擯者乃總升之就席，就席訖乃薦之。

右主人獻大夫

乃席工于西階上，少東。小臣納工，工六人，四瑟。工，謂瞽矇善歌諷誦詩者也。六人，大師、少師各一人，上工四人。四瑟者，禮大樂衆也。僕人正徒相大師，僕人師相少師，僕人士相上工。徒，空手也。僕人正，僕人之長。師，其佐也。士，其吏也。天子視瞭相工，諸侯兼官，是以僕人掌之。大師、少師，工之長也。凡國之瞽矇正焉。杜蒯曰曠也大師也。於是分別工及相者，射禮明貴賤。○蒯，苦怪反。相者皆左何瑟後首內弦挎越右手相謂相上工者後首主於射畧於此樂也內弦挎越以右手相工由便也越瑟下孔所以發越其聲者也古文後首爲後手後者徒相入謂相大師少師者也上列官之尊卑此言先後之位亦所以明貴賤凡相者以工出入小樂正從之從大師也後升者變於燕也小樂正於天子樂師也升自西階北面東上工六人坐授瑟乃降相者也降立於西縣之北小樂正立于西階東不統於工明工雖衆位猶在此○燕禮工四人樂正升立于工之西在西階東此工六人數衆疑位移近西乃樂正猶立西階東不變是統於階而不統於工也乃歌鹿鳴三終鹿鳴小雅篇也人君與臣下及四方之賓燕講道修政之樂歌也言已有旨酒以召嘉賓與之飲者樂嘉賓之來示我以善道又樂嘉賓有孔昭之明德可則傚也歌鹿鳴三終而不歌四牡皇皇者華主於講道畧於勞苦與諮事主人洗升實爵獻工工不興左瑟工歌而獻之以事報之也洗爵獻工辟正主也獻不用觚工賤異之也工不興不能備禮左瑟便其右大師無瑟於是言左瑟

者節也。一人拜受爵。謂大師也。言一人者，工賤，同之也。工拜於席。主人西階上拜送爵，薦脯醢。輒薦之，變於大夫。使人相祭。使人相者，相其祭薦、祭酒。卒爵不拜。主人受虛爵。衆工不拜受爵，坐祭，遂卒爵。辯有脯醢，不祭。相者相其祭酒而已。主人受爵，降奠于篚，復位。大師及少師、上工皆降，立于鼓北，羣工陪于後。鼓北，西縣之北也。言鼓北者，與鼓齊面，餘長在後也。羣工陪于後，三人爲列也。於是時，小樂正亦降，立于其南，北面。工立，僕人立于其側，坐則在後。考工記曰：鼓人爲皐陶，長六尺有六寸。○註鼓北西縣之北也句可疑。乃管新宮三終。管謂吹簜以播新宮之樂。其篇亡，其義未聞。笙從工而入，既管不獻，畧下樂也。立于東縣之中。○註立于東縣之中句可疑。愚案燕禮笙入立于縣中，註云縣中，縣中央也。鄉飲酒禮曰磬南北面，疏云諸侯軒縣，闕南面而已，故得言縣中；鄉飲酒唯以磬縣而已，不得言縣中，而云磬南。註引鄉飲酒者，欲見此雖軒縣，近北面縣之南也。此經初設樂無北面縣，但移東縣

敖氏云君將與羣旅而請立司正為射故也倬案為射立說非鄉飲亦相為司正以留賓為歡情主司正以監之

建鼓在阼階西又設一建鼓在西階東正當北面一縣之處鼗在建鼓之間註云鼗謂笙簫之屬倚于堂又與燕禮笙入所立之位同疑設之在此者亦奏之于此至此管新宮三終註乃云立于東縣之中不知於經何據若云辟射位射事未至無可辟也且上文太師等立于鼓北亦當是此建鼓之北註以爲西縣之北不知西縣何以單名爲鼓竊疑太師等立此或亦以將奏管故臨之非徒立也至下管三終乃相率而東耳既從工而入工升堂笙即立堂下亦其宜也姑存此疑以質知者

卒管

大師及少師上工皆東坫之東南西面北上坐不言縣北統於堂也於是時大樂正還北面立于其南

右作樂娛賓射前燕禮備

擯者自阼階下請立司正三爵既備上下樂作君將留羣臣而射宜更立司正以監之察儀法也

公許擯者遂爲司正君許其請因命用之不易之者俱相禮其事同也

司正適洗洗角

郝氏云鄉射士人多故立司正也

倬案東字衍文字誤脫

觶南面坐奠于中庭奠觶者著其位以顯其事威儀多也升東楹之東受命于公西階上北面命賓諸公卿大夫公曰以我安賓諸公卿大夫皆對曰諾敢不安以我安者君意殷勤欲留之以我故安也○公曰以我安即司正命衆之辭言公有命如此也司正降自西階南面坐取觶升酌散降南面坐奠觶奠於中庭故處興右還北面少立坐取觶興坐不祭卒觶奠之興再拜稽首左還南面坐取觶洗南面反奠于其所北面立皆所以自昭明於衆也將於觶南北面則右還於觶北南面則左還如是得從觶西往來也必從觶西往來者爲君在阼不背之也○還音旋後同

右將射立司正安賓祭儀

司射適次袒決遂執弓挾乘矢於弓外見鏃於弣右巨指鉤弦

司射射人也次若今時更衣處帳幃席爲之耦次在洗東南袒左免衣也決猶闓也以象骨爲之著右巨指所以鉤弦而闓之遂射韝也以朱韋爲之著左臂所以遂弦也方持弦矢曰挾乘矢四矢弣弓把也見鏃焉順其射也右巨指右手大擘以鉤弦弦在旁挾由便也古文挾皆作接○此下方及射事有三耦不釋獲之射有三耦衆耦釋獲之射有以樂射其三番射亦畧如鄉射之節自此至左右撫之興反位皆言三耦不釋獲之射司射納器比耦司射誘射三耦乃射射已取矢凡四節

自阼階前曰爲政請射。爲政謂司馬也司馬政官主射禮○司射請于君曰爲政之官請行射禮

遂告曰。大夫與大夫士御於大夫。因告選三耦於君御由侍也大夫與大夫爲耦不足則士侍於大夫與爲耦也今文於爲于○既請射得命遂告君以比耦也

遂適西階前東面右顧命有司納射器。納內也○有司士佐執事不射者也士在西階南東面故於西階前右顧命之必東面者君在阼宜向之也

射器皆入。君之弓矢適東堂。賓之弓矢與中籌豐皆止于西堂下。衆

弓矢不挾總衆弓矢福皆適次而俟中閭中算器也籌算也豐可奠射爵者衆弓矢三耦及卿大夫以下弓矢也司射矢亦止西堂下衆弓矢不挾則納公與賓弓矢者挾之福承矢器今文俟作待工人士與梓人升自北階兩楹之間疏數容弓若丹若墨度尺而午射正莅之工人士梓人皆司空之屬能正方圜者一從一橫曰午午謂畫物也射正司射之長○左爲下物右爲上物卒畫自北階下司宮埽所畫物自北階下埽物重射事也工人士梓人司宮位在北堂下○既畫復埽之取畧辨縱橫而已太史俟于所設中之西東面以聽政中未設也太史俟焉將有事也鄉射禮曰設中南當福西當西序東面○中尚未設而云所設中之西謂其擬設中之地之西也周禮春官太史職云凡射事飾中舍算執其禮事司射西面誓之曰公射大侯大夫射參士射于射者非其侯中之不獲卑者與尊者爲耦不異侯太史許諾

誓猶告也古文異作辭○侯以尊卑異同耦則卑者得與尊者共侯也

遂比三耦比選次之也不言面者大夫在門右北面士西方東面○疏云天子大射賓射六耦三侯畿內諸侯二侯四耦畿外諸侯三侯三耦若燕射則天子諸侯同三耦一侯而已卿大夫士例同一侯三耦

三耦俟于次北西面北上未知其耦今文俟爲立○但知爲三耦未知孰與孰耦也

司射命上射曰某御於子命下射曰子與某子射卒遂命三耦取弓矢于次取弓矢不拾者次中隱蔽處○鄉射堂西取矢則拾取拾取更迭而取也

右請射納器誓射比耦

司射入于次搢三挾一个出于次西面揖當階北面揖及階揖升堂揖當物北面揖及物揖由下物少退誘射搢扱也挾一个挾於弦也个猶枚也由下物而少退謙也誘猶教也夫子循循然善誘人

射三侯將乘矢始射干又射參大

侯再發（將行也。行四矢，象有事於四方。詩云：四矢反兮，以御亂兮。）卒射北面揖（揖於當物之處。不南面者，爲不背卿。）及階揖降如升射之儀，遂適堂西，改取一个挾之（改，更也。不射而挾矢，示有事也。）遂取扑搢之以立于所設中之西南東面（扑，所以撻犯教者也。於是言立，著其位也。鄉射記曰：司射之弓矢與扑，倚于西階之西。）

右司射誘射

司馬師命負侯者執旌以負侯（司馬師，正之佐也。欲令射者見侯與旌，深志於侯中也。負侯，獲者也。天子服不氏下士一人，徒四人，掌以旌居乏之待獲。析羽爲旌。）負侯者皆適侯執旌負侯而俟。司射適次作上耦射（作，使也。）司射反位，上耦出次西面揖進，上射在左，竝行，當階北面揖，及階揖，上射先升三等，下射從之，中等上射在左便射位也中猶間也○發位並行及升上射皆居左履物南面上射乃在右右物爲上也上射升堂少左下射升上射揖並行並併也併東行皆當其物北面揖及物揖皆左足履物還視侯中合足而俟視侯中各視其侯之中大夫耦則視參中參中十四尺士耦則視干中干中十尺司馬正適次袒決遂執弓右挾之出升自西階適下物立于物間左執弣右執簫南揚弓命去侯司馬正政官之屬簫弓末揚弓者執下末揚猶舉也適下物由上射後東過也命去侯者將射當獲也鄉射禮曰西南面立於物間負侯皆許諾以宮趨直西及乏南又諾以商至乏聲止宮爲君商爲臣其聲和相生也鄉射禮曰獲者執旌許諾古文聲爲磬授獲者退立于西方獲者興共而俟大侯服不氏負侯徒一人居乏之相代而獲參侯干侯徒負侯居乏不相代鄉射禮曰獲者執旌許諾聲不絕以至於乏坐東面偃旌興而俟古文獲皆作

褻非也。○授獲者，謂以旌授代己而獲之人，指大侯也。餘二侯，則負侯獲者本一人，但偃旌而俟，如鄉射禮所云也。司馬正出于下射之南，還其後，降自西階，遂適次，釋弓，說決拾，襲，反位。拾，遂也。鄉射禮曰：司馬反位，立于司射之南。司射進，與司馬交于階前，相左，由堂下西階之東北面視上射，命曰：毋射獲，毋獵獲。上射揖，司射退反位。射獲，矢中乏也。從旁爲獵。○司射位在所設中之西南，東面。乃射，上射既發，挾矢，而后下射射，拾發以將乘矢。拾，更也。將，行也。獲者坐而獲，坐言獲也。舉旌以宮，偃旌以商，等言獲也。獲而未釋獲。但言獲，未釋算。古文釋爲舍。卒射，右挾之，北面揖，揖如升射。右挾之，右手挾弦。上射降三等，下射少右，從之，中等，並行，上射於左。與升射者相左，交于階前，相揖，適次，釋弓，說決拾，襲。

反位。上射於左由下射階上少右。乃降待之言襲者凡射皆袒。三耦卒射亦如之。司射去扑倚于階西適阼階下北面告于公曰三耦卒射。反搢扑反位。

右三耦射

司馬正袒決遂執弓右挾之出與司射交于階前相左。出，出于次也。袒時亦適次。○疏曰：凡袒襲皆於隱處。升自西階自右物之後立于物間西南面揖弓命取矢。揖推之。負侯許諾如初去侯皆執旌以負其侯而俟。小臣取矢，以旌指教之。○負侯許諾，如初去侯，如去侯時之諾以宮，又諾以商也。司馬正降自西階北面命設楅。此出于下射之南，還其後而降之。小臣師設楅。司馬正東面以弓爲畢。畢所以教助執事者。鄉射記曰：乃設楅于中庭，南當洗，東肆。○以弓爲畢，謂以弓指授，如載鼎之用畢然。引鄉射記文，證此設楅之處也。既設楅，司馬正適次，釋弓，說決拾，襲，反位。小臣坐委矢于楅北，括，司馬師坐乘之，卒。乘，四四數之。若矢不備，則司馬正又袒執弓，升，命取矢如初，曰：「取矢不索。」乃復求矢，加于楅。卒，司馬正進坐，左右撫之，興，反位。左右撫，分上下射。此坐皆北面。

右三耦射後取矢，射禮第一番竟。

司射適西階西，倚扑，升自西階，東面請射于公。倚扑者，將即君前，不敢佩刑器也。升堂者，欲諸公卿大夫辯聞也。○此下言三耦、衆耦釋獲之射。其在方射時者，有命耦，有三耦取矢于楅，有三耦再射釋獲，有公與賓射，有卿大夫士皆射，凡五節。其在射以後者，有取矢，有數獲，有飲不勝者，有獻服不及隸僕巾車獲者，有獻釋獲者，亦五節。射之第二番也。公許，遂適西階上，命賓御于公，諸公卿則以耦告之便也。既拾取矢梱之。梱齊等之也古文梱作魁○梱疑當作捆孟子注捆猶叩椓也叩椓有取齊之義若梱則門橛耳。兼挾乘矢皆內還南面揖。內還者上射左下射右不皆左還亦以君在阼嫌下射故左還而背之也上以陽爲內下以陰爲內因其宜可也。適楅南皆左還北面揖搢三挾一个。楅南鄉當楅之位也。揖以耦左還上射於左。以猶與也言以者耦之事成於此意相人耦也上射轉居左便其反位也上射少北乃東面。退者與進者相左相揖退釋弓矢于次說決拾襲反位。二耦拾取矢亦如之。後者遂取誘射之矢兼乘矢而取之以授有司于次中皆襲反位。有司納射器因留主授受之。○三耦反位反次北西面北上之位。

右三耦拾取矢于楅

司射作射如初一耦揖升如初司馬命去侯負侯許諾如初司馬降釋弓反位司射猶挾一个去扑與司馬交于階前適阼階下北面請釋獲于公猶守故之辭於此言之者司射既誘射恒執弓挾矢以掌射事備尚未知當教之也今三耦卒射衆以知之矣猶挾之者君子不必也公許反搢扑遂命釋獲者設中以弓爲畢北面北面立于所設中之南當視之也鄉射禮曰設中南當楅西當西序大史釋獲小臣師執中先首坐設之東面退大史實八筭于中橫委其餘于中西興共而俟先猶前也命大史而小臣師設之國君官多也小臣師退反東堂下位鄉射禮曰橫委其餘于中西南末○中形爲伏獸鑿其背以置獲筭執之則前其首設之則東其面面首一也司射西面命曰中離維綱揚觸梱復公則釋獲衆則不與離猶過也獵也侯有上下綱其邪制躬舌之角者爲維或

曰維當爲絹，絹綱耳。揚觸者，謂矢中他物，揚而觸侯也。梱復爲矢至侯不著而還復，復反也。公則釋獲，優君也。衆當中鵠而著。古文梱作魁。

唯公所中，中三侯皆獲。値中一侯則釋獲。

釋獲者命小史，小史命獲者。傳告服不，使知此司射所命。

司射遂進由堂下，北面視上射，命曰：「不貫不釋。」上射揖。司射退反位。貫猶中也。射不中鵠，不釋算。古文貫作關。

釋獲者坐取中之八算，改實八算，興，執而俟。執所取算。

乃射。若中，則釋獲者每一个釋一算，上射於右，下射於左。若有餘算，則反委之。委餘算，禮貴異。

又取中之八算，改實八算于中，興，執而俟。三耦卒射。

右三耦再射釋獲

賓降，取弓矢于堂西。不敢與君竝俟告取之以升侯君事畢。○君待告乃取弓矢。

諸公卿則

適次繼三耦以南言繼三耦明在大夫北○此適次亦過次前至堂東三耦之南西面立也公將射則司馬師命負侯皆執其旌以負其侯而俟君尊若始焉司馬師反位隷僕人埽侯道新之司射去扑適阼階下告射于公公許適西階東告于賓告當射也今文曰阼階下無適遂搢扑反位小射正一人取公之決拾于東坫上一小射正授弓拂弓皆以俟于東堂授弓當授大射正拂弓去塵公將射則賓降適堂西袒決遂執弓搢三挾一个升自西階先待于物北北一笴東面立不敢與君併笴矢榦東面立鄉君也司馬升命去侯如初還右乃降釋弓反位還右還君之右也猶出下射之南還其後也今文曰右還公就物小射正奉決拾以笥大射正執弓皆以從於物笥萑葦器大射正舍司正

親其職。○大射正，初爲擯者，復自擯者立爲司正，至此又舍司正來執弓也。 小射正坐奠笥于物南，遂拂以巾，取決，興，贊設決，朱極三。極猶放也，所以韜指利放弦也。以朱韋爲之，三者，食指、將指、無名指。無極放弦，契於此指，多則痛，小指短，不用。 小臣正贊袒，公袒朱襦，卒袒，小臣正退俟于東堂。 小射正又坐取拾，興，贊設拾，以笥退奠于坫上，復位。既袒乃設拾，拾當以韝襦上。 大射正執弓，以袂順左右隈，上再下壹，左執弣，右執簫，以授公，公親揉之。順，放之也。隈，弓淵也。揉，宛之，觀其安危也。今文順爲循，古文揉爲紐。○隈，烏回反。揉，而九反。 小臣師以巾內拂矢，而授矢于公，稍屬。內拂，恐塵及君也。稍屬，不搢矢。○稍屬者，發一矢，乃復授一矢，接續而授也。○屬，之玉反。 大射正立于公後，以矢行告于公。若不中，使君當知而改其度。 下曰留，上曰揚，左右曰方。留，不至也。揚，過去也。方，出旁也。

公既發大射正受弓而俟拾發以將乘矢公下射也而先發不留尊也公卒射小臣師以巾退反位大射正受弓受弓以授有司於東堂小射正以笥受決拾退奠于坫上復位大射正退反司正之位小臣正贊襲公還而后賓降釋弓于堂西反位于階西東面階西東面賓降位公即席司正以命升賓賓升復筵而后卿大夫繼射

右君與賓耦射

諸公卿取弓矢于次中袒決遂執弓搢三挾一个出西面揖揖如三耦升射卒射降如三耦適次釋弓說決拾襲反位衆皆繼射釋獲皆如初諸公卿言取弓矢衆言釋獲互言也卒射釋獲者遂以所執餘獲

倬案如第一番射後取矢

適阼階下。北面告于公曰左右卒射。司射不言告者釋獲者於是有事宜終之也餘獲餘算也無餘算則無所執古文曰餘筭反位坐委餘獲于中西興共而俟

右公卿大夫及衆耦皆射

司馬袒執弓升命取矢如初負侯許諾以旌負侯如初司馬降釋弓如初小臣委矢于楅如初司馬司馬正於是司馬師亦坐乘矢賓諸公卿大夫之矢皆異束之以茅卒正坐左右撫之進束反位異束大夫矢尊殊之也正司馬正也進前也又言束整結之示親也賓之矢則以授矢人于西堂下是言矢人則納射器之有司各以其器名官職不言君矢小臣以授矢人于東堂下可知司馬釋弓反位而后卿大夫升就席此言其升前小臣委矢于楅○方司馬釋弓反位卿大夫即升就席是其升在小臣委矢之前以上文類

言如初諸事故至此始特言之

右射訖取矢

司射適階西釋弓去扑襲進由中東立于中南北面視算釋弓去扑射事已也釋獲者東面于中西坐先數右獲固東面矣復言之者少南就右獲二算爲純純猶全也耦陰陽也一純以取實于左手十純則縮而委之縮從也於數者東西爲從古文縮皆作蹙每委異之易校數有餘純則橫諸下又異之也自近爲下一算爲奇奇則又縮諸純下又從之興自前適左從中前北也更端故起東面坐少北於故坐兼斂算實于左手一純以委十則異之變於右也其餘如右獲謂所縮所橫者○按釋獲者在中西東面而釋獲其右獲之算在中南左獲之算在中北故此數右獲則註云少南就右

獲數左獲則註云從中前北又云少北於故也司射復位釋獲者遂進取賢獲執之由阼階下北面告于公賢獲勝黨之算也執之者齊而取其餘若右勝則曰右賢於左若左勝則曰左賢於右以純數告若有奇者亦曰奇告曰某賢於某若干純若干奇若左右鈞則左右各執一算以告曰左右鈞還復位坐兼斂算實八算于中委其餘于中西興共而俟

右數左右獲算多少

司射命設豐當飲不勝者射爵司宮士奉豐由西階升北面坐設于西楹西降復位勝者之弟子洗觶升酌散南面坐奠于豐上降反位弟子其少者也不授者射爵猶罰爵略之司射遂袒執弓挾一个搢扑東面于三

耦之西。命三耦及衆射者。勝者皆袒決遂。執張弓。執張弓，言能用之也。右手挾弦。不勝者皆襲說決拾。卻左手。右加弛弓于其上。遂以執弣。固襲說決拾矣，復言之者，起勝者也。不勝者執弛弓，言不能用之也。兩言執弣，無所挾也。司射先反位。居前俟所命入次而來飲。三耦及衆射者皆升飲射爵于西階上。不勝之黨無不飲。○疏曰：大射者所以擇士以助祭，今若在於不勝之黨，雖數中亦受罰，及其助祭，雖飲射爵，亦得助祭。但在勝黨，雖不飲罰爵，若不數中，亦不得助祭。飲罰據一黨而言，助祭取一身之藝，義固不同也。小射正作升飲射爵者。如作射。一耦出。揖如升射。及階。勝者先升。升堂少右。先升，尊賢也。少右，辟飲者。亦因相飲之禮然。○獻酬之禮，獻者在右也。不勝者進。北面坐取豐上之觶。興。少退。立卒觶。進坐奠于豐下。興揖。立卒觶，不祭不拜，受罰不備禮也。右手執觶，左手執弓。不勝者先降。

儀禮鄭註句讀

大夫二字依師說補

後升先降畧之不由次也降而少右復竝行與升飲者相左交于階前相揖適次釋弓襲反位僕人師繼酌射爵取觶實之反奠于豐上退俟于序端僕人師酌者君使之代弟子也自此以下辯爲之酌升飲者如初三耦卒飲若賓諸公卿大夫不勝則不降不執弓耦不升此耦謂士也諸公卿或闕士爲之耦者不升其諸公卿大夫相爲耦者不降席重恥尊也僕人師洗升實觶以授賓諸公卿大夫受觶于席以降適西階上北面立飲卒觶授執爵者反就席雖尊亦西階上立飲不可以已尊枉正罰也授爵而不奠豐尊大夫也若飲公則侍射者降洗角觶升酌散降拜侍射賓也飲君則不敢以爲罰從致爵之禮也○角觶疏以爲以兕角爲之對下文飲君象觶而言仍是三升之觶非四升曰角之角也公降一等小臣

正辭。賓升再拜稽首。公答再拜。賓坐祭卒爵再拜稽首。公答再拜。賓降洗象觶升酌膳以致下拜。小臣正辭升再拜稽首。公答再拜。公卒觶。賓進受觶。降洗散觶升實散下拜。小臣正辭升再拜稽首。公答再拜。賓復酌自飲者，夾爵也。但如致爵，則無以異於燕也。夾爵亦所以耻公也。所謂若飲君燕則夾爵。○註末引鄉射文若云若飲君用燕禮致爵之法其異者夾爵耳。賓坐不祭卒觶降奠于篚。階西東面立。不祭，象射爵。擯者以命升賓。賓升就席。擯者，司正也。今文席爲筵。若諸公卿大夫之耦不勝。則亦執弛弓特升飲。此耦亦謂士也。特猶獨也。以尊爲耦而又不勝，使之獨飲。若無倫匹，孤賤也。衆皆繼飲射爵如三耦。射爵辯乃徹豐與觶也。徹，除。

右飲不勝者

司宮尊侯于服不之東北兩獻酒東面南上皆加勺設洗于尊西北篚在南東肆實一散于篚爲大侯獲者設尊也言尊侯者獲者之功由侯也不於初設之者不敢必君射也君不射則不獻大侯之獲者散爵名容五升○獻素何反司馬正洗散遂實爵獻服不言服不者著其官尊大侯也服不司馬之屬掌養猛獸而教擾之者洗酌皆西面○服不卽獲者也前此皆言獲者以其事名之至此乃著其官是尊大侯也服不侯西北三步北面拜受爵近其所爲獻○服不得獻以侯之故則侯是其所爲獻也故近侯而不近乏司馬正西面拜送爵反位不侯卒爵畧賤也此終言之獻服不之徒乃反位○此段鄭註可疑當以經文爲正服不之徒或在司馬師所獻之中耳宰夫有司薦庶子設折俎宰夫有司宰夫之吏也鄉射記曰獲者之俎折脊脅肺卒錯獲者適右个

薦俎從之不言服不言獲者國君大侯服不負侯其徒居之待獲變其文容二人也司馬正皆獻之薦俎巳錯乃適右个明此獻己已歸功於侯也適右个由侯內鄉射記曰東方謂之右个○信如註言司馬正並獻二人當用二爵經文明言實一散于篚安得有二爵乎司馬正所獻決是服不氏一人其徒則司馬師獻隸僕巾車後乃獻之服不本下士其徒庶人在官者故可後也○圖解錯音厝个音幹　獲者左執爵右祭薦俎二手祭酒祭俎不奠爵不備禮也二手祭酒者獲者南面於俎北當爲侯祭於豆間爵反注爲一手不能正也此薦俎之設如於北面人焉天子祝侯曰唯若寍侯無或若女不寍侯不屬於王所故抗而射女彊飲彊食貽女曾孫諸侯百福諸侯以下祝辭未聞○祝之又反　適左个祭如右个中亦如之先祭个後中者以外即之至中若神在中鄉射禮曰獻獲者俎與薦皆三祭　卒祭左个之西北三步東面北鄉受獻之位也不北面者嫌爲侯卒爵　設薦俎立卒爵不言不拜既爵司馬正己反位不拜可知也鄉射禮曰獲者薦右東面立飲　司馬師受虛爵洗

獻隸僕人與巾車獲者皆如大侯之禮。隸僕人埽侯道巾車張大侯及參侯干侯之獲者其受獻之禮如服不也隸僕人巾車於服不之位受之功成於大侯也不言量人者此自後以及先可知卒司馬師受虛爵奠于篚獲者之篚獲者皆執其薦庶子執俎從之設于乏少南。少南爲復射妨旌也隸僕人巾車量人自服不而南服不復負侯而俟

右獻獲者

司射適階西去扑適堂西釋弓說決拾襲適洗洗觶升實之降獻釋獲者于其位少南。獻釋獲者與獲者異文武不同也去扑者扑不升堂也少南辨中○釋獲者太史也少南辨中者獻釋獲者於其位之南欲其稍遠乎中與獻獲者近侯有異也薦脯醢折俎皆有祭俎與服不同唯祭一爲異○服不之俎與薦皆有三祭以其祭侯三處各用其一也釋獲者薦右東面拜

受爵司射北面拜送爵釋獲者就其薦坐左執爵右祭脯醢興取肺坐祭遂祭酒祭俎不奠爵亦賤不備禮興司射之西北面立卒爵不拜既爵司射受虛爵奠于篚釋獲者少西辟薦反位辟薦少西之者爲復射妨司射視算亦辟俎也司射適堂西袒決遂取弓挾一个適階西搢扑以反位爲將復射

右獻釋獲者第二番射事竟

司射倚扑于階西適阼階下北面請射于公如初不升堂賓諸公卿大夫既射矣聞之可知○此下言第三番射以樂爲節之儀射前有諸公卿大夫拾取矢正射不鼓不釋射後三耦及衆射者又拾取矢此三事爲異其餘並如釋獲之射及搢扑適次命三耦皆袒決遂執弓序出取

矢。歸言拾是言序五言耳。司射先反位。言先先三耦也。司射既命三耦以入次之事，即反位。三耦入次袒決遂執弓挾矢，乃出反次外西面位。歸不言司射先反位，三耦未有次外位，無所先也。○註挾矢字衍。三耦拾取矢如初。小射正作取矢如初。小射正，司射之佐。作取矢，禮殺，代之。三耦既拾取矢，諸公卿大夫皆降，如初位，與耦入於次，皆袒決遂執弓，皆進當楅。進坐說矢束。上射東面，下射西面，拾取矢如三耦。皆進當楅，進三耦揖之位也。凡繼射，命耦而已，不作射，不作取矢，從初。○降如初位，三耦南之位也。註繼射謂繼三耦而射，從初謂從三耦之法，繼射者皆從耦法，故不再命之也。若士與大夫爲耦，士東面，大夫西面。大夫進坐說矢束，退反位。說矢束自同於三耦，謙也。○欲與其耦拾取也。耦揖進坐，兼取乘矢，興，順羽，且左還，毋周，反面揖。兼取乘矢，不敢與大夫拾。大夫進坐，亦兼取乘矢，如其耦北面搢三挾一个揖進大夫與其耦皆適次釋弓說決拾襲反位諸公卿升就席大夫反位諸公卿乃升就席大夫與己上下位○諸公卿大夫自爲耦者拾取矢在前大夫與士耦者取矢在後前取矢者待于三耦之南至大夫與耦取矢反位乃與之同升就席以爵同故相待也衆射者繼拾取矢皆如三耦遂入于次釋弓矢說決拾襲反位

右將以樂射射者拾取矢

司射猶挾一个以作射如初一耦揖升如初司馬升命去侯負侯許諾司馬降釋弓反位司射與司馬交于階前倚扑于階西適阼階下北面請以樂于公公許請奏樂以爲節也始射獲而未釋獲復釋獲復用樂行之君子之於事始取苟能中課有功終用成法教化之漸也射用應樂爲難孔子曰射者何以聽循聲而發發而不失正鵠者其

唯賢者乎。司射反搢扑東面命樂正曰命用樂。言君有命用樂射也。樂正在工南北面。○疏曰：此時工在洗東西面，樂正在工南北面，司射在西階下東面，經云命樂正者，東面遙命之。樂正曰諾。司射遂適堂下北面眡上射，命曰不鼓不釋。不與鼓節相應，不釋算也。鼓亦樂之節。學記曰：鼓無當於五聲，五聲不得不和。凡射之鼓節，投壺其存者也。周禮射節，天子九，諸侯七，卿大夫以下五。上射揖，司射退反位。樂正命大師曰奏貍首間若一。樂正西面受命，左還東面命大師，以大射之樂章使奏之也。貍首，逸詩曾孫也。貍之言不來也。其詩有射諸侯首不朝者之言，因以名篇，後世失之，謂之曾孫。曾孫者，其章頭也。射義所載詩曰曾孫侯氏是也。以爲諸侯射節者，采其既有弧矢之威，又言小大莫處御於君所，以燕以射，則燕則譽，有樂以時會君事之志也。間若一者，調其聲之疏數，重節。○聲之疏數，必使勺適如一，以射禮所重在於能循此節也。○圖解貍，里之反。大師不興許諾。樂正反位。奏貍首以射。三耦卒射。賓待于物如初公樂作而后就物稍屬不以樂志其他如初儀不以樂志君之射儀遲速從心其發不必應樂辟不敏也志意所擬度也春秋傳曰吾志其目○云如初者皆如上第二番射法唯作樂爲異耳卒射如初賓就席諸公卿大夫衆射者皆繼射釋獲如初卒射降反位釋獲者執餘獲進告左右卒射如初

右以樂節射

司馬升命取矢負侯許諾司馬降釋弓反位小臣委矢司馬師乘之皆如初司射釋弓視算如初釋獲者以賢獲與鈞告如初復位

右樂射後取矢數獲

司射命設豐實觶如初遂命勝者執張弓不勝者執弛弓升飲如初卒退豐與觶如初

右樂射後飲不勝者

司射猶袒決遂左執弓右執一个兼諸弦面鏃適次命拾取矢如初側持弦矢曰執面猶偭也兼矢於弦尙鏃將止變於射也司射反位三耦及諸公卿大夫衆射者皆袒決遂以拾取矢如初矢不挾兼諸弦面鏃退適次皆授有司弓矢襲反位不挾亦謂執之如司射卿大夫升就席

右樂射後拾取矢

司射適次釋弓說決拾去扑襲反位司馬正命退楅解綱小臣

師退福巾車量人解左下綱司馬師命獲者以旌與薦俎退解猶釋也今文司馬師無司馬司射命釋獲者退中與算而俟諸所退射器皆俟備君復射釋獲者亦退其薦俎

右三番射竟退諸射器將坐燕以終禮

公又舉奠觶唯公所賜若賓若長以旅于西階上如初大夫卒受者以虛觶降奠于篚反位

右為大夫舉旅酬

司馬正升自西階東楹之東北面告于公請徹俎公許射事既畢禮殺人倦宜徹俎燕坐遂適西階上北面告于賓賓北面取俎以出諸公卿

取俎如賓禮。遂出授從者于門外。自其從者。大夫降復位。門東北面位。○疏云。大夫降者。大夫雖無俎。以賓公卿皆送俎。不可獨立於堂。故降復位。云門東北面位。初小臣納卿大夫門東北面揖位也。下文賓諸公卿皆入門東面北上。謂在西階下。知大夫不在西階下者。以其西階下舊無位。此云復位。故知非西階下也。公卿入西階下。以將燕。亦因從賓。此時公卿未入。大夫無可從。不可獨居西階。故在門東北面也。

庶子正徹公俎。降自阼階以東。降自阼階若親徹也。以東去藏。

賓諸公卿皆入門東面北上。諸公卿不入門而右。以將燕。亦因從賓。

司正升賓。賓諸公卿大夫皆說屨升就席。公以賓及卿大夫皆坐乃安。繇命以我安。臣於君尙猶蹴踖。至此乃敢安。

羞庶羞。羞。進也。庶。衆也。所進衆羞。謂臐肝膋狗胾醢也。或有炮鱉膾鯉雉兔鶉鴽。

大夫祭薦。燕乃祭薦。不敢於盛成禮。○賓與卿。皆於獻時祭薦。

司正升受命。皆命。公曰。衆無不醉。賓及諸公卿大夫皆興。對曰諾敢不醉皆反位坐皆命者命賓命諸公命卿大夫皆鄉其位也興對必降席敬也司正退立西序端○疏云經直云興不言降席鄭知降席者以爲反坐故知降席也知司正退立西序端者案司正監酒此將獻士事未訖亦如鄉飲酒監旅時立于西序端也

右徹俎安坐

主人洗酌獻士于西階上士長升拜受觶主人拜送獻士用觶士賤也今文觶作觚士坐祭立飲不拜既爵其他不拜坐祭立飲其他謂衆士也升不拜受爵乃薦司正與射人于觶南北面東上司正爲上司正射人士也以齒受獻既乃薦之也司正大射正也射人小射正署其佐○疏曰案燕禮薦司正與射人一人司士一人執冪二人此不言其數又不言司士與執冪文不具辯獻士士既獻者立于東方西面北上乃薦士士既

獻易位者以卿大夫在堂臣位尊東也畢獻薦之畧賤。祝史小臣師亦就其位而薦之。亦者亦士也辯獻乃薦也祝史門東北面東上。主人就士旅食之尊而獻之。旅食不拜受爵，坐祭，立飲。主人既酌西面士旅食北面受之不洗者於賤畧之也。主人執虛爵奠于篚，復位。

右主人獻士及旅食

賓降洗，升媵觶于公，酌散，下拜。公降一等，小臣正辭。賓升，再拜稽首，公答再拜。賓受公賜多矣禮將終宜勸公序厚意也今文觶爲觚公答拜無再拜。賓坐祭，卒爵，再拜稽首，公答再拜。賓降洗象觚，升酌膳，坐奠于薦南，降拜。小臣正辭。賓升成拜，公答拜。賓反位。反位反席也此觚當爲觶○疏云戸牖之間位則有席。凡旅酬皆用觶。故知觚當爲觶。公坐取賓所媵觶興唯公所賜受者如初受酬之禮降更爵洗升酌膳下再拜稽首小臣正辭升成拜公答拜乃就席坐行之坐行之若今坐相勸酒。有執爵者士有盥升主酌授之。唯受于公者拜公所賜者拜其餘則否。司正命執爵者爵辯卒受者興以酬士欲令惠均。○司正以酬士命大夫下文方言酬節此其命之辭也。大夫卒受者以爵興西階上酬士士升大夫奠爵拜士答拜與酬士者士立堂下與上坐者異。大夫立卒爵不拜賓之士拜受大夫拜送士旅于西階上辯祝史小臣師旅食皆及焉。士旅酌旅序也士以次自酌相酬無執爵者。

右賓舉爵爲士旅酬

若命曰復射則不獻庶子獻庶子則正禮畢後無事○士旅酬後當獻庶子等如下節所陳若復射則暫止俟射畢乃獻**司射命射唯欲**司射命賓及諸公卿大夫射欲者則射不欲者則止可否之事從人心也**卿大夫皆降再拜稽首公答拜**拜若樂與臣下執事無已不言賓賓從羣臣禮在上**壹發中三侯皆獲**其功一也而和者益多尚歡樂也矢揚觸或有參中者○卿大夫主射參侯士主射豻侯矢或揚觸容中別侯皆得釋獲禮殺尚歡故優假之也

右坐燕時或復射

主人洗升自西階獻庶子于阼階上如獻士之禮辯獻降洗遂獻左右正與內小臣皆於阼階上如獻庶子之禮庶子既掌正六牲之體又正舞位授舞器與膳宰樂正聯事又掌國子戒令教治世子之官也左右正謂樂正僕人正也位在中庭之左右小樂正在頌

磬之北右也工在西則北面工遷於東則東面大樂正在笙磬之北左也工在西則西面工遷於東則北面僕人正相大師工升堂與其師士降立于小樂正之北北上工遷於東則陪其工後國君無故不釋縣二正君之近官也內小臣奄人掌君陰事陰令后夫人之官也獻三官於阼階別內外臣也同獻吏洗以時事不聯也獻正下及內小臣則磬人鍾人鑮人鼓人僕人師僕人士盡獻可知也庶子內小臣位在小臣師之東少退西上

右主人獻庶子等獻禮之終也

無筭爵筭數也爵行無次數唯意所歡醉而止士也有執膳爵者有執散爵者執膳爵者酌以進公公不拜受執散爵者酌以之公命所賜所賜者興受爵降席下奠爵再拜稽首公答再拜席下席西受賜爵者以爵就席坐公卒爵然後飲也酬之禮爵代舉今爵並行嫌不代並行猶代者明勸惠從尊者來執

膳爵者受公爵酌反奠之燕之歡在飲酒成其意也受賜者興授執散爵者執散爵者乃酌行之與其所歡者唯受于公者拜卒爵者興以酬士于西階上士升大夫不拜乃飲實爵乃猶而也士不拜受爵大夫就席士旅酌亦如之○亦如大夫之不拜而飲飲畢遂實爵也公有命徹冪則賓及諸公卿大夫皆降西階下北面東上再拜稽首命徹冪者公意殷勤欲盡酒公命小臣正辭公答拜大夫皆辟升反位升不成拜於將醉正臣禮士終旅於上如初卿大夫降而爵止於其反席卒之無筭樂升歌間合無次數唯意所樂

右燕末盡歡

宵則庶子執燭於阼階上司宮執燭於西階上甸人執大燭於

庭闇人爲燭於門外。宵夜也。燭燋也。甸人，掌共薪蒸者。庭大燭爲其位廣也。爲作也，作燭候賓出。賓醉，北面坐取其薦脯以降。取脯重得君之賜。奏陔。陔夏，樂章也。其歌頌類也。以鐘鼓奏之，其篇今亡。賓所執脯，以賜鐘人于門內霤，遂出。必賜鐘人，鐘人以鐘鼓奏陔夏，賜之脯，明雖醉志禮不忘樂。卿大夫皆出。從賓出。公不送。臣也。與之安燕交歡，嫌亢禮也。公入，鷔。鷔夏亦樂章也。以鐘鼓奏之，其詩今亡。此公出而言入者，射宮在郊，以將還爲入。燕不鷔者，於路寢無出入也。○諸侯大學在郊，是其大射之所。○鷔音驁。

右賓出公入

●凡六千八百五十八字

（百一十四）

儀禮

鄭氏註　濟陽張爾岐句讀

聘禮第八

鄭目錄云：大問曰聘。諸侯相於久無事，使卿相問之禮。小聘使大夫。周禮曰：凡諸侯之邦交，歲相問也，殷相聘也，世相朝也。於五禮屬賓禮。大戴第十四，小戴第十五，別錄第八。○疏云：事謂盟會之屬，若有事，事上相見，故鄭據久無事而言。又云：大行人云上公九介，侯伯七介，子男五介。諸侯之卿，各下其君二等，上公七介，侯伯五介，子男三介。若小聘使大夫，又下其卿二等。此聘禮是侯伯之卿大聘，以其經云五介，又及竟張旜，孤卿建旜，據侯伯之卿之聘也。

殷相聘三年一大聘也。

聘禮。君與卿圖事。○圖，謀也。謀聘故及可使者。謀事者必因朝，其位君南面，卿西面，大夫北面，士東面。○自此至不辭，言命使人之事。疏云：儀禮之內見諸侯三朝：燕朝，燕禮是也；射朝，大射是也。不見路門外正朝，當與二朝面位同。燕禮、大射皆云卿西面，大夫北面，士東面，公降階南面揖之，是以知正朝面位然也。○聘，匹正反。

遂命使者。遂，猶因也。

既謀其人因命之聘使卿。使所吏反**使者再拜稽首辭**辭以不敏**君不許乃退**退反位也受命者必進。不許者不許其辭也**既圖事戒上介亦如之**既已也戒猶命也已謀事乃命上介難於使者易於介。亦如其再拜辭不許乃退也**宰命司馬戒衆介衆介皆逆命不辭**宰上卿貳君事者也諸侯謂司徒爲宰衆介者士也士屬司馬周禮司馬之屬司士掌作士適四方使爲介逆猶受也。疏云天子有六卿諸侯兼官而有三卿立地官司徒兼冢宰立夏官司馬兼春官立冬官司空兼秋官故諸侯謂司徒爲宰也衆介不辭副使賤不敢辭

右命使

宰書幣書聘所用幣多少也宰又掌制國之用。○自此至所受書以行言授辭**命宰夫官具**宰夫宰之屬也命之使衆官具幣及所宜齎。○命之者宰也宰既書用幣之數遂命宰夫使官具之周禮宰夫掌百官府之徵令**及**

期夕幣。及猶至也。夕幣先行之日夕。陳幣而視之。重聘也。使者朝服帥衆介夕。視其事也。古文帥皆作率。管人布幕于寢門外。管猶館也。館人謂掌次舍帷幕者也。布幕以承幣。寢門外朝也。古文管作官。今文布作敷。○鄭註布幕以承幣。此幕非在上之幕。乃布之地以爲藉者。官陳幣。皮北首西上。加其奉於左皮上。馬則北面。奠幣于其前。奉所奉以致命。謂束帛及玄纁也。馬言則者。此亭主用皮。或時用馬。馬入則在幕南。皮馬皆乘。古文奉爲卷。今文無則。使者北面。衆介立于其左。東上。既受行。同位也。位在幕南。○未受命行已前。卿西面。大夫北面。士東面。面位各異。卿大夫在幕東。西面北上。大夫西面。辟使者。○疏曰。此謂處者。大夫常北面。今與卿同西面。故云辟使者。宰入告具于君。君朝服出門左。南鄉。入告。入路門而告。史讀書展幣。展猶校錄也。史幕東西面讀書。賈人坐撫其幣。每者曰在。必西面者。欲君與使者俱見之也。○疏云。賈人當在幕西。東面撫之。○賈音嫁。宰執書。告

敖氏云載謂載之於車幣此兼皮言也古者載幣之車以人推之春秋傳曰用幣必百輛百輛必千人

備具于君授使者使者受書授上介史展幣畢以書還授宰宰既告備以授使者其受授皆北面○疏曰云其授受皆北面者當宰以書授使者之時宰來至使者之東北面授使者使者北面授介三者皆北面向君故也公揖入揖禮羣臣官載其幣舍于朝待旦行也○官謂官人從賓行者舍止于朝須守幣也上介視載者監其安處之畢乃出所受書以行為當復展○上介所受之書則將之以行為至彼國竟上當復展也

正義此朝即路門外朝也

右授幣

厥明賓朝服釋幣于禰告為君使也賓使者謂之賓尊之也天子諸侯將出告羣廟大夫告禰而已凡釋幣設洗盥如祭○自此至亦如之言使者與上介將行告禰告無牲直用幣而已執幣須潔當有洗以盥手其設洗如祭時

有司筵几于室中祝先入主人從入主人在右再拜祝告又再

拜更云主人者廟中之稱也祝告告以主人將行也○主人亦謂使者釋幣制玄纁束奠于几下出祝釋之也凡物十曰束玄纁之率玄居三纁居二朝貢禮云純四只制丈八尺○制玄纁束丈八尺之玄纁其數十卷也疏云純謂幅之廣狹制謂舒之長短○率音律只音紙主人立于戶東祝立于牖西少頃之間示有俟於神又入取幣降卷幣實于笲埋于西階東又入者祝也埋幣必盛以器若藏之然○笲音煩又釋幣于行告將行也行者之先其古人之名未聞天子諸侯有常祀在冬大夫三祀曰門曰行曰厲喪禮有毀宗躐行出于大門則行神之位在廟門外西方不言埋幣可知也今時民春秋祭祀有行神古之遺禮乎遂受命賓須介來乃受命也言遂者明自是出不復入上介釋幣亦如之如其於禰與行

右將行告禰與行

上介及衆介俟于使者之門外俟待也待於門外東面北上○自此至斂旜言賓介向君朝受

李氏云旜通以絳帛爲之無他色之飾所謂周之大赤也

李氏云繅者以韋衣木畫以雜采以之薦玉又以五綵組繫焉有事則組或垂或屈之垂者垂之向下屈者屈之于手凡言屈垂者皆據組言之胡氏義以爲組與韋相同一物不得分爲二故經言垂繅屈繅也

命卽行

使者載旜帥以受命于朝旜旌旗屬也載之者所以表識其事也周禮曰通帛爲旜又曰孤卿建旜至于朝門使者北面東上古文旜皆爲膳○疏云凡諸侯三門皋應路路門外有常朝位下文君臣皆朝列位乃使卿進使者使者乃入至朝卽此朝門者皋門外矣○旜之然反**君朝服南鄉卿大夫西面北上**

君使卿進使者進之者使者謙不敢必君之終使已**使者入及衆介隨入北面東上**

君揖使者進之上介立于其左接聞命進之者有命宜相近也接猶續也○接聞命者上介所立之位近于使者使者述命可接續而聞也**賈人西面坐啓櫝取圭垂繅不起而授宰**賈人在官知物賈者繅所以藉圭也其或拜則奠于其上今文繅作璪○疏謂繅有二種一者以木爲中幹以韋衣之其或拜則以藉圭一者以絇組爲之所以繫玉於韋版此云垂繅屈繅則絇組之繅也愚謂據疏所言仍是一物韋版絇組相待爲用何得言一也

宰執圭屈繅自公左授使者屈繅者斂之禮以相變爲敬也自公

左贊幣之義○少儀云詔辭自右贊幣自左使者受圭同面垂繅以受命同面者宰就使者北
面竝授之既授之而君出命矣凡授受者授由其右受由其左既述命同面授上介述命者循君之言重
失誤○使者受命又重述之以告上介故上文云接聞命也上介受圭屈繅出授賈人衆介
不從賈人將行者在門外北面○對上賈人是留者受享束帛加璧受夫人之聘璋享
玄纁束帛加琮皆如初享獻也既聘又獻所以厚恩惠也帛今之璧色繒也夫人亦有聘享者以其與
已同體爲國小君也其聘用璋取其半圭也君享用璧夫人用
琮天地配合之象也圭璋特達瑞也璧琮有加往德也周禮曰
瑑圭璋璧琮以覜聘○束帛玄纁前授幣時已授矣此復言者
以方授璧琮取其相配之物兼言之如云享時束帛上所加之
璧玄纁束帛上所加之琮耳周禮曰瑑圭璋璧琮以頫聘出聘
之玉以瑑爲文非君所執之圭與璧也如初者如受圭之儀也
○瑑大轉反音篆遂行舍於郊於此脫舍衣服乃即道也曲禮曰凡爲君使已受命君言不宿於家斂旜

此行道耳未有事也斂藏也

右受命遂行

若過邦至于竟使次介假道束帛將命于朝曰請帥奠幣至竟而假道諸侯以國爲家不敢直徑也將猶奉也帥猶道也請道己道路所當由○自此至執筴立于其後言過他邦假道之禮下大夫取以入告出許遂受幣言遂者明受其幣非爲許故也容其辭讓不得命也餼之以其禮上賓大牢積唯芻禾介皆有餼凡賜人以牲生曰餼餼猶稟也給也以其禮者尊卑有常差也常差者上賓上介牲用大牢羣介用少牢米皆百筥牲陳于門內之西北面米設于中庭上賓上介致之以束帛羣介則牽羊焉上賓有禾十車芻二十車禾以秣馬○積唯芻禾謂所致之積唯芻與禾無米車也介但有餼無積○餼許氣反積子賜反秣音末士帥沒其竟沒盡誓于其竟賓南面上介西面衆介北

面東上史讀書司馬執策立于其後此使次介假道止而誓也賓南面專威信也史於衆介之前北面讀書以勑告士衆爲其犯禮暴掠也禮君行師從卿行旅從司馬主軍法者執策示罰○疏云此誓當在使次介假道之時止而誓因上說彼國禮法訖乃更却本而言之不謂此士帥沒竟後

右過他邦假道

未入竟壹肄謂於所聘之國竟也肄習也習聘之威儀重失誤○自此至不習私事言將至豫習威儀**爲壝壇畫階帷其北無宮**壝土象壇也帷其北宜有所鄉依也無宮不壝土畫外垣也○疏曰案覲禮與司儀同爲壇三成宮方三百步此則無外宮其壇壝土爲之無成又無尺數象之而已愚案廣韻壝埒也壇也葢壇之形埒也壇須築土高厚有階級壝則略除地聚土令有形埒而已此壝壇兼言壝亦有壇名也○壝以垂反**朝服無主無執也**不立主人主人尊也不執玉不敢褻也徒習其威儀而已**介皆與北面西上**入門左之位也古文與作

豫。**習享士執庭實**士士介也庭實必執之者皮則有攝張之節**習夫人之聘享亦如之習公事不習私事**公事致命者也○公事謂君聘享夫人聘享及問卿大夫皆致君命行之者私事謂私覿於君私面於卿大夫之事

右豫習威儀

及竟張旜誓及至也張旜明事在此國也張旜謂使人維之○自此至遂以入竟言賓至竟謁關迎入之事誓亦警戒從人使勿犯禮**乃謁關人**謁告也古者竟上爲關以譏異服識異言○周禮司關職云凡四方之賓客叩關則爲之告**關人問從者幾人**欲知聘問且爲有司當共委積之具○疏曰不問使人而問從者關人卑者不敢輕問尊者故問從者又云問得從者即知使者是大聘是小聘卿行旅從大夫小聘當百人從也○幾居豈反**以介對**以所與受命者對謙也聘禮上公之使者七介侯伯之使者五介子男之使者三介以其代君交於列國是以貴之周禮

曰凡諸侯之卿其禮各下其君二等○上公介九人諸侯介七人子男介五人卿下其君二等大夫又各下卿二等不以從者對而以介對註云謙也固是亦以知介數即爲聘爲問可知其從者多少亦可知也

君使士請事遂以入竟請猶問也問所爲來之故也遂以入因道之○賓向來猶停關外君使士請事訖因道以入本使士迎之而必先請事者君子不必入也

右至竟迎入

入竟斂旝乃展復校錄幣重其事斂旝變於始入○自此至賈人之館言入竟三度展幣之事布幕賓朝服立于幕東西面介皆北面東上賈人北面坐拭圭拭淸也側幕而坐乃開櫝遂執展之持之而立告在上介北面視之退復位言退復位則視圭進違位退圭圭璋尊不陳之陳皮北首西上又拭璧展之會諸其幣加于左皮上

上介視之退會合也諸於也古文曰陳幣北首○疏曰璧言合諸幣者享時當合故今亦合而陳之馬則幕南北面奠幣于其前前當前幕上展夫人之聘享亦如之賈人告于上介上介告于賓展夫人聘享上介不視貶於君也賈人既拭璋琮南面告于上介上介於是乃東面以告賓亦所謂放而文之類有司展羣幣以告羣幣私覿及大夫者有司載幣者自展自告及郊又展如初郊遠郊也周制天子畿內千里遠郊百里以此差之遠郊上公五十里侯伯三十里子男十里也近郊各半之及館展幣於賈人之館如初館舍也遠郊之內有候館可以小休止沐浴展幣不于賓館者爲主國之人有勞問己者就焉便疾也

右入竟展幣

賓至于近郊張旜君使下大夫請行反君使卿朝服用束帛勞

請行問所之也雖知之謙不必也士請事大夫請行卿勞彌尊賓也其服皆朝服○自此至遂以賓入言賓至近郊君與夫人使人勞賓**上介出請入告賓禮辭迎于舍門之外再拜**出請出門西面請所以來事也入告入北面告賓也每所及至皆有舍其有來者與皆出請入告于此言之者賓彌尊事彌録**勞者不答拜**凡爲人使不當其禮**賓揖先入受于舍門內**不受于堂此主於侯伯之臣也公之臣受勞於堂○疏曰知公之臣受勞於堂者案司儀云諸公之臣相爲國客及大夫郊勞三辭拜辱三讓登聽命是公之臣受勞於堂之事**勞者奉幣入東面致命**東面鄉賓○疏曰賓在館如主人當入門西面故勞者東面向之也**賓北面聽命還少退再拜稽首受幣勞者出**北面聽命若君南面然少退象降拜**授老幣**老賓之臣**出迎勞者**欲儐之○司儀註云上於下曰禮敵者曰儐此言儐者欲見賓以禮禮使者**勞者禮辭賓揖先入勞者從之乘皮設**設於門內也物四曰乘皮麋鹿皮也○設乘皮以儐勞者每皮

一人執之賓用束錦儐勞者言儐者賓在公館如家之義亦以來者爲賓○儐必刃反勞者再拜稽首受稽首尊國賓也賓再拜稽首送幣受送拜皆北面象階上○疏云案歸饔餼賓儐大夫時賓楹間北面授幣大夫西面受此賓亦宜與彼同北面授還北面拜送若然云受送拜皆北面者誤當云授送拜皆北面竝據賓而言也愚謂如疏言則拜字不得連下讀當云授拜送不當作送拜勞者揖皮出乃退賓送再拜揖皮出東面揖執皮者而出○疏云執皮者在門內當門勞者在執皮之西故知東面揖皮揖之若親受之又執皮是賓之使者執皮者得揖從出勞者從人當訝受之夫人使下大夫勞以二竹簋方玄被纁裏有蓋竹簋方者器名也以竹爲之狀如簋而方如今寒具筥筥者圜此方耳○簋音甫其實棗蒸栗擇兼執之以進兼猶兩也右手執棗左手執栗賓受棗大夫二手授栗受授不游手慎之也○疏云初兩手俱用既授棗而不兩手共授栗則是游暇一手不愼也賓之受如初禮如卿勞之儀○如其

北面再拜也儐之如初下大夫勞者遂以賓入出以束錦授從者因東面釋辭請導之以入然則賓送不拜

右郊勞

至于朝主人曰不腆先君之祧既拚以俟矣埽席前曰拚賓至外門下大夫入告出釋此辭主人者公也不言公而言主人主人接賓之辭明至欲受之不敢稽賓也腆猶善也遷主所在曰祧周禮天子七廟文武為祧諸侯五廟則祧始祖也是亦廟也言祧者祧尊而廟親待賓客者上尊者○自此至皆少牢言賓初至不即行禮主國致館設飧之事○拚方門反音僨賓曰俟閒賓之意不欲奄卒主人也且以道路悠遠欲沐浴齋戒俟閒未敢聞命○俟閒者俟君燕閒乃敢進見也○卒寸忽反齋側皆反大夫帥至于館卿致館致至也賓至此館主人以上卿禮致之所以安之也○以上卿禮致之謂使上卿以束帛之禮致之也周禮司儀職云諸公之臣相為國客致館如初之

儀鄭註云如郊勞也不償耳郊勞用束帛則此致館亦用束帛可知也

賓迎再拜卿致命賓再拜稽首卿退賓送再拜

卿不俟設飧之畢以不用束帛致故也不用束帛致之者明為新至非大禮也○註不用束帛致之指設飧而言也設飧禮輕故可畧也致館有束帛致飧空以辭致君命無束帛○飧音孫

宰夫朝服設飧

食不備禮曰飧詩云不素飧兮春秋傳曰方食魚飧皆謂是

飪一牢在西鼎九羞鼎三腥一牢在東鼎七

中庭之饌也飪熟也熟在西腥在東象春秋也鼎西九東七凡其鼎實與其陳如陳饔餼羞鼎則陪鼎也以其實言之則曰羞以其陳言之則曰陪○疏曰云中庭之饌也者對下文是堂上及門外之饌也云鼎西九東七者九謂正鼎九牛羊豕魚腊腸胃膚鮮魚鮮腊東七者腥鼎無鮮魚鮮腊故七陪鼎三則下云膷臐膮是也

堂上之饌八西夾六

八六者豆數也凡饌以豆為本堂上八豆八簋六鉶兩簠八壺西夾六豆六簋四鉶兩簠六壺其實與其陳亦如饔餼

門外米禾皆二十車

禾槀實并刈者也諸侯之禮車米視生牢禾視死牢牢十

車。大夫之禮，皆視死牢而已，雖有生牢，不取數焉。米陳門東，禾陳門西。○刈，魚廢反。薪芻倍禾。各四十車。凡此之陳，亦如饔餼。上介餁一牢，在西，鼎七，羞鼎三，堂上之饌六，門外米禾皆十車，薪芻倍禾。西鼎七，無鮮魚鮮腊。衆介皆少牢。亦餁在西，鼎五，羊、豕、腸胃、魚、腊，新至尚熟。堂上之饌四豆、四籩、兩鉶、四壺，無簠。

右致館設飧

厥明，訝賓于館。此訝，下大夫也。以君命迎賓謂之訝。訝，迎也。亦皮弁。○自此至賓不顧，皆主國庿中所行之禮。其爲公禮者有五：聘一，享一，聘夫人一，享夫人一，若有言者又一。於是主君禮賓。其爲私禮者有二：賓私覿一，介私覿一。公乃送賓出，又有問君、問大夫之儀。此聘之正禮也，分爲四節。賓皮弁聘，至于朝，賓入于次。服皮弁者，朝聘主相尊敬也。諸侯視朔皮弁服。入于次者，俟辦也。次在大門外之西，以帷爲之。○下記云：宗人授次，次以帷，少退于君之次○辦蒲莧反**乃陳幣**有司入于主國廟門外以布幕陳幣如展幣焉圭璋賈人執櫝而俟**卿爲上擯大夫爲承擯士爲紹擯擯者出請事**擯爲主國之君所使出接賓者也紹繼也其位相承繼而出也主君公也則擯者五人侯伯也則擯者四人子男也則擯者三人聘義曰介紹而傳命君子於其所尊不敢質敬之至也既知其所爲來之事復請之者賓來當與主君爲禮爲其謙不敢斥尊者啓發以進之於是時賓出次直闑西北面上擯在闑東閾外西面其相去也公之使者七十步侯伯之使者五十步子男之使者三十步此旅擯耳不傳命上介在賓西北東面承擯在上擯東南西面各自次序而下末介末擯旁相去三丈六尺上擯之請事進南面揖賓俱前賓至末介上擯至末擯亦相去三丈六尺止揖而請事還入告于公天子諸侯朝覲乃命介紹傳命耳其儀各鄉本受命反面傳而下及末則鄉受之反面傳而上又受命傳而下亦如之此三丈六尺者門容二徹參个旁加各一步也今文無擯○註云此旅擯耳不傳命者謂卿大夫聘問上擯受公命出門南面遙揖賓使前上擯漸南行賓至末介北東面上擯至末擯南西面東西立定乃揖而請所爲來

之事賓對訖上擯入告公上擯與賓親自問對是旅擯不傳命也若諸侯朝天子受享於廟或諸侯自相朝則擯受命而出遞傳於介介傳於賓介又受賓之辭遞傳於擯擯又傳而入謂之交擯此介紹傳命法也註云門容二轍參个者車轍廣八尺天子之門容二十四尺是爲八尺者三又加二步一十二尺爲三丈六尺 **公皮弁迎賓于大門內大夫納賓**。公不出大門降于待其君也大夫上擯也謂之大夫者上序可知從大夫總無所別也於是賓主人皆裼○裼西歷反 **賓入門左**。內賓位也衆介隨入北面西上少退擯者亦入門而右北面東上上擯進相君 **公再拜**南面拜迎 **賓辟不答拜**。辟位逡遁不敢當其禮 **公揖入每門每曲揖**。每門輒揖者以相人偶爲敬也凡君與賓入門賓必後君介及擯者隨之並而鴈行旣入則或左或右相去如初玉藻曰君入門介拂闑大夫中棖與闑之間士介拂棖賓入不中門不履閾此賓謂聘卿大夫也門中門之正也不敢與君並由之敬也介與擯者鴈行卑不踰尊者之迹亦敬也賓之介猶主人之擯○棖直庚反 **及廟門公揖入立于中庭**。公揖先入省內事也既則立於中庭以俟賓不復出如此得君行一臣行二於禮可矣公迎賓大門內卿大夫以下入廟門即位而俟之○方君在大門內時卿大夫當於廟中在位矣**賓立接西塾**○接猶近也門側之堂謂之塾立近塾者已與主君交禮將有出命俟之於此介在幣南北面西上上擯亦隨公入門東東上少進於士**几筵既設擯者出請命**○有几筵者以其廟受宜依神也賓至廟門司宮乃于依前設之神尊不豫事也席西上上擯待而出請受賓所以來之命重停賓也至此言命事彌至言彌信也周禮諸侯祭祀席蒲筵繢純右彫几○依前之依於豈反本又作扆爾雅釋宮牖戶之間謂之扆但天子以屏風設於扆諸侯無屏風爲異**賈人東面坐啓櫝取圭垂繅不起而授上介**賈人鄉入陳幣東面俟於此言之就有事也授圭不起賤不與爲禮也不言裼襲者賤不裼也繅有組繫也**上介不襲執圭屈繅授賓**上介北面受圭進西面授賓不襲者以盛禮不在於己也屈繅并持之也曲禮曰執玉其有藉者則裼無藉者則襲○疏以屈繅爲無藉垂繅爲有藉曲禮陳氏註以圭璋特達爲無藉琮璧有束帛爲有藉陳說

得之詳見記中

賓襲執圭執圭盛禮而又盡飾爲其相蔽敬也玉藻曰服之襲也充美也是故尸襲執玉龜襲也○觀此註知疏以垂繅屈繅爲有藉無藉誠誤也○盡津忍反

擯者入告出辭玉擯者上擯也入告公以賓執圭將致其聘命圭贄之重者辭之亦所以致尊讓也○疏云致尊讓鄉飲酒義文案文公十二年左氏傳云秦伯使西乞術來聘襄仲辭玉賓對曰不腆敝器不足辭也

納賓賓入門左公事自闑西○玉藻云公事自闑西註云聘享也又云私事自闑東註云覿面也

介皆入門左北面西上隨賓入也介無事止於此今文無門○此後唯擯者得入相君禮介則止於此也

君三揖君與賓也入門將曲揖既曲北面又揖當碑揖○疏云公先在庭南面賓入門將曲揖既曲賓又揖二者主君皆向賓揖之再揖訖主君亦東面向堂塗北行當碑賓主又相向揖是君行一臣行二非謂賓入門時主君更向內霤相近而揖也

至于階三讓讓升

公升二等先賓升二等亦欲君行一臣行二

賓升西楹西東面與主君相鄉

擯者退中庭鄉公所立處退者以公宜親受賓命不用

擯相也賓致命致其君之命也公左還北鄉當拜擯者進進阼階西釋辭於賓相公拜也公
當楣再拜拜貺也貺惠賜也楣謂之梁賓三退負序三退三逡遁也不言辟者以執圭將進授之
公側襲受玉于中堂與東楹之間側猶獨也言獨見其尊賓也佗日公有事必有贊爲之者
凡襲于隱者公序坫之間可知也中堂南北之中也入堂深尊賓事也東楹之間亦以君行一臣行二○兩楹之間爲賓主處
中今於東楹之間更侵東半間故云君行一臣行二擯者退負東塾而立反其等位無事賓降介
逆出逆出由便賓出聘事畢公側授宰玉使藏之授於序端裼降立裼者免上衣見裼衣
凡當盛禮者以充美爲敬非盛禮者以見美爲敬禮尚相變也
玉藻曰裘之裼也見美也又曰麛裘青豻褎絞衣以裼之論語
曰素衣麛裘皮弁時或素衣其裘同可知也裘者爲溫表之爲
其褻也寒暑之服冬則裘夏則葛凡襢裼者左降立俟享也亦
於中庭古文裼皆作賜○以上聘禮○褎詳又反豻五旦反絞戶交反擯者出請不必賓事之有無賓裼

劉台拱云古字亦庭實不見其數疑無字數

奉東帛加璧享擯者入告出許之許受庭實皮則攝之毛在內內攝之入設也皮虎豹之皮攝之者右手并執前足左手并執後足毛在內不欲文之豫見也內攝之者兩手相鄉也入設亦參分庭一在南言則者或以馬凡君於臣臣於君麋鹿皮可也賓入門左揖讓如初升致命張皮張者釋外足見文也○當賓於堂上致命之時庭實即張之見文相應爲節也公再拜受幣士受皮者自後右客自由也從東方來由客後西居其左受皮也○執皮者既授亦自前西而出○當公於堂上受幣士亦於堂下受皮賓出當之坐攝之象受于賓○士初受皮仍如前而攝之○張之及賓出降至庭乃對賓坐當對也公側授宰幣皮如入右首而東如入左在前皮右首者變于生也○執皮者初入時行在前者立在左此受皮者東行亦立在左者行在前故云如入也曲禮云執禽者左首此右首是變於生○以上享禮聘于夫人用璋享用琮如初禮如公立于中庭以下○此約言聘享夫人之禮亦公受之若

有言則以束帛如享禮。有言，有所告請，若有所問也。記曰：有故則束帛加書以將命。春秋，臧孫辰告糴于齊，公子遂如楚乞師，晉侯使韓穿來言汶陽之田，皆是也。無庭實也。○此容有告請之禮。擯者出請事，賓告事畢。公事畢。

右聘享

賓奉束錦以請覿。覿，見也。鄉將公事，是欲交其歡敬也。不用羔，因使而見，非特來。○自此至訝受馬，言賓請私覿，主君不許，而先禮賓。擯者入告，出辭。客有大禮未有以待之。請禮賓，賓禮辭，聽命。擯者入告。告賓許也。宰夫徹几改筵。宰夫又主酒食者也。將禮賓，徹神几，改神席，更布也。賓席東上。公食大夫禮曰：蒲筵常，緇布純，加萑席尋，玄帛純。此筵上下大夫也。周禮曰：筵國賓于牖前，莞筵紛純，加繅席畫純，左彤几者，則是筵孤也。孤彤几，卿大夫其漆几與。○莞音官。公出迎賓以入，揖讓如初。公出迎者，己之禮更端也。公升側受几于序端。漆几也。今文無升。宰夫內拂几三奉兩端以進。內拂几不欲塵坋尊者以進。自東箱來授君。○坋蒲悶反。公東南鄉外拂几三卒振袂中攝之進西鄉。進就賓也。擯者告。告賓以公授几。賓進訝受几于筵前東面俟。未設也。今文訝爲梧。○梧五故反。公壹拜送。公尊也。古文壹作一。賓以几辟。辟位逡遁。北面設几。不降階上答再拜稽首。不降以主人禮未成也。卒酒則禮成。凡賓左几。○云几賓左几者對神右几也。宰夫實觶以醴加柶于觶面枋。酌以授君也。君不自酌尊也。宰夫亦洗升實觶以醴自東箱來不面擸不訝受也。○公西面向賓宰夫以醴自東箱來公旁並授與公。公不訝受。故面枋不面擸也。公側受醴。將以飲賓。賓不降壹拜進筵前受醴復位公拜送醴。賓壹拜者醴質以少爲貴。宰夫薦籩豆脯醢賓升筵擯者退負東塾。事未畢擯者不退中庭以有宰夫也。○事未畢當在中庭今負

儀禮鄭注句讀　聘禮第八　三

東塾者，以有宰夫陳飲食也。賓祭脯醢，以柶祭醴三。庭實設。庭實，乘馬。降筵，北面，以柶兼諸觶，尚擸，坐啐醴。降筵，就階上。○擸音獵，又音拉，折也，又持也，於義並難通。案冠禮、昏禮面葉。葉，柶大端也。古文葉作擖，擖音葉，箕舌也，與匙頭相類，可以借用。擸字或擖字之譌，尚擸即尚葉也。尚葉者，仰柶端向上也。○擸，以涉反。公用束帛。致幣也。言用，尊于下也。亦受之于序端。建柶，北面奠于薦東。糟醴不啐。○啐字誤。擯者進相幣。贊以辭。賓降辭幣。不敢當公禮也。公降一等辭。辭賓降也。栗階升聽命。栗階，趨君命尚疾，不連步。○聽命，聽致幣之命，既命又降拜以受也。降拜。拜受。公辭。不降一等，殺也。升，再拜稽首，受幣，當東楹，北面。亦訝受，而北面者，禮主於己，己臣也。○疏云：前行聘享時，賓東面，主君西面，訝授受，但以奉君命，故不北面。此以主君禮己，己臣也，故北面受，異於聘享時也。退東面俟。俟君拜也。不北面者，謙若不敢當階然。公壹拜，賓降也，公再拜。不俟公再拜者，不敢當公之盛也。公

再拜者事畢成禮賓執左馬以出受尊者禮宜親之也效馬者并左右靮授之餘三馬主人牽者從出也○靮丁歷反上介受賓幣從者訝受馬從者士介

右主君禮賓

賓覿奉束錦總乘馬二人贊入門右北面奠幣再拜稽首不請不辭鄉時已請也覿用束錦辟享幣也總者總八轡牽之贊者居馬間扣馬也入門而右私事自闑右奠幣再拜以臣禮見也贊者賈人之屬介特覿也○自此至序從之言私覿之事不升堂入幣是以臣禮見也不以介從故贊者止是賈人之屬以其介將各自特覿也擯者辭辭其臣賓出事畢擯者坐取幣出有司二人牽馬以從出門西面于東塾南將還之也贊者有司受馬乃出凡取幣于庭北面擯者請受請以客禮受之賓禮辭聽命賓受其幣贊者受馬牽馬右之入設庭實先設客禮也右之欲人居馬左

任右手便也。於是牽馬者四人，事得申也。曲禮曰：效馬效羊者右牽之。賓奉幣入門，左介皆入門左，西上。以客禮入，可從介。公揖讓如初，升，公北面再拜。公再拜者，以其初以臣禮見，新之也。賓三退，反還負序。反還者，不敢與授圭同。振幣進授，當東楹北面。不言君受，畧之也。士受馬者，自前還牽者後，適其右受。自，由也。適牽者之右而受之也。此亦並授者，不自前左，由便也。便其已授而去也。受馬自前，變於受皮。○牽馬者四人，各在馬西，右手牽馬北面立。士受馬者從東方來，由馬前，谷遶牽馬者之後，在人東馬西而受之。牽馬者自前西行而出。此受馬亦視堂上受幣以爲節也。○還，戶患反。牽馬者自前西乃出。自，由也。賓降階東拜送，君辭。拜送幣于階東，以君在堂鄉之。○疏云：賓拜送幣，私覿己物故也。前享幣不拜送，致君命，非己物也。拜也，君降一等辭。君乃辭之，而賓由拜，敬也。擯者曰：寡君從子，雖將拜，起也。此禮固多有辭矣，未有著之者，是其志而煥乎，未敢明說。栗階升公西鄉賓階上再拜稽首成拜公少退為敬賓降出公側授宰幣馬出廟中宜潔公降立○以上賓覿擯者出請上介奉束錦士介四人皆奉玉錦束請覿玉錦錦之文纖縟者也禮有以少文為貴者後言束辭之便也○縟音辱擯者入告出許上介奉幣儷皮二人贊儷猶兩也上介用皮變於賓也皮麋鹿皮皆入門右東上奠幣皆再拜稽首皆者皆衆介也贊者奠皮出擯者辭亦辭其臣介逆出亦事畢也擯者執上幣士執衆幣有司二人舉皮從其幣出請受此請受請于上介也擯者先即西面位請之釋辭之時衆執幣者隨立門中而俟委皮南面擯者既釋辭執衆幣者進即位有司乃得委之南面便其復入也委皮當門執幣者西面北上擯者請受請于上介也上言其次此言其位互約文也○疏云以理推之上當言擯者執幣士四人北面東上坐取幣從有司二人坐舉皮從其幣出隨立於

儀禮鄭注句讀　聘禮第八

門中擯者出門西面于東塾南請受士執幣者進立擯南西面北上執皮者南面委皮於門中北上如是乃爲文備也介禮辭聽命皆進訝受其幣此言皆訝受者嫌擯者一一受之上介奉幣皮先入門左奠皮皮先者介隨執皮者而入也入門左介至揖位而立執皮者奠皮以有不敢授之義古文重入○註入門左介至揖位而立揖位即門左北面之位賓至此待揖而後進故云揖位享禮庭實使人執之以授主人有司此奠之於地介出後有司二人坐舉皮是不敢授也公再拜拜中庭也不受于堂介賤也介振幣自皮西進北面授幣退復位再拜稽首送幣進者北行參分庭一而東行當君乃復北行也介出宰自公左受幣不側受介禮輕有司二人坐舉皮以東○上介覿禮竟擯者又納士介納者出道入也士介入門右奠幣再拜稽首終不敢以客禮見擯者辭介逆出擯者執上幣以出禮請受賓固辭禮請受者一請受而聽之也賓爲之辭士介賤

不敢以言通於主君固衍字當如面大夫也

公答再拜擯者出立于門中以相拜擯者以賓辭入告還立門中閾外西面公乃遂答拜也相者贊告之**士介皆辟**辟於其東面位逡遁也**士三人東上坐取幣立**俟擯者執上幣來也○士介之幣奠者四擯者執其上幣出請故別用士三人執其餘幣俟擯者入而同授之宰也**擯者進**就公所也○疏曰以公在庭故擯者自門外來進向公左授幣與宰也**宰夫受幣于中庭以東**使宰夫受于士士介幣輕也受之于公左賓幣公側授宰上介幣宰受于公左士介幣宰夫受于士敬之差○註云使宰夫受于士實則宰夫止受賓者所執其餘則執幣者執以從之而東經文自明**執幣者序從之**序從者以宰夫當一一受之○以上衆介覿

右私覿

擯者出請賓告事畢賓既告事畢衆介逆道賓而出也**擯者入告公出送賓**公出

衆擯亦逆道紹擯及賓並行間亦六步

及大門內公問君

鄉以公禮將事無由問也賓至始入門之位北面將揖而出衆介亦在其右少退西上於此可以問君居處何如序殷勤也時承擯紹擯亦於門東北面東上上擯往來傳君命南面遷伯玉使人於孔子孔子問曰夫子何爲此公問君之類也

賓對公再拜

拜其無恙公拜賓亦辟

公問大夫賓對公勞賓賓再拜稽首公答拜

勞以道路之勤

公勞介介皆再拜稽首公答拜賓出公再拜送賓不顧

公既拜客趨辟君命上擯送賓出反告賓不顧於此君可以反路寢矣論語說孔子之行曰君召使擯色勃如也足躩如也賓退必復命曰賓不顧矣

右賓禮畢出公送賓

賓請有事於大夫

請問問卿也不言問聘聘亦問也嫌近若也上擯送賓出賓東面而請之擯者反命因告之○自此至亦如之言賓請問卿卿先往勞賓其請辭宜云有事于某子

公禮辭許

禮辭一辭

賓即館

少休

息也。即就也。○疏云此一日之閒其事多矣，明且行問卿，暫時止息。卿大夫勞賓。賓不見。以己公事未行，上介以賓辭辭之。○仍有問大夫之公事未行也。大夫奠鴈再拜。上介受。不言卿，卿與大夫同執鴈，下見于國君。周禮凡諸侯之卿見朝君皆執羔。○註見朝君見來朝之君也。卿見來朝之君執羔，此見來聘之賓執鴈，是下於見朝君也。勞上介亦如之。○亦如之者，亦勞於其館。上介不見，而士介代受鴈。

右卿勞賓

君使卿韋弁歸饔餼五牢。變皮弁服韋弁，敬也。韋弁，韎韋之弁，兵服也。而服之者，皮韋同類，取相近耳。其服蓋韎布以爲衣而素裳。牲殺曰饔，生曰餼。今文歸或爲饋。○自此至無儐言主君使卿大夫饋饔餼之事。此下言卿饋賓。周禮春官司服祭服下，先云韋弁服，後云皮弁服，韋弁尊於皮弁，故云敬也。上介請事。賓朝服禮辭。朝服，示不受也。受之當以尊服。有司入陳。入賓所館之廥，陳其積。饔。謂飪與腥。飪一牢。鼎九。設于西階前陪鼎當內廉東面北上上當碑南陳牛羊豕魚腊腸胃同鼎膚鮮魚鮮腊設扃鼏膷臐膮蓋陪牛羊豕陪鼎三牲臛膷臐膮陪之庶羞加也當內廉辟堂塗也腸胃次腊以其出牛羊也膚豕肉也唯燖者有膚此饌先陳其位後言其次重大禮詳其事也宮必有碑所以識日景引陰陽也凡碑引物者宗廟則麗牲焉以取毛血其材宮廟以石窆用木○腊音昔膷音香臐許云反膮許堯反燖音尋窆彼驗反腥二牢鼎二七無鮮魚鮮腊設于阼階前西面南陳如飪鼎二列有腥者所以優賓也堂上八豆設于戶西西陳皆二以並東上韭菹其南醓醢屈戶室戶也東上變於親食賓也醓醢汁也屈猶錯也今文並皆為併○公親食賓則設豆西上此東上是變於親食賓也屈猶錯也菹醢不自相當交錯陳之也疏云謂其東上醓醢醢西昌本昌本西麋臡音泥麋臡西菁菹菁菹北鹿臡鹿臡東葵菹葵菹東蝸醢蝸醢東韭菹此兼用朝事饋食之豆○菹莊居反醓他感反八簋

繼之黍其南稷錯黍在北。○疏云繼者繼八豆以西陳之錯者黍稷二種相間錯也。六鉶繼之牛以西羊豕豕南牛以東羊豕鉶羹器也。○不言錞屈錯者錞文自具故不言也。兩簠繼之粱在北簠不次簋者粱稻加也凡饌屈錯要相變。八壺設于西序北上二以竝南陳壺酒尊也酒蓋稻酒粱酒不錯者酒不以雜錯爲味。西夾六豆設于西墉下北上韭菹其東醓醢屈六簋繼之黍其東稷錯四鉶繼之牛以南羊東豕豕以北牛兩簠繼之粱在西皆二以竝南陳六壺西上二以竝東陳東陳在北墉下統於豆。○疏曰六豆者先設韭菹其東醓醢又其東昌本南麋臡麋臡西菁菹又西鹿臡此陳還取朝事之豆。饌于東方亦如之東方東夾室。西北上亦韭菹其東醓醢也○疏曰云西北上者則於其東壁下南陳西北有韭菹東有醓醢次昌本次南麋臡次西有菁菹次北有鹿臡亦屈錯也岐案兩夾之饌方位

順同非相對而陳也**壺東上西陳**亦在北墉下統於豆**醓醢百罋夾碑十以爲列醓**

醓

在東夾碑在鼎之中央也醓在東醓穀陽也醢肉陰也○疏云罋瓦器其容一觳瓬人云簋實一觳又云豆實三而成觳四升曰豆則罋與簋同受斗二升也禮器註云壺大一石瓦甒五斗即此壺大一石也○罋烏弄反**餼二牢陳于**

門西北面東上牛以西羊豕豕西牛羊豕餼生也牛羊右手牽之豕束之寢右亦居其左**米百筥筥半斛設于中庭十以爲列北上黍粱稻皆二行稷**

四行庭實固當庭中言當中庭者南北之中也東西爲列列當醓醢南亦相變也此言中庭則設碑近如堂深也○上亭時直言庭實入設不言中庭則在東西之中其南北三分庭一在南此更言中庭欲明南北之中也上文公立於中庭宰受幣於中庭皆南北之中也知東西爲列者以經言北上故知之若南北縱陳止得言東西不得言北上醓醢南北列米筥東西列是相變也米在中庭其北有醓醢夾碑知碑之設近庭北如堂之深也○筥居呂反行戶郎反**門外米三十車**

車秉有五籔設于門東爲三列東陳大夫之禮米禾皆視死牢秉籔數名也秉有五籔二十四斛也籔讀若不數之數今文籔或爲逾○疏云飪一牢腥二牢是三牢死故米禾皆三十車十斗曰斛十六斗曰籔十籔曰秉一秉十六斛又五籔爲八斛是二十四斛也○籔色縷反禾三十車車三秅設于門西西陳秅數名也三秅千二百秉○四百秉爲一秅○秅丁故反薪芻倍禾倍禾者以其用多薪從米芻從禾四者之車皆陳北輈凡此所以厚重禮也聘義曰古之用財不能均如此然而用財如此其厚者言盡之於禮也盡之於禮則內君臣不相陵而外不相侵故天子制之而諸侯務焉爾○輈丁留反賓皮弁迎大夫于外門外再拜大夫不答拜大夫使者卿也○大夫卽君所使卿韋弁者也揖入及廟門賓揖入賓與使者揖而入使者止執幣賓俟之于門內謙也古者天子適諸侯必舍於太祖廟諸侯行舍于諸公廟大夫行舍于大夫廟大夫奉束帛執其所以將命入三揖皆行皆猶竝也使者尊不後主人至于階讓大夫

先升一等讓不言三不成三也凡升者主人讓于客三敵者則客三辭主人乃許升亦道賓之義也使者尊主人三讓則許升矣今使者三讓則是主人四讓也公雖尊亦三讓乃許升不可以不下主人也古文曰三讓○註意謂凡升者必三讓敵者則客三辭主人先升以道之是成三讓也客尊則主人三讓而客即升如此經大夫先升是也主人三讓客不三辭故云不成三也假使客三辭而猶先升則是主人四讓矣禮固無四讓法也故即經文大夫先升知大夫未嘗三辭是謂不成三也公雖尊當其爲主人亦必三讓乃先升此主人自下之義也

賓從升堂北面聽命北面于階上也

大夫東面致命賓降階西再拜稽首拜餼亦如之大夫以東帛同致饔餼也賓殊拜之敬也重君之禮也○大夫東面致命在西階上也賓降階西再拜東階之西也殊拜者分别兩次拜之成拜訖又降拜也

大夫辭升成拜尊賓○成拜處亦當東階之西

受幣堂中西北面趨主君命也堂中西中央之西

大夫降出賓降授老幣出迎大夫老家臣也賓出迎欲儐之

大夫禮辭許

入揖讓如初賓升一等大夫從升堂賓先升敵也皆北面庭實設馬乘乘四馬也賓降堂受老束錦大夫止止不降使之餘尊○主人降賓亦降敵體之禮也今主人降而大夫止是使命之餘尊賓奉幣西面大夫東面賓致幣不言致命非君命也大夫對北面當楣再拜稽首稽首尊君客也致對有辭也受幣于楹間南面退東面俟賓北面授尊君之使賓再拜稽首送幣大夫降執左馬以出出廟門從者亦訝受之賓送于外門外再拜明日賓拜于朝拜饗與食皆再拜稽首拜謝主君之恩惠於大門外周禮曰凡賓客之治令訝聽之此拜亦皮弁服○周禮秋官有掌訝註引之者明賓客發館至朝來往皆掌訝前驅爲之導上介饔餼三牢飪一牢在西鼎七羞鼎三飪鼎七無鮮魚鮮腊也賓介皆異館○此下言下大夫饋上介腥一牢在東鼎七堂上之饌六六者賓西夾之數

西夾亦如之筥及甕如上賓凡所不貶者尊介也言如上賓者明此賓客介也○無東方之饌饔餼一牢門外米禾視死牢牢十車薪芻倍禾凡其實與陳如上賓凡凡飪以下○實其物陳其位也下大夫韋弁用束帛致之上介韋弁以受如賓禮介不皮弁者以其受大禮似賓不敢純如賓也儐之兩馬束錦○使者受儐禮當亦如卿受賓儐也士介四人皆餼大牢米百筥設于門外牢米不入門畧之也米設當門亦十爲列北上牢在其南西上○此下言宰夫饋士介宰夫朝服牽牛以致之執紖牽之東面致命朝服無束帛亦畧之士介西面拜迎○下記云士館于工商則此致者在工商之館門外也士介朝服北面再拜稽首受受於牢東拜自牢後適宰夫右受由前東面授從者無儐既受拜送之矣明日衆介亦各如其受之服從賓拜於朝

右歸饔餼於賓介

賓朝服問卿。不皮弁別於主君卿每國三人○自此至如主人受幣禮不拜皆言賓問主國卿大夫之事賓初以君幣問卿次以私幣面卿次上介特面次衆介皆面次上介以君幣問下大夫嘗使至者次上介以私幣面下大夫凡六事分爲三節次又設言大夫不見之禮賓自聘覿主君禮畢君送賓後賓卽請有事于大夫至明日拜饔餼于朝返卽備擧此禮此下賓問卿卿受于祖廟。重賓禮也祖主父也○初賓請有事于大夫君禮辭許是以卿不敢更辭下大夫擯。無士擯者既接於君所急見之○設擯多者示相見有漸卿與賓既接于君所故不須士擯擯者出請事。大夫朝服迎于外門外再拜賓不答拜揖大夫先入每門每曲揖及廟門大夫揖入。入者省內事也既而俟于宁也○疏云宁門屋宁也不俟于庭下君也擯者請命。亦從入而出請不几筵辟君也庭實設四皮。麋鹿皮也賓奉束帛入三揖皆行。

至于階讓皆猶竝也古文曰三讓賓升一等大夫從升堂北面聽命賓先升使
者尊賓東面致命致其君命大夫降階西再拜稽首賓辭升成拜受幣
堂中西北面於堂中央之西受幣趨聘君之命賓降出大夫降授老幣無儐不儐
賓辟君也擯者出請事賓面如覿幣面亦見也其謂之面威儀質也○此下賓面卿賓奉幣
庭實從庭實四馬入門右大夫辭大夫於賓入自階下辭迎之賓遂左見私事也雖敵賓猶
謙入門右爲若降等然曲禮曰客若降等則就主人之階主人固辭於客然後客復就西階庭實設揖讓如
初大夫至庭中旋竝行大夫升一等賓從之大夫先升道賓大夫西面賓稱面稱舉
也舉相見之辭以相接大夫對北面當楣再拜受幣于楹間南面退西面
立受幣楹間敵也賓亦振幣進北面授賓當楣再拜送幣降出大夫降授老幣

卿香逐云注云古文曰入設案此庭實云入設方見庭實既出而復入之之義無入字則文不明白矣宜從古文

右賓問卿面卿

擯者出請事上介特面幣如覿介奉幣特面者異於主君士介不從而入也君尊衆介始覿不自別也上賓則衆介皆從之○此下上介特面卿註上賓衆介從之者謂賓問卿面卿時也皮二人贊亦儷皮也入門右奠幣再拜降等也○大夫辭於辭上介則出擯者反幣出還于上介也庭實設介奉幣入大夫揖讓如初大夫亦先升一等今文曰入設介升大夫再拜受亦於楹間南面而受介降拜大夫降辭介升再拜送幣介既送幣降出也大夫亦授老幣擯者出請衆介面如覿幣入門右奠幣皆再拜大夫辭介逆出擯者執上幣出禮請受賓辭賓亦爲士介辭○此下衆介面卿大夫答再拜擯者執上幣立于門中以相拜士介皆辟老受擯者幣于中庭

士三人坐取羣幣以從之擯者出請事賓出大夫送于外門外再拜賓不顧不顧言去擯者退大夫拜辱拜送也○拜其相己行禮也

右介面卿

下大夫嘗使至者幣及之嘗使至己國則以幣問之也君子不忘舊○此下問下大夫舊使己國者

上介朝服三介問下大夫下大夫如卿受幣之禮上介三介下大夫使之禮也

其面如賓面于卿之禮○旣致公幣而又私面也

右問下大夫

大夫若不見有故也○此下主國大夫不親受幣之禮君使大夫各以其爵爲之受如主人受幣禮不拜各以其爵主人卿也則使卿大夫也則使大夫不拜代受之耳不當主人禮也

右大夫代受幣

夕夫人使下大夫韋弁歸禮

夕問卿之夕也使下大夫下君也君使之云夫人者以致辭當稱寡小君○自此至賓拜禮於朝言主君夫人歸禮於賓與上介

堂上籩豆六設于戶東西上二以並東陳

籩豆六者下君禮也臣設于戶東又辟饌位也其設脯其南醢屈六籩六豆○疏云先於北設脯卽於脯南設醢又於醢東設脯以次屈而陳之皆如上也

壺設于東序北上二以並南陳醙黍清皆兩壺

醙白酒也凡酒稻為上黍次之粱次之皆有清白以黍間清白者互相備明三酒六壺也先言醙白酒尊先設之○稻黍粱三酒白者清者各一壺並之而陳也疏曰醙白也上言白明黍粱皆有白下言清明稻黍亦有清於清白中言黍明醙卽是稻清卽是粱也故言互相備也○醙所九反

大夫以束帛致之

致夫人命也此禮無牢下朝君也○夫人於來朝之君有牢此於聘卿無牢是下朝君

賓如受饔之禮儐之乘馬束錦

上介四豆四籩四壺受之如賓禮四壺無稻酒也不致牢下於君也儐之兩馬束錦明日賓拜禮於朝於是乃言賓拜明介從拜也今文禮為醴

右夫人歸禮賓介

大夫餼賓大牢米八筐其陳於門外黍粱各二筐稷四筐二以竝南陳無稻牲陳於後東上不饌於堂庭辟君也○自此至牽羊以致之言主國大夫餼賓及介記云凡餼大夫黍粱稷筐五斛案掌客鄰國之君來朝卿皆見以羔膳大牢侯伯子男膳特牛彼又無筐米此侯伯之臣得用大牢有筐米者彼為君禮此是臣禮各自為差降賓迎再拜老牽牛以致之賓再拜稽首受老退賓再拜送老室老大夫之貴臣上介亦如之衆介皆少牢米六筐皆士牽羊以致之米六筐者又無粱也士亦大夫之貴臣○室老家相也士邑宰也故為大夫之貴臣

右大夫餼賓介

公於賓壹食再饗饗謂亨大牢以飲賓也公食大夫禮曰設洗如饗則饗與食互相先後也古文壹皆爲一今文饗皆爲鄉○自此至致食以侑幣槩言主國君臣於賓介食饗燕獻之數及不親食饗之法食禮無酒饗禮有酒○食音嗣**燕與羞俶獻無常數**羞謂禽羞鴈鶩之屬成熟煎和也俶始也始獻四時新物聘義所謂時賜無常數由恩意也古文俶作淑○俶昌淑反鶩音木**賓介皆明日拜于朝上介壹食壹饗**饗食賓介爲介從饗獻矣復特饗之客之也○饗禮介從饗若食禮介雖從入不從食**若不親食使大夫各以其爵朝服致之以侑幣如致饔無儐**君不親食謂有疾及他故也必致之不廢其禮也致之必使同班敵者易以相親敬也致禮於卿使卿致禮於大夫使大夫非必命數也無儐以已本宜往古文侑皆作宥○侑幣食禮有侑食之幣周禮典命大國小國卿大夫命數不同此所使致禮但取爵同耳不計命數也食禮賓當往君所受禮

無儐使者之法今雖使人致禮以賓本宜赴廟故仍無儐也。**致饗以酬幣亦如之**。酬幣饗禮酬賓勸酒之幣也所用未聞也禮幣束帛乘馬亦不是過也禮器曰琥璜爵蓋天子酬諸侯。**大夫於賓壹饗壹食**。**上介若食若饗若不親饗則公作大夫致之以酬幣致食以侑幣**。作使也大夫有故君必使其同爵者爲之致之列國之賓來榮辱之事君臣同之○疏云此直言饗食不言燕當亦有燕也。

右主國君臣饗食賓介之法

君使卿皮弁還玉于館。玉圭也君子於玉比德焉以之聘重禮也還之者德不可取於人相切厲之義也皮弁者始以此服受之不敢不終也○自此至賓送不拜言主君使卿詣賓館還玉及報享之事。**賓皮弁襲迎于外門外不拜帥大夫以入**。迎之不拜示將去不純爲主也帥道也古文曰迎于門外古文帥爲卒。**大夫升自西階，鉤楹。**鉤楹，由楹內，將南面致命。致命不東面，以賓在下也。必言鉤楹者，賓在下，嫌楹外也。**賓自碑內聽命，升自西階，自左，南面受圭，退負右房而立。**聽命於下，敬也。自左南面，右大夫，且並受也。必並受者，若鄉君前耳。退，爲大夫降逡遁。今文或曰由自西階，無南面。○碑內，碑之北。聽命畢，乃升受圭。受畢，大夫降。賓遂退，因負右房而立，俟也。**大夫降中庭。賓降自碑內，東面。授上介于阼階東。**大夫降出，言中庭者，爲賓降節也。授於阼階東者，欲親見賈人藏之也。賓還阼階下，西面立。○賓自阼階向西階，自西階向阼階，皆由碑內，雖升降西階，賓不由西向堂塗也，故下經註云出入猶東。**上介出請。賓迎。大夫還璋，如初入。**出請，請事於外，以入告也。賓雖將去，出入猶東，唯升堂由西階，凡介之位未有改也。**賓裼，迎大夫。賄用束紡。**賄，予人財之言也。紡，紡絲爲之，今之縛也。所以遺聘君，可以爲衣服，相厚之至也。○縛，息絹反。**禮玉、束帛、乘皮，皆如還玉禮。**禮，禮聘君也。所以報享也。亦言玉璧可知。

也今文禮皆作醴○皆者謂賄紡與禮玉二事其升受皆如還玉之儀也**大夫出賓送不拜**

右還玉報享

公館賓為賓將去親存送之厚殷勤且謝聘君之義也公朝服○自此至賓退言明日賓將發君往存賓賓來請命之事館賓者拜賓於館也**賓辟**不敢受國君見己於此館也此亦不見言辟者君在廟門敬也凡君有事於諸臣之家車造廟門乃下○註云此亦不見亦勞賓時也**上介聽命**聽命於廟門中西面如相拜然也擯者每贊君辭則曰敢不承命告于寡君之老**聘享夫人之聘享問大夫送賓公皆再拜**拜此四事公東面拜擯者北面○擯者歷舉四事而君拜之**公退賓從請命于朝**賓從者實為拜主君之館已也言請命者以己不見不敢斥尊者之意**公辭賓退**辭其拜也退還館裝駕為旦將發也周禮曰賓從拜辱于朝明日客拜禮賜遂行

右賓將行君館賓

賓三拜乘禽於朝訝聽之。發去乃拜乘禽明已受賜大小無不識。○他賜皆卽拜于朝唯日歸乘禽不勝其拜故於發時總三拜之自此至送至于竟言賓行主君贈送之禮遂行舍于郊始發且宿近郊自展軨公使卿贈如覿幣贈送也所以好送之也言如覿幣見爲反報也今文公爲君受于舍門外如受勞禮無儐不入無儐明去而宜有已也如受勞禮以贈勞同節使下大夫贈上介亦如之使士贈衆介如其覿幣大夫親贈如其面幣無儐贈上介亦如之使人贈衆介如其面幣士送至于竟

右賓行主國贈送

使者歸及郊請反命郊近郊也告郊人使請反命於君也必請之者以己久在外嫌有罪惡不可以入春

本疏讀九字句反賓實反賓皮左反賓之皮之左反賓有用焉如云反賓皮

秋時鄭伯惡其大夫高克使之將兵逐而不納此葢請而不得入○自此至拜其辱言使者歸反命於朝**朝服載旜**行時稅舍于此郊今還至此正其故行服以俟君命敬也古文旜作膳**禳乃入**○禳祭名也爲行道累歷不祥禳之以除災凶**乃入陳幣于朝西上上賓之公幣私幣皆陳上介公幣陳他介皆否**○皆否者公幣私幣皆不陳此幣使者及介所得於彼國君卿大夫之贈賄也其或陳或不陳詳尊而畧卑也其陳之及卿大夫處者待之如夕幣其禮於君者不陳上賓使者公幣君之賜也私幣卿大夫之幣也他介士介也言他容衆從者○註云禮於君者不陳謂賄用束紡禮玉束帛乘皮不陳之者以使者將親執以告**束帛各加其庭實皮左**○不加於其皮上榮其多也○不令相掩蔽也**公南鄉**○亦宰告于君君乃朝服出門左南鄉○疏云此陳幣當如初夕幣之時是以鄭此註亦依夕幣而言之**卿進使者使者執圭垂繅北面上介執璋屈繅立于其左**○此主於反命士介亦隨入竝立東上○疏云今此賓執圭賓則裼註言亦者亦

初行受于朝時反命曰以君命聘于某君某君受幣于某宮某君再拜以享某君某君再拜君亦揖使者進之乃進反命也某君某國名也某宮若言桓宮僖宮也某君再拜受也必言此者明彼君敬己君不辱命○註君亦揖使者初受命于朝位立定時君揖使者乃進受命明反命亦然宰自公左受玉亦於使者之東同面並受也不右使者由便也○疏云此言亦者亦於出使初受玉時宰自公左授使者圭同面凡並授者授由其右受由其左此受由其右者因東藏之便受上介璋致命亦如之變反言致者若云非君命也致命曰以君命聘於某君夫人某君再拜以享於某君夫人某君再拜不言受幣于某宮可知畧之○受上介璋賓受之也賓受璋當亦垂繅而致命本以君夫人聘君夫人但婦人無外事亦君命之故言致命若非君命然也執賄幣以告曰某君使某子賄授宰某子若言高子國子凡使者所當以告君者上介取以授之賄幣在外也禮玉亦如之亦執束帛加璧也告曰某君使某子禮宰受之士隨自後左士介受乘皮如初上介

出取玉束帛士介後取皮也○賓將告君之時上介出取玉帛士介取皮賓執玉帛以告宰受玉帛士郎自士介後居其右而受皮向東藏之

執禮幣以盡言賜禮禮幣主國君初禮賓之幣也以盡言賜禮謂自此至於贈○自郊勞至贈行八度禮賓皆有幣執郊勞之幣而歷舉其全以告也○盡津忍反

公曰然而不善乎善其能使於四方而猶女也

授上介幣再拜稽首公答再拜授上介幣當拜公言也不授宰者當復陳之

私幣不告亦畧卑也

君勞之再拜稽首君答再拜勞之以道路勤苦

若有獻則曰某君之賜也言此物某君之所賜予為惠者也其所獻雖珍異不言其為彼君服御物謙也其大夫出反必獻忠孝也

君其以賜乎不必其當君也獻不拜者為君之答己也○所獻是賓入己之物蓋彼國之君於常幣外別有賜予者曰君其以賜乎言未必可當君用或以為賜下之需乎

上介徒以公賜告如上賓之禮徒謂空手不執其幣

君勞之再拜稽首君答拜勞士介亦如之士介四八

旅答壹拜，又賤也。○疏云：上介再拜稽首，君答拜，不言再拜，則君答上介一拜矣。勞士介，不言皆，則總答一拜矣。勞上介，君答一拜，已是賤，士介四人共答一拜，故云又賤也。此一拜答臣下，周禮九拜，七曰奇拜，是也。

君使宰賜使者幣，使者再拜稽首。以所陳幣賜之也。禮，臣子，人賜之而必獻之君父，不敢自私服也。君父因以予之，則拜受之，如更受賜也。既拜，宰以上幣授之。

賜介，介皆再拜稽首。士介之幣皆載以造朝，不陳之耳。與上介同受賜命，俱拜。既拜，宰亦以上幣授上介。

乃退。君揖入，皆出去。

介皆送至于使者之門。將行，俟于門；反，又送于門。與尊長出入之禮也。

乃退揖。揖別也。

使者拜其辱。隨謝之也。再拜上介，三拜士介。○士三人，每人一拜，士卑。

右使者反命

釋幣于門。○門，大門也。主于闑，布席于闑西閾外，東面，設洗于門外東方，其餘如初于禰時。出于行，入于門，不兩告，告所先見也○自此至亦如之言使還禮門奠禰之事**乃至于禰筵几于室薦脯醢**告反也薦進也**觴酒陳**主人酌進奠一獻也言陳者將復有次也先薦後酌祭禮也行釋幣反釋奠畧出謹入也**席于阼**爲酢主人也酢主人者祝取爵酌不酢於室異於祭**薦脯醢**成酢禮也**三獻**室老亞獻士三獻也每獻奠輒取爵酌主人自酢也○註當以輒取爵酌主人爲句言室老酌主人因自酢也疏于酌字句未是**一人舉爵**三獻禮成更起酒也主人奠之未舉也**獻從者**從者家臣從行者也主人獻之勞之也皆升飲酒於西階上不使人獻之辟國君也**行酬乃出**主人舉奠酬從者下辯室老亦與焉也**上介至亦如之**

右使還奠告

聘遭喪入竟則遂也遭喪主國君薨也入竟則遂國君以國爲體士既請事已入竟矣關人未告則反○自此至卒殯乃歸皆聘者遭喪之禮或所聘國君薨及夫人世子喪或出聘後本國君薨或聘賓有私喪或賓死及介死凡四

節

不郊勞子未君也不筵几致命不於廟就尸柩於殯宮又不神之不禮賓喪降事也○疏曰云不禮者謂既行聘享不以醴酒禮賓也主人畢歸禮賓所飲食不可廢也禮謂饔餼饗食賓唯饔餼之受受正不受加也○疏曰饔餼大禮是其正自饗食之等是其加也不賄不禮玉不贈喪殺禮爲之不備○賄謂束紡禮玉謂以束帛乘皮報享贈謂賓出至郊以物贈之遭夫人世子之喪君不受使大夫受于廟其他如遭君喪夫人世子死君爲喪主使大夫受聘禮不以凶接吉也其他謂禮所降○禮所降謂郊勞禮賓饗食賄贈之類遭喪將命于大夫主人長衣練冠以受遭喪謂主國君薨夫人世子死也此三者皆大夫攝主人長衣素純布衣也去衰易冠不以純凶接純吉也吉時在裏爲中衣中衣長衣繼皆掩尺表之曰深衣純袂寸半耳君喪不言使大夫受子未君無使臣義也○疏云向來所釋皆是君主始薨假令君薨踰年嗣子即位鄰國朝聘以吉禮受之於廟雖踰年而未葬則亦使人受之

右遭所聘國君喪及夫人世子喪

聘君若薨于後入竟則遂既接於主國君也赴者未至則哭于巷衰于館未至謂赴告主國君者也哭于巷者哭于巷門未可爲位也衰于館未可以凶服出見人其聘享之事自若吉也今文赴作訃受禮受饔餼也不受饗食亦不受加赴者至則衰而出禮爲鄰國闕於是可以凶服將事也○禮爲鄰國闕襄公二十三年傳語謂鄰國有喪爲之徹樂也唯稍受之稍稟食也○饔餼亦不受矣歸執圭復命于殯升自西階不升堂復命于殯者臣子之于君父存亡同子即位不哭將有告請之事宜清淨也不言世子者君薨也諸臣待之亦皆如朝夕哭位辯復命如聘自陳幣至于上介以公賜告無勞○徧復命於殯如聘禮之常但不代君作勞辭耳子臣皆哭使者既復命子與羣臣皆哭與介入北鄉哭北鄉哭新至別於朝夕○疏云復命之時介在幣南北面去殯遠復命訖除去幣賓更與介前入近

殯北鄉哭朝夕哭位在阼階下西面今賓介新至故於殯前北鄉也出祖括髮悲哀變於外臣也○子奔喪則祖括髮於殯東矣入門右即位踊從臣位自哭至踊如奔喪禮

右出聘後本國君喪

若有私喪則哭于館衰而居不饗食私喪謂其父母哭于館衰而居不敢以私喪自聞于主國凶服于君之吉使春秋傳曰大夫以君命出聞喪徐行而不反○衰而居謂服衰居館行聘享卽皮弁吉服春秋傳宣公八年公羊傳文歸使衆介先衰而從之已有齊斬之服不忍顯然趨於往來其在道路使介居前歸又請反命己猶徐行隨之君納之乃朝服既反命出公門釋服哭而歸其他如奔喪之禮吉時道路深衣

右賓聘有私喪

賓入竟而死遂也主人爲之具而殯具謂始死至殯所當用○疏云若未入竟卽反來殯

正義：諸侯三门，庫、雉、路。三朝：外朝在庫门外，治朝在路门外，燕朝在路门内。此江氏永《鄉黨圖考》之說。據此則大门外即为外朝之地，故經言门外，而注言造朝也。

非謂殯於館，斂於棺而已。**介攝其命。**為致聘享之禮也。初時上介接聞命。○上介接聞君命，故賓死得攝其命。**君弔，介為主人。**雖有臣子親姻，猶不為主人，以介與賓並命於君，尊也。**主人歸禮幣，必以用。**當中奠贈諸喪具之用，不必如賓禮。**介受賓禮，無辭也。**介受主國賓己之禮，無所辭也，以其當陳之以反命也。有賓喪，嫌其辭之。○主國待賓之禮，介代為受而不辭。**不饗食。**○前經云上介壹食壹饗。**歸，介復命，柩止于門外。**門外，大門外也。必以柩造朝，達其忠心。○疏云：君有三門，皐、應、路；又有三朝，內朝在路寢庭，正朝在路門外，應門外無朝，外朝應在皐門外。經直云止於門外，無入門之言，明知止於大門外外朝之上。**介卒復命，出，奉柩送之。君弔，卒殯。**卒殯，成節乃去。○柩既殯，君與大夫乃盡去，以殯是喪之大節。**若大夫介卒，亦如之。**不言上介者，小聘上介，士也。○亦如之，謂在聘國及反本國諸事。**士介死，為之棺斂之。**不具他衣物也，自以時服也。**君不弔焉。**主國君使人弔，不親往。**若賓死，未將命，則既斂**

于棺造于朝介將命未將命謂俟間之後也以柩造朝以已至朝志在達君命○疏云上介國外死不以柩造朝可知若介死歸復命唯上介造于朝若介死雖士介賓既復命往卒殯乃歸往謂送柩

右出聘賓介死

小聘曰問不享有獻不及夫人主人不筵几不禮面不升不郊勞記貶於聘所以爲小也獻私獻也面猶覿也○前經既詳聘禮末復言小聘之異不禮者聘訖不以醴禮賓也面不升者謂私覿庭中受之不升堂也其禮如爲介三介如爲介如爲大聘上介○禮主國待賓之禮謂饔餼食饗之屬如待大聘時大夫之爲上介者其賓則士三人爲之介也

右小聘

記

久無事則聘焉（事謂盟會之屬）若有故則卒聘束帛加書將命百名以上書於策不及百名書於方（故謂災患及時事相告請也將猶致也名書文也今謂之字策簡也方板也○有故如告糴乞師之類卒聘倉猝而聘不待殷聘之期也字多書於策策以衆簡編連也字少書於方一板可盡也）主人使人與客讀諸門外（受其意既聘享賓出而讀之不於內者人稠處嚴不得審悉主人主國君也人內史也書必璽之○讀諸門外就門外燕閒之處讀之）客將歸使大夫以其束帛反命於館（爲書報也）明日君館之（既報館之書問尚疾也）

右記有故卒聘致書之事

既受行出遂見宰問幾月之資（資行用也古者君臣謀密草創未知所之遠近問行用當知多

少而已古文資作齎○齎子兮反

使者既受行曰朝同位

謂前夕幣之間同位者使者北面介立于左少退別於其處臣也○未受命行以前卿大夫士面位各異

出祖釋軷祭酒脯乃飲酒于其側

祖始也既受聘享之禮行出國門止陳車騎釋酒脯之奠於軷為行始也詩傳曰軷道祭也謂祭道路之神春秋傳曰軷涉山川然則軷山行之名也道路以險阻為難是以委土為山伏牲其上使者為軷祭酒脯祈告也卿大夫處者於是餞之飲酒於其側禮畢乘車轢之而遂行舍於近郊矣其牲犬羊可也古文軷作袚○疏曰在國內釋幣於行者謂平適道路之神出國門釋奠于軷者謂山行道路之神○軷蒲末反騎其義反轢力狄反

右記使者受命將行之禮

所以朝天子圭與繅皆九寸剡上寸半厚半寸博三寸繅三采六等朱白蒼

圭所執以為瑞節也剡上象天圓地方也雜采曰繅以韋衣木板飾以三色再就所以薦玉重慎也

九寸。三公之圭也。古文繅或作藻。今文作璪。○疏云。凡圭。天子鎭圭。公桓圭。侯信圭。皆博三寸。厚半寸。剡上左右各寸半。唯長短依命數不同。以韋衣木板。木板大小一如玉制。然後以韋衣包之。大小一如其板。經云三采六等。註云三色再就。就即等也。一采爲再就。三采即六等也。一匝爲一就。

問諸侯朱綠繅八寸三采。據公侯伯。天子五采。子男則二采。二采再就。降於天子也。於天子曰朝。於諸侯曰問。記之於聘。文互相備。○降於天子。降於朝天子也。疏謂諸侯自相朝亦同圭與繅九寸。侯伯以下依命數。諸侯遣臣問天子。圭與繅亦八寸。故註云於天子曰朝。於諸侯曰問。文互相備也。又云此言八寸。據上公之臣。侯伯之臣則六寸。子男之臣則四寸。各下其君二等。

皆玄纁繫長尺絢組。采成文曰絢。繫無事則以繫玉。因以爲飾。皆用五采組。上以玄。下以絳爲地。今文絢作約。○繅以藉玉。繫以聯玉。與繅組即所以飾繫者。其質上玄下纁。而又加五采之組也。○繫音計。長直亮反。組音祖。約音巡

問大夫之幣俟于郊爲肆。又齎皮馬。肆猶陳列也。齎猶付也。使者既受命。宰夫載問大夫之禮。待於郊。陳之爲行列。至則以付之也。使者初行。舍于

（近郊，幣云肆，馬云齎，因其宜，亦互文也。不於朝付之者，辟君禮也。必陳列之者，不夕也。古文肆爲肄。○齎子兮反）

右記朝聘玉幣

辭無常，孫而說。（孫，順也。大夫使受命不受辭，辭必順且說。○孫音遜，說音悅）辭多則史，少則不達。（史謂策祝。）辭苟足以達，義之至也。（至，極也。今文至爲砥。○聘問之辭難豫爲成說，其大要在謙遜而和悅。辭多則近史祝，辭少則不足以達意。苟足以達意，而又不失之多，修辭之義於是爲至。）辭曰：「非禮也，敢。」對曰：「非禮也，敢。」（辭，辭不受也。對，答問也。二者皆卒曰敢，言不敢。）

記修辭之節，因及辭對二言

卿館於大夫，大夫館於士，士館於工商。（館者必於廟，不館於敵者之廟，爲大尊也。自官師以上有廟有寢，工商則寢而已。）管人爲客三日具沐，五日具浴。（管人，掌客館者也。客謂使

者下及士介也

記賓館

飧不致不以束帛致命草次饌飧具輕賓不拜以不致命沐浴而食之自潔清尊主國君賜也記此重者沐浴可知○重者謂饔餼

記設飧

卿大夫訝大夫士訝士皆有訝卿使者大夫上介也士衆介也訝主國君所使迎待賓者如今使者護客○按周禮秋官有掌訝彼謂天子設官此諸侯因賓至以降一等者訝之使待事於客通所求索也賓即館訝將公命使已迎待之命○訝以君使已迎待之命告之於賓又見之以其摯又復也復以私禮見者訝將舍於賓館之外宜相親也大夫訝者執鴈士訝者執雉賓既將公事復見訝以其摯既已

也。公事，聘、享、問大夫。復，報也。使者及上介執鴈，羣介執雉，各以見其訝。

記賓訝往復之禮

凡四器者，唯其所寶，以聘可也。言國獨以此爲寶也。四器謂圭璋璧琮。○註據公侯伯而言。若子男，聘用璧琮，享用琥璜，四器唯其所寶，故以行聘。非所寶，則不足以通誠好矣。

釋聘用圭璧之故

宗人授次。次以帷，少退于君之次。王國之門外，諸侯及卿大夫之所使者，次位皆有常處。○疏云：朝聘陳賓介，上公九十步，侯伯七十步，子男五十步。使其臣聘，又各降二等。其次皆依其步數，就西方而置之。未行禮之時，止於次中。至將行禮，賓乃出次。凡爲次，君次在前，臣次在後，故云少退于君之次。

記授賓次

上介執圭。如重。授賓。○慎之也。曲禮曰。凡執主器。執輕如不克。此謂將聘。主君廟門外。上介屈繅授賓時。

賓入門。皇。升堂讓。將授志趨。○皇自莊盛也。讓謂舉手平衡也。志猶念也。念趨。謂審行步也。孔子之執圭。鞠躬如也。如不勝。上如揖。下如授。勃如戰色。足蹜蹜如有循。古文皇皆作王。○疏云。賓入門皇。謂未至堂時。升堂讓。謂升堂東面向主君之時。將授志趨。謂賓執玉向楹將授玉之時。念鄉入門在庭時。執玉徐趨。今當亦然。愚謂註所云審行步者。謂審乎君行一。臣行二之節也。疏又云。曲禮云。執天子之器則上衡。註云。謂高於心。國君則平衡。註云。謂與心平。

授如爭承。下如送。君還。而后退。○爭爭鬬之爭。重失隊也。而后。猶然後也。疏云。授。謂就東楹授玉於主君時。如與人爭接取物。恐失墜。下如送者。謂聘享每訖。君實不送。而賓之敬。如君送然。君迴還。賓則退出廟門。更行後事。非謂賓出大門也。愚謂下如送。當與論語下如授同解。言其授玉時手容也。君還。謂君轉身將授玉於宰。而後賓退而下階。若以下為下階。退為出廟門。恐非文次。

下階。發氣。怡焉。再三舉足。又趨。○發氣。舍息也。再三舉足。自安定乃復趨也。至此云舉足，則志趨，卷豚而行也。孔子之升堂，鞠躬如也，屏氣似不息者。出降一等，逞顏色，怡怡如也。沒階，趨進，翼如也。○豚，大本反

及門，正焉。容色復故，此皆心變見於威儀。○出門將更以行後事。此皆心變見於威儀，統指賓入門以下而言。

執圭，入門，鞠躬焉，如恐失之。記異說也。○疏云：亦謂方聘執圭入廟門時。

及享，發氣焉，盈容。發氣，舍氣也。孔子之於享禮，有容色。○註：舍氣，卽舍息。

衆介北面，蹌焉。容貌舒揚。○疏云：此謂賓行聘，衆介從入門左，北面。

私覿，愉愉焉。容貌和敬。○疏云：舒於盈容也。

出，如舒鴈。威儀自然而有行列，舒鴈，鵝也。○兼指賓介。○疏云：此出廟門之外，又舒緩於愉愉也。

皇且行，入門主敬，升堂主慎。○復記執玉異說。

右三記賓介聘享之容

凡庭實隨入，左先，皮馬相間，可也。隨入，不竝行也。間，猶代也。土物有宜，君子不以所無爲禮，

畜獸同類，可以相代。古文閒作干。

賓之幣，唯馬出，其餘皆東。馬出，當從廄也。餘物皆東，藏之內府。

多貨則傷于德。貨，天地所化生，謂玉也。君子於玉比德焉。朝聘之禮，以爲瑞節，重禮也。多之，則是主於貨，傷敗其爲德。○圭璧璋琮，聘享君與夫人，各用一而已，本取相厲以德，多之，是所重在貨，而傷于德也。

幣美則沒禮。幣，人所造成，以自覆幣，謂束帛也。愛之斯欲衣食之，君子之情也。是以享用幣，所以副忠信。美之，則是主於幣，而禮之本意不見也。○註以自覆幣，謂束帛也，幣字疑當作蔽字。自覆蔽，謂其可爲衣也。愛之當作愛之，忠信即其愛之之情。

賄在聘于賄。賄，財也。于，讀曰爲，言主國禮賓，當視賓之聘禮而爲之財也。賓客者，主人所欲豐也，若苟豐之，是又傷財也。周禮曰：凡諸侯之交，各稱其邦而爲之幣，以其幣爲之禮。古文賄皆作悔。○在，視也。賄，謂賄用束紡。禮用玉帛乘皮及贈之屬是也。

記庭實貨幣之宜

凡執玉無藉者襲。藉，謂繅也。繅所以緼藉玉。○按疏以屈繅爲無藉，垂繅爲有藉，又以繅有二種，其說愈支而難通。曲禮陳氏註云。所謂無藉謂圭璋特達。不加束帛。當執圭璋之時。其人則襲。有藉者。謂璧琮加于束帛之上。當執璧琮時。其人則裼。此定說也。又按曲禮鄭註。亦云。圭璋特而襲。璧琮加束帛而裼。疏引熊氏云。朝時用圭璋特。賓主俱襲。行享時用璧琮。加束帛。賓主俱裼。亦是也。先儒已存此說。亦非陳氏創爲之也。

記襲裼之節

禮不拜至。以賓不於是始至。今文禮爲醴。○禮爲聘享畢。公禮賓也。疏以爲聘時。似非經意。醴尊于東廂瓦大一有豐。瓦大。瓦尊。豐。承尊器。如豆而卑。○大音泰薦脯五膱祭半膱橫之。膱如版然者。或謂之脡。皆取直貌焉。○脡大頂反祭醴再扱始扱一祭卒再祭。○卒謂後扱。扱初洽反主人之庭實則主人遂以出賓之士訝受之。此謂餘三馬也。左馬賓執以出矣。士。士介從者。○主人牽者從賓以出。至門外。士介迎受之。

記公禮賓儀物

既覿賓若私獻奉獻將命時有珍異之物或賓奉之所以自序尊敬也猶以君命致之擯者入告出禮辭辭其獻也賓東面坐奠獻再拜稽首送獻不入者奉物禮輕擯者東面坐取獻舉以入告出禮請受東面坐取獻者以宜竝受也其取之由賓南而自後右賓也賓固辭公答再拜拜受於賓也固亦衍字擯者立于閾外以相拜賓辟相贊也古文閾爲蹙擯者授宰夫于中庭東藏之既乃介覿若兄弟之國則問夫人兄弟謂同姓若婚姻甥舅有親者問猶遺也謂獻也不言獻者變於君也非兄弟獻不及夫人

記覿後賓私獻

若君不見君有疾若他故不見使者使大夫受受聘享也大夫上卿也自下聽命自西

階升受負右房而立賓降亦降此儀如還圭然而賓大夫易處耳今文無而○還圭之儀見前經

不禮辟正主也○聘享託以醴禮賓主君之禮也

記君不親受之禮

幣之所及皆勞不釋服以與賓接於君所賓又請有事于己不可以不速也所不及者下大夫未嘗使者也不勞者以先是賓請有事於己同類旣聞彼爲禮所及則己往有嫌也所以知及不及者賓請有事固曰某子某子

記大夫勞賓

賜饔唯羹飪筮一尸若昭若穆羹飪謂飪一牢也肉謂之羹唯是祭其先大禮之盛者也筮尸若昭若穆容父在父在則祭祖父卒則祭禰腥饎不祭則士介不祭也士之初行不釋幣于禰不祭可也古文羹爲羔飪作腍○腍而甚反

僕爲祝祝曰孝孫某孝子某薦嘉禮于皇祖某甫皇考

某子。僕爲祝者，大夫之臣攝官也。○上文云若昭若穆，故此亦兩言之。○祝祝上之六反，下之又反。如饋食之禮。如少牢饋食之禮。不言少牢，今以大牢也。今文無之。○疏云致爵、加爵及獻兄弟弟子等，固當畧之。假器於大夫。不敢以君之器爲祭器。肦肉及廋車。肦猶賦也。廋，廋人也。車，巾車也。二人掌視車馬之官也。賦及之，明辯也。古文肦作紛。○祭訖頒胙，無不徧也。夏官廋人職掌養馬。○肦音班。廋所求反。

記賓受饔而祭

聘日致饔，明日問大夫。不以殘日問人，崇敬也。古文曰問夫人也。夕，夫人歸禮。與君異日，下之也。今文歸作饋。既致饔，旬而稍，宰夫始歸乘禽，日如其饔餼之數。稍，稟食也。乘，謂乘行之禽也，謂鴈鶩之屬。其歸之以雙爲數。其賓與上介也。古文既爲餼。○十日之後，賓不得時反，則致稍廩與乘禽。鴈鶩之屬，行有行列，故曰乘禽。如饔餼之數者，一牢當一雙，故聘義云乘禽日伍雙，是饔餼五牢者也。上介則日三雙，士介日一雙。士中日則二雙。中猶閒也。不一日一雙，大夫寡不敬也。凡獻執一雙，委其餘于面。執一雙以將命也。面，前也。其受之也，上介受以入告之，士舉其餘從之。賓不辭，拜受于庭。上介執之以相拜于門中，乃入授人。上介受亦如之。士介拜受于門外。禽羞、俶獻比。比，放也。其致之禮如乘禽也。禽羞謂成熟有齊和者。俶獻，四時珍美新物也。俶，始也。言其始可獻也。聘義謂之時賜。

記賓主行禮之節次及禽獻之等殺

歸大禮之日，既受饔餼，請觀。聘於是國，欲見其宗廟之好，百官之富，若尤尊大之焉。訝帥之自下門入。帥猶道也。從下門外入，游觀非正也。

記賓游觀

各以其爵朝服。此句宜在凡致禮下。

士無饔無饔者無儐謂歸饔也

記士介之殺禮

大夫不敢辭君初爲之辭矣此句宜在明日問大夫之下

凡致禮皆用其饗之加籩豆凡致禮謂君不親饗賓及上介以酧幣致其禮也其其賓與上介也加籩豆謂其實也亦實於甕筐饗禮今亡無饔者無饗禮士介無饗禮

記不親饗與無饗

凡餼大夫黍粱稷筐五斛謂大夫餼賓上介也器寡而大畧

記大夫餼賓上介之實與器

旣將公事賓請歸謂已問大夫事畢請歸不敢自專謙也主國留之饗食燕獻無日數盡殷勤也凡賓

拜于朝訝聽之拜拜賜也唯稍不拜

記賓請歸拜賜

燕則上介爲賓賓爲苟敬饗食君親爲主尊賓也燕私樂之禮崇恩殺敬也賓不欲主君復舉禮事禮已于是辭爲賓君聽之從諸公之席命爲苟敬苟敬者主人所以小敬也更降迎其介以爲賓介大夫也雖爲賓猶卑於君君則不與亢禮也主人所以致敬者自敵以上宰夫獻爲主人代公獻

記燕聘賓之禮

無行則重賄反幣無行謂獨來復無所之也必重其賄與反幣者使者歸以得禮多爲榮所以盈聘君之意也反幣謂禮玉束帛乘皮所以報聘君之享禮也昔秦康公使西乞術聘于魯辭孫而說襄仲曰不有君子其能國乎厚賄之此謂重賄反幣者也今文曰賄反幣

記特聘宜加禮

曰子以君命在寡君寡君拜君命之辱此贊君拜聘享辭也在存也○此及下三節卽前經公館賓賓辟時公皆再拜之四事此其贊拜之辭也君以社稷故在寡小君拜此贊拜夫人聘享辭也言君以社稷故者夫人與君敵體不敢當其惠也其卒亦曰寡君拜命之辱君既寡君延及二三老拜此贊拜問大夫之辭既賜也大夫曰老又拜送拜送賓也其辭蓋云子將有行寡君敢拜送此宜承上君館之下

記公館賓拜四事之辭

賓於館堂楹間釋四皮束帛賓不致主人不拜賓將遂去是館留禮以禮主人所以謝之不致不拜不以將別崇新敬也

賓謝館主八

大夫來使無罪饗之。樂與嘉賓爲禮過則餼之。餼之生致其牢禮也其致之辭不云君之有故耳。聘義曰使者聘而誤主君不親饗食所以愧厲之也。不言罪者罪將執之。○君有故亦不親饗此以使者有過不饗故致辭異也。其介爲介。饗賓有介者尊賓行敵禮也。○疏云饗賓於廟之時還以聘之上介爲介上經云上介一食一饗則是從賓爲介之外復別饗也。有大客後至則先客不饗食致之。卑不與尊齊禮。

記饗不饗之宜

唯大聘有几筵。謂受聘享時也。小聘輕雖受于廟不爲神位。

記受聘大小不同

十斗曰斛。十六斗曰籔。十籔曰秉。秉十六斛今江淮之間量名有爲籔者今文籔爲逾二

百四十斗 謂一車之米秉有五籔○致饔時每車米數 四秉曰筥 此秉謂刈禾盈手之秉也筥穧名也若今萊陽之間刈稻聚把有名爲筥者詩云彼有遺秉又云此有不斂穧○穧才計反 十筥曰稯十稯曰秅四百秉爲一秅 一車之禾三秅爲千二百秉三百筥三十稯也古文稯作緵○致饔時禾三十車車三秅此其秉數○稯音總緵子工反

明致饔米禾之數

經四千四百十八
記九百二十六

正義凡待賓客之禮有饗有食有燕饗主於酒而食主於飯饗食則兼之

三禮札記曰天子有諸侯來禮大行人云上公食禮九舉侯伯食禮七舉子男食禮五舉是也諸侯相與有相食之禮掌客云上公三食侯伯再食子男一食是也諸侯於本國之臣亦有食禮左傳魏絳和戎晉侯與之禮食是也此篇是主國之君諸侯食聘賓并及大夫相食之禮

儀禮　鄭氏註　濟陽張爾岐句讀

公食大夫禮第九

鄭目錄云主國君以禮食小聘大夫之禮於五禮屬嘉禮大戴第十五小戴第十六別錄第九○疏云篇中薦豆六黍稷六簋庶羞十六豆此等皆是下大夫小聘之禮下乃別言食上大夫之法聘禮據侯伯之大聘此篇小聘大夫者周公設經互見爲義又云不言食賓與上介直言大夫者小聘上介乃是士是以直云大夫兼得大夫聘賓與上介亦兼小聘之賓○食音嗣

敖云告以其爵則兼卿大夫言之矣

公食大夫之禮使大夫戒各以其爵　戒猶告也告之必使同班敵者易以相親敬○自此至饌于東房皆將食大夫戒備之事疏云此篇雖據子男大夫爲正兼見五等諸侯大聘使卿之事故云各以其爵也

上介出請入告　問所以爲來事　**三辭**　爲既先受賜不敢當○既先受賜謂聘日致饔　**賓出拜辱**　拜使者屈辱來迎己　**大夫不答拜將命**　不答拜爲人使也將猶致也　**賓再拜稽首**　受命　**大夫**

還。復於君。賓不拜送，遂從之。不拜送者，為從之，不終事。賓朝服即位于大門外，如聘。於是朝服，則初時玄端，如聘，亦入于次俟。○疏曰：云大門外如聘者，則賓主設擯介以相待，如聘時。又云賓在館拜所戒大夫，即玄端，賓遂從大夫至君大門外，入次，乃去玄端，著朝服，出次即位也。

右戒賓

即位，具。主人也，擯者俟君於大門外，卿大夫士序，及宰夫具其饌物，皆於廟門之外。○即位者，待賓之人；具者，待賓之物。羹定。肉謂之羹。定，猶熟也。著之者，下以為節。甸人陳鼎七，當門，南面，西上，設扃鼏，鼏若束若編。七鼎，一大牢也。甸人，冢宰之屬，兼亨人者。南面西上，以其為賓，統於外也。扃，鼎扛，所以舉之者也。凡鼎鼏蓋以茅為之，長則束本，短則編其中央。今文扃作鉉，古文鼏皆作密。設洗如饗。必如饗者，先饗後食，如其近者也。饗禮亡，燕禮則設洗於阼階東南。古文饗或作鄉。○註引燕禮，欲見設洗之法，燕與饗食同。小臣具槃匜。

在東堂下。為公盥也。公尊，不就洗。小臣於小賓客饗食，掌正君服位。○夏官小臣職云：小祭祀賓客饗食，如大僕之法。○匜，以支反。宰夫設筵，加席几。設筵於戶西，南面而左几。公不賓至授几者，親設湆醬，可以略此。無尊。主於食，不獻酬。飲酒漿飲俟于東房。飲酒，清酒也。漿飲，截漿也。其俟奠於豐上也。飲酒先言飲，明非獻酬之酒也。漿飲先言漿，別於六飲也。○食禮不獻酬，設清酒以擬酳口，故言飲酒。漿人共王六飲：水、漿、醴、涼、醫、酏。此云漿飲，明是漿之一種，不兼六飲。漿亦以酳口也。註云漿飲截漿也，疏云：截之言載，以其汁滓相載，故云截。漢法有此名也。凡宰夫之具，饌于東房。凡，非一也。飲食之具，宰夫所掌也。酒漿不在凡中者，雖無尊，猶嫌在堂。

右陳具

公如賓服，迎賓于大門內。不出大門，降於國君。○自此至階上北面再拜稽首，言主君迎賓拜至之事。大夫納賓。大夫，謂上擯也。納賓以公命。賓入門左，公再拜，賓辟，再拜稽首。

卿曾泒三業經文惟言宰而已其
稱之於此也南上之文為所用之
以下文銘之益可見矣蓋傳寫
者因下文而衍此二字也

左西方賓位也。辟逡遁不敢當君拜也。公揖入賓從。揖入道之。及廟門公揖入。廟，禰廟也。○疏云：儀禮之內單言廟者，皆據禰廟。若非禰廟，則言廟祧。又云：受聘在祖廟，食饗在禰，燕禮又在寢，是其差次也。賓入三揖。每曲揖及當碑揖，相人偶。至于階三讓。讓先升。公升二等賓升。遠下人君。大夫立于東夾南西面北上。東夾南，東西節也。取節於夾，明東於堂序。西爲堂序，東有夾室。○此謂主國卿大夫立位，並下文士小臣宰內官等皆從公入立于其位也。士立于門東北面西上。統於門者，非其正位。辟賓在北。○按燕禮、大射，士在西方東面北上，是其正位也。小臣東堂下南面西上。宰東夾北西面南上。宰，宰夫之屬也。古文無南上。內官之士在宰東北西面南上。夫人之官，內宰之屬也。自卿大夫至此不先卽位，從君而入者，明助君饗食賓自無事。介門西北面西上。西上自統於賓也。然則承擯以下立於士西，少進東上。○疏云：承擯以下立於士西少進東上者，以介統於賓而西上，則擯統於君

而東上可知又承擯是大夫公當楣北鄉至再拜賓降也公再
尊於士故知少進東上也
拜楣謂之梁至再拜者興禮俟賓嘉其來也公再拜賓降矣賓西階東北面答拜西階東少就主君敬
也擯者辭辭拜於下拜也公降一等辭曰寡君從子雖將拜興也賓降
再拜公降擯者釋辭矣賓猶
降終其再拜稽首興起也賓栗階升不拜自以已拜也栗賓栗也不拾級連步
趨主國君之命不拾級而下曰辵○按疏及燕禮記註疏所言
升降有四法拾級連步謂兩足相隨不相過是尋常升階法栗
階者始升猶聚足連步至近上二等左右足各一發而升堂是
趨君命之法故燕禮記云凡栗階不過二等又此經註不拾級
而下曰辵疏以爲越三等是下階近地三等即不
聚足也又云越一等爲歷階共爲四法○辵音綽命之成拜階
上北面再拜稽首賓降拜主君辭之賓雖終
拜於主君之意猶爲不成

右賓入拜至

士舉鼎去鼏於外次入陳鼎于碑南南面西上右人抽扃坐奠于鼎西南順出自鼎西左人待載入由東出由西明為賓也今文奠為委古文待為持○自此至逆退復位言鼎入載實于俎以待設次入序入也雍人以俎入陳于鼎南旅人南面加匕于鼎退旅人雍人之屬旅食者也雍人言入旅人言退文互相備也出入之由亦如舉鼎者匕俎每器一人諸侯官多也大夫長盥洗東南西面北上序進盥退者與進者交于前卒盥序進南面匕長以長幼也序猶更也前洗南載者西面載者左人也亦序自鼎東西面於其前大夫匕則載之魚腊飪飪熟也食禮宜熟饔有腥者載體進奏體謂牲與腊也奏謂皮膚之理也進其理本在前下大夫體七个○其載牲腊之體進其奏理之本使之向人體七个者疏以為當用右胖肩臂臑肫骼脊脅其左胖為庶羞下文十六豆二十豆是也魚七縮俎寢右右首也寢右進鬐也乾魚進腴多骨鯁○魚在俎為

縱於人爲橫腸胃七同俎以其同類也不異其牛羊腴賤也此俎實凡二十八○同類者同是腴也二十八牛
羊各十四也倫膚七倫理也謂精理滑脃者今文倫或作論腸胃膚皆橫諸俎垂之順其
在牲之牲也腸胃垂及俎拒大夫既匕匕奠于鼎逆退復位事畢宜由便也士匕載者又待
設俎

右載鼎實於俎

公降盥將設醬○此下乃詳食賓之節爲賓設正饌賓祭正饌爲賓設加饌賓祭加饌賓三飯侑賓以東帛賓卒食凡
七節而禮終賓出賓降公辭辭其從己卒盥公壹揖壹讓公升賓升揖讓皆一殺於
初古文壹皆作一宰夫自東房授醯醬授授公也醯醬以醯和醬○疏曰按記云蒲筵常長丈六尺於
堂上戶牖之間南面設之乃設正饌於中席已東自中席已西設庶羞也公設之以其爲饌本賓辭北面

坐遷而東遷所東遷所奠之東側其故處○所處也君設當席中賓稍東遷之不敢當君設故辟其故處公立于序內西鄉不立作階上示親饌賓立于階西疑立不立階上以主君離作也疑正立也自定之貌今文曰西階宰夫自東房薦豆六設于醬東西上韭菹以東醓醢昌本昌本南麋臡以西菁菹鹿臡醓醢醢有醓昌本昌蒲本菹也醢有骨謂之臡菁蓂菁菹也今文臡皆作麋○臡奴兮反士設俎于豆南西上牛羊豕魚在牛南腊腸胃亞之亞次也不言繂錯俎尊也○繂側耕反膚以爲特直豕與腸胃東也特膚者出下牲賤旅人取匕甸人舉鼎順出奠于其所以其空也其所謂當門宰夫設黍稷六簋于俎西二以並東北上黍當牛俎其西稷錯以終南陳並併也今文曰併古文簋皆作軌大羹湆不和實于鐙宰右執鐙左執蓋由門入升自

阼階盡階不升堂授公以蓋降出入反位。大羹湆煮肉汁也。大古之羹不和無鹽菜。瓦豆謂之鐙。宰謂大宰宰夫之長也。有蓋者饌自外入爲風塵。今文湆爲汁。又曰入門自阼階無升。○宰位在東夾北西面南上。今以蓋降出送門外乃更入反此位也。○鐙音登公設之于醬西賓辭坐遷之。亦東遷所宰夫設鉶四于豆西東上牛以西羊羊南豕豕以東牛。鉶菜和羹之器。○下記云牛藿羊苦豕薇是菜和羹以鉶盛之。○鉶音刑飲酒實于觶加于豐。豐所以承觶者也。如豆而卑。宰夫右執觶左執豐進設于豆東。食有酒者優賓也。設于豆東不舉也。燕禮記曰凡奠者於左。○凡奠者於左舉者於右。鄉飲酒鄉射記皆有此文注以爲燕禮記誤也。宰夫東面坐啓簋會各郤于其西。會簋蓋也。亦一一合郤之各當其簋之西。贊者負東房南面告具于公。負東房負房戸而立也。南面者欲得鄉公與賓也。

右爲賓設正饌

公再拜揖食。再拜，拜賓饌具。賓降拜。答公拜。公辭。賓升再拜稽首。不言成拜，降未拜。賓升席坐取韭菹以辯擩于醢上豆之間祭。擩，猶染也。今文無于。○醬亦醢也。少牢云：尸取韭菹辯擩于三豆。○擩，五經文字汝主反。贊者東面坐取黍實于左手。辯又取稷辯反于右手。興以授賓賓祭之。取授以右手，便也。賓亦興受，坐祭之，於豆祭也。獨云贊興，優賓也。少儀曰：受立授立不坐。三牲之肺不離。贊者辯取之。壹以授賓。肺不離者，刌之也。不言刌，刌則祭肺也。此舉肺，不離而刌之，便賓祭也。祭離肺者，絕肺祭也。壹猶稍也。古文壹作一。○離而不殊，留中央少許相連，謂之離肺。刌則切斷之，故云不離。祭離肺者，必用手絕斷其連處。刌肺則否，故註云便賓祭也。壹，說文訓專壹，廣韻訓合，當是總合授賓，使之祭，如上文祭黍稷之例。註云猶稍也，下文註云每肺興受，恐與經未合。食禮本殺節文，不宜如是其繁。

賓興受坐祭。於是云賓興受坐祭重牲也賓亦每胏興受祭於豆祭捝手扱上鉶以柶辯擩之上鉶之間祭。扱以柶扱其鉶菜也捝拭也拭以巾祭飲酒於上豆之間魚腊醬湇不祭。不祭者非食物之盛者

右賓祭正饌

宰夫授公飯粱。公設之于湇西。賓北面辭，坐遷之。既告具矣而又設此殷勤之加也遷之遷而西之以其東上也公與賓皆復初位。位序內階西宰夫膳稻于粱西。膳猶進也進稻粱者以簠士羞庶羞皆有大蓋執豆如宰。羞進也庶衆也進衆珍味可者也大以肥美者特爲臠所以祭也魚或謂之膴膴大也唯醢醬無大如宰如其進大羹湇右執豆左執蓋○蓋執豆兼蓋而執之也。先者反之。釋曰反之者以其庶羞十六豆羞人不足故先至者反取之下文云先者一人升設於稻南其人不

正義臛無菜之肉羹

[illegible]

反則此云先者反之謂第二巳下爲先者也○此段有釋曰字疑是疏文侯質別本**由門入升自西階**庶羞多羞人不足則相授於階上復出取也○註兼上文**先者一人升設于稻南簋西間容人**簋西黍稷西也必言稻南者明庶羞加與正豆併也間容人者賓當從間往來也**旁四列西北上**不統於正饌者雖加自是一禮是所謂羹胾中別**膷以東臐膮牛炙**膷臐膮今時臛也牛曰膷羊曰臐豕曰膮皆香美之名也古文膷作香臐作薰**炙南醢以西牛胾醢牛鮨**先設醢絣之以次也內則謂鮨爲膾然則膾用鮨今文鮨作鰭○鮨圖解巨之反**鮨南羊炙以東羊胾醢豕炙炙南醢以西豕胾芥醬魚膾**芥醬芥實醬也內則曰膾春用葱秋用芥**衆人騰羞者盡階不升堂授以蓋降出**騰當作媵媵送也授授先者一人**贊者負東房告備于公**復告庶羞具者以其異饌

右爲賓設加饌

飲酒豐　膚俎

昌本　麋臡　豕俎　腸胃俎

醓醢　菁菹　羊俎　腊俎

韭菹　鹿臡　牛俎　魚俎

席東正饌

牛鉶　牛鉶　黍簋　稷簋

羊鉶　豕鉶　稷簋　黍簋

醯醬

太羹　黍簋　稷簋

戶

蒲筵

北

牖

粱簋

稻簋

漿飲豐

席西加饌

牛炙　醢　豕炙　醢

豕膮　牛胾　醢　豕胾

羊臐　醢　羊胾　芥醬

牛膷　牛鮨　羊炙　魚膾

贊升賓。以公命命賓升席。賓坐席末。取粱。卽稻。祭于醬湆間。卽就也。祭稻粱不以豆祭。祭加宜於加。○醬湆不得言加。註偶誤。粱是公所親設。醬湆亦公所親設。公設是饌尊處。故祭粱不於豆而於此耳。贊者北面坐辯取庶羞之大。興。一以授賓。賓受兼壹祭之。一一受之。而兼壹祭之。庶羞輕也。自祭之於臐膮之間。以異饌也。○一以授賓者。品授之也。兼壹祭之者。總祭之也。賓降拜。拜庶羞。○前疏云。上文正饌。公先拜。賓答拜。此賓先拜公。公答拜。公辭。賓升再拜稽首。公答再拜。

右賓祭加饌

賓北面自間坐。左擁簠粱。右執湆。以降。自間坐。由兩饌之間也。擁。抱也。必取粱者。公所設也。以之降者。堂。尊處。欲食於階下然也。公辭。賓西面坐奠于階西。東面對。西面坐取之。栗階升。北面反奠于其所。降辭公。奠而後對。成其意也。降辭公。敬也。必辭公者。為其尊而親臨己食待食贊者之事○成其意者成其降食階下之意降辭公辭公之親臨也 公許賓升公揖退于箱 箱東夾之前俟事之處 擯者退負東塾而立 無事 賓坐遂卷加席公不辭 贊者以告公公聽之重來優賓○公聽之而不輕來所以優賓使不煩勞也 賓三飯以湇醬 每飯歠湇以殽擩醬食正饌也三飯而止君子食不求飽不言其殽優賓○疏曰按特牲少牢尸食時舉殽皆言次第此不言者任賓取之是優賓也 宰夫執觶漿飲與其豐以進 此進漱也非爲卒食爲將有事緣賓意欲自潔清 賓挩手興受 受觶 宰夫設其豐于稻西 酒在東漿在西是所謂左酒右漿 庭實設 乘皮○設之將以侑賓 賓坐祭遂飲奠於豐上 飲漱

右賓食饌三飯

公受宰夫束帛以侑西鄉立 束帛十端帛也侑猶勸也主國君以爲食賓殷勤之意未至復發帛

以勸之欲用深安賓也西鄉立序內位也受束帛于序端**賓降筵北面**以君將有命也北面於西階上**擯者進相幣**為君釋幣辭於賓**賓降辭幣升聽命**降辭幣主國君又命之升聽命釋許辭**降拜**當拜受幣**公辭賓升再拜稽首受幣當東楹北面**主國君南面授之當東楹者欲得君行一臣行二也**退西楹西東面立**俟主國君送幣也退不負序以將降**公壹拜賓降也公再拜**賓不敢俟成拜**介逆出**以賓事畢**賓北面揖執庭實以出**揖執者示親受**公降立**俟賓反**上介受賓幣從者訝受皮**從者府史之屬訝迎也今文曰梧受○上介士介也子男小聘使大夫士介一人而已故知訝受者是府史之屬也

右公以東帛侑賓

賓入門左沒霤北面再拜稽首便退則食禮未卒不退則嫌更入行拜若欲從此退○沒霤門

簷霤盡處、嫌謂貪食之嫌。公辭。止其拜、使之卒食。揖讓如初。如初入也。升。賓再拜稽首。公答再拜。賓拜、拜主國君之厚意。賓揖介入復位。賓降辭公。如初。將復食。賓升。公揖退于箱。賓卒食會飯。三飲。卒、已也。已食會飯、三漱漿也。會飯謂黍稷也。此食黍稷、則初時食稻粱。○上文宰夫設黍稷、云啓會、是簠兼會設之。稻粱不言啓會、是簠不兼會、故經以黍稷爲會飯也。前三飯一飲漱、此云三飲、當九飯也。不以醬湆。不復用正饌也。初時食加飯、用正饌。此食正飯、用庶羞。互相成也。後言湆、或時後用。

右賓卒食

挩手。興。北面坐取粱與醬以降。西面坐奠于階西。示親徹也。不以出者、非所當得。又以己得侑幣。○公所親設、賓亦親徹。東面再拜稽首。卒食拜也。不北面者、異於辭。○前受侑出、更入門、北面拜、其時欲辭退、故北面。此卒食禮終、故東面。公降再拜。答之也。不辭之使升堂、明禮有終。介逆出。

賓出公送于大門內再拜賓不顧初來揖讓而退不顧退禮略也示難進易退之義擯者以賓不顧告公公乃還也

右禮終賓退

有司卷三牲之俎歸于賓館卷猶收也無遺之辭也三牲之俎正饌尤尊盡以歸賓尊之至也歸俎者實于篚他時有所釋故○特牲及士虞俎歸尸三个是有所釋此無所釋故稱卷也魚腊不與以三牲之俎無所釋故也禮之有餘為施惠不言腸胃膚者在魚腊下不與可知也古文與作豫

右歸俎于賓

明日賓朝服拜賜于朝拜食與侑幣皆再拜稽首朝謂大門外訝聽之受其言入告出報也此下大夫有士訝

右賓拜賜

上大夫八豆八簋六鉶九俎魚腊皆二俎記公食上大夫異於下大夫之數豆加葵葅蝸醢四四為列俎加鮮魚鮮腊三三為列無特。○此下别言食禮之異者。食上大夫之禮。君不親食之禮。大夫相食之禮。大夫不親食之禮。凡四事。

魚腸胃倫膚若九若十有一下大夫則若七若九此以命數為差也。九謂再命者也。十一謂三命者也。七謂一命者也。九或上或下者。再命謂小國之卿。次國之大夫也。卿則曰上。大夫則曰下。大國之孤視子男。○小國之上大夫。次國之下大夫。皆再命。故鼎實皆以九為數。疏云。大國之孤四命。與子男同十三。侯伯十五。上公十七。差次可知。

庶羞西東毋過四列謂上下大夫也。古文毋為無。○下大夫庶羞十六。東西四行。南北亦四行。上大夫庶羞二十。東西四行。南北則五行。

上大夫庶羞二十加於下大夫以雉兔鶉鴽鴽。無母。○疏云。案爾雅釋鳥云。鴽鴾母。郭璞曰。鴿也。莊子曰。田鼠化為鶉。淮南子云。蝦蟆

所化月令曰田鼠化爲鴽然則鴽鵪一物也據經鵪鴽並列還是兩物○圖解鵪音淯鴽音如

右食上大夫禮之加於下大夫者

若不親食謂主國君有疾病若他故○他故謂死喪及賓有過或大客繼至之屬按聘禮聘遭喪主人畢歸禮賓唯饔餼之受謂有死喪而致饗與食則賓不受之若疾病及餘事不親食者其致之皆可受也**使大夫各以其爵朝服以侑幣致之**執幣以將命**豆實實于罋陳于楹外二以並北陳簋實實于筐陳于楹內兩楹閒二以並南陳**陳罋筐於楹閒者象授受於堂中也南北相當以食餼同列耳罋北陳者變於食罋數如豆醢芥醬從焉筐米四今文竝作併**庶羞陳于碑內**生魚也魚腊從焉上大夫加鮮魚鮮腊雉兔鵪鴽不陳于堂辟正饌**庭實陳于碑外**執乘皮者也不參分庭一在南者以言跡宜近內**牛羊豕陳于門內西方東上**爲其踐汙館庭使近外**賓朝服**

以受如受饔禮朝服食禮輕也無儐以己本宜往明日賓朝服以拜賜于朝訝聽命賜亦謂食侑幣

右君不親食使人往致

大夫相食親戒速記異於君者也速召也先就告之歸具既具復自召之迎賓于門外拜至皆如饗拜饗大夫相饗之禮也今亡古文饗或作鄉降盥受醬涪侑幣束錦也皆自阼階降堂受授者升一等皆者謂受醬受涪受幣也侑用束錦大夫文也降堂謂止階上今文無束賓止也主人三降賓不從○疏曰以主人降堂不至地故賓止不降也愚案註言三降不數降盥者盥時賓亦從降自如常法也賓執粱與涪之西序端不敢食於尊處主人辭賓反之卷加席主人辭賓反之辭幣降一等主人從從辭賓降受侑幣再拜稽首主

人送幣亦然也。敵辭於主人降一等。主人從。辭謂辭其臨己食。卒食徹于西序端。亦親徹。東面再拜降出。拜亦拜卒食。其他皆如公食大夫之禮。釋曰云其他謂豆數俎體陳設皆不異上陳但禮異者謂親戒速君則不親迎賓公不出此大夫出大門公受醬湆幣不降此大夫則降也公食大夫大夫降食於階下此言西序端上公食卷加席公不辭此則辭之皆是異也○愚以為降而盥侑用錦降辭幣時主人從而辭降受幣時主人稽首送幣降辭主人主人從降卒食徹於西序端不拜階下亦皆異於公食者

右大夫相食之禮

若不親食則公作大夫朝服以侑幣致之。作使也大夫有故君必使其同爵者為之致禮列國之賓來榮辱之事君臣同賓受于堂無儐。與受君禮同。

右大夫不親食君使人代致

卲晉涵云案司几筵云諸侯祭祀席蒲筵繢純加莞席紛純是蒲筵之上宜加莞席也而萑乃羞席功納席疏專故司几筵惟用莞席而用萑席似不可用亦此禮始宜從今文

記

不宿戒。食禮輕也。此所以不宿戒者，謂前期三日之戒，申戒爲宿，謂前期一日。戒不速。食賓之期，夙興戒之，賓則從戒者而來，不復召。不授几。異於醴也。無阼席。公不坐。亨于門外東方。必於門外者，大夫之事也。東方者，主陽。司宮具几與蒲筵常，緇布純，加萑席尋，玄帛純，皆卷自末。司宮，大宰之屬，掌宮廟者也。丈六尺曰常，半常曰尋。純，緣也。萑，細葦也。末，經所終，有以識之。必長筵者，以有左右饌也。今文萑皆爲莞。○疏曰：上陳饌之時，正饌在左，庶羞在右。陳饌雖不在席上，皆陳於席前，當席左右，其間容人，故必長筵也。宰夫筵，出自東房。筵本在房，宰夫敷之也。天子諸侯左右房。賓之乘車在大門外西方，北面立。賓車不入門，廣敬也。凡賓即朝，中道而往，將至，下行，而後車還立于西方。賓及位而止，北面。卿大夫之位當車前。凡朝位，賓主之間各以命數爲遠近之節也。○疏曰：云"卿大夫之位當車前"者，案《大行人》云：上公立當軹，侯伯立當前疾。子男立當衡。又云。大國之孤朝位當車前。則卿大夫立亦與孤同一節。云凡朝位賓主之間各以命數爲遠近之節者。案大行人云。上公朝位。賓主之間九十步。侯伯七十步。子男五十步。註云。朝位謂大門外賓下車及王車出迎所立處。又云。凡諸侯之卿。其禮各下其君二等。云依命數者。據君而言。其臣依君命數而降之。愚按經文北面立者。指其車而言。前經賓朝服即位于大門外如聘。是下行人侯于次矣。則所云立當車前者何時乎。此段註疏未能詳。侯質。**鉶芼牛藿羊苦豕薇皆有滑**藿豆葉也。苦苦荼也。滑菫荁之屬。今文苦爲芐。○菫音謹。荁音丸。芐音戸**贊者盥從俎升**。俎其所有事。○贊者佐賓祭。故盥升以待事。俎先設。故俎升亦升。**簠有蓋冪**稻粱將食乃設。去會於房。蓋以冪。冪巾也。今文或作幂。**凡炙無醬**已有鹹和。**上大夫蒲筵加萑席其純皆如下大夫純**謂三命大夫也。孤爲賓。則莞筵紛純。加繅席畫純也。**卿擯由下**不升堂也。○此謂上擯於堂下詔賓主升降周旋之事。而不升堂。**上贊下大夫也**上謂堂上。擯贊者事相近。以佐上下爲名。○堂上之贊以下大夫爲之擯佐於堂下贊佐於堂上故曰事相近言其相終始也上大夫庶羞酒飲漿飲庶羞可也於食庶羞宰夫又設酒漿以之食庶羞可也以優賓○前經下大夫不言食庶羞言飲漱不言飲酒亦其禮之殊者拜食與侑幣皆再拜稽首嫌上大夫不稽首○雖上大夫必執臣禮故記特明之